KREUZ-SCHRAFFUR

mit Feder, Stift und Tusche

Laurence King Verlag GmbH
Jablonskistraße 27, 10405 Berlin
www.laurencekingverlag.de

Erstmals erschienen bei Ilex in Großbritannien 2022

Ilex ist ein Imprint von
Octopus Publishing Group Ltd
Carmelite House, 50 Victoria Embankment
London EC4Y 0DZ

Ein Unternehmen von Hachette UK

Publisher: Alison Starling
Commissioning Editor: Ellie Corbett
Managing Editor: Rachel Silverlight
Editorial Assistant: Jeannie Stanley
Art Director: Ben Gardiner
Layout: Tammy Kerr
Picture Research: Giulia Hetherington and Jennifer Veall
Production Managers: Lucy Carter and Nic Jones

Für die deutsche Ausgabe
Übersetzung: Ulrich Korn, Dortmund
Lektorat: Thomas Hauffe, Dortmund
Satz: Igor Divis, Dortmund
Projektleitung: hauffe publishing, Dortmund

ISBN: 978-3-96244-372-6

1. Auflage 2023
Gedruckt in China

www.octopusbooks.co.uk

MIX
Papier | Fördert gute Waldnutzung
FSC® C008047

KREUZ-SCHRAFFUR

mit Feder, Stift und Tusche

Das praktische Handbuch

August Lamm

Laurence King Verlag

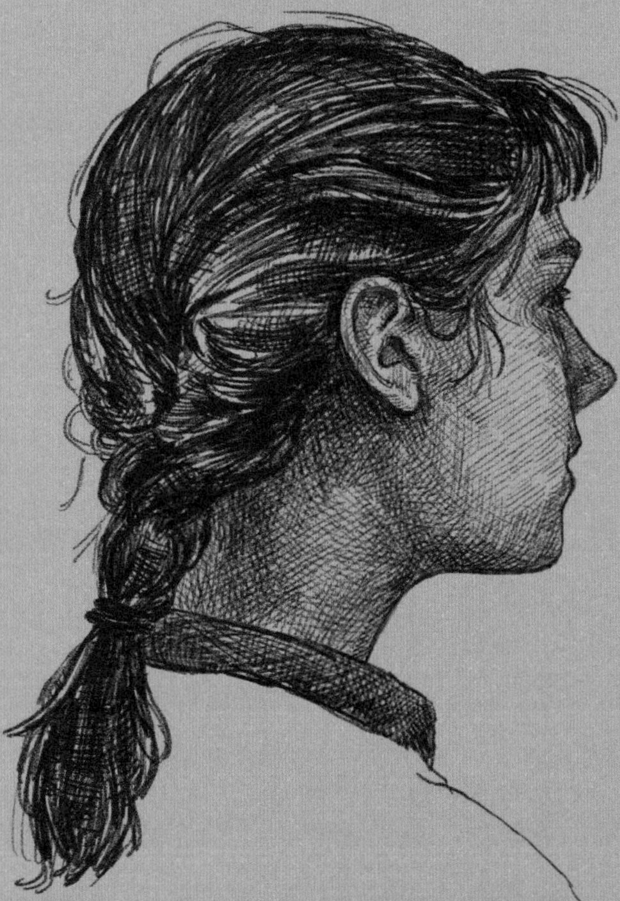

Inhalt

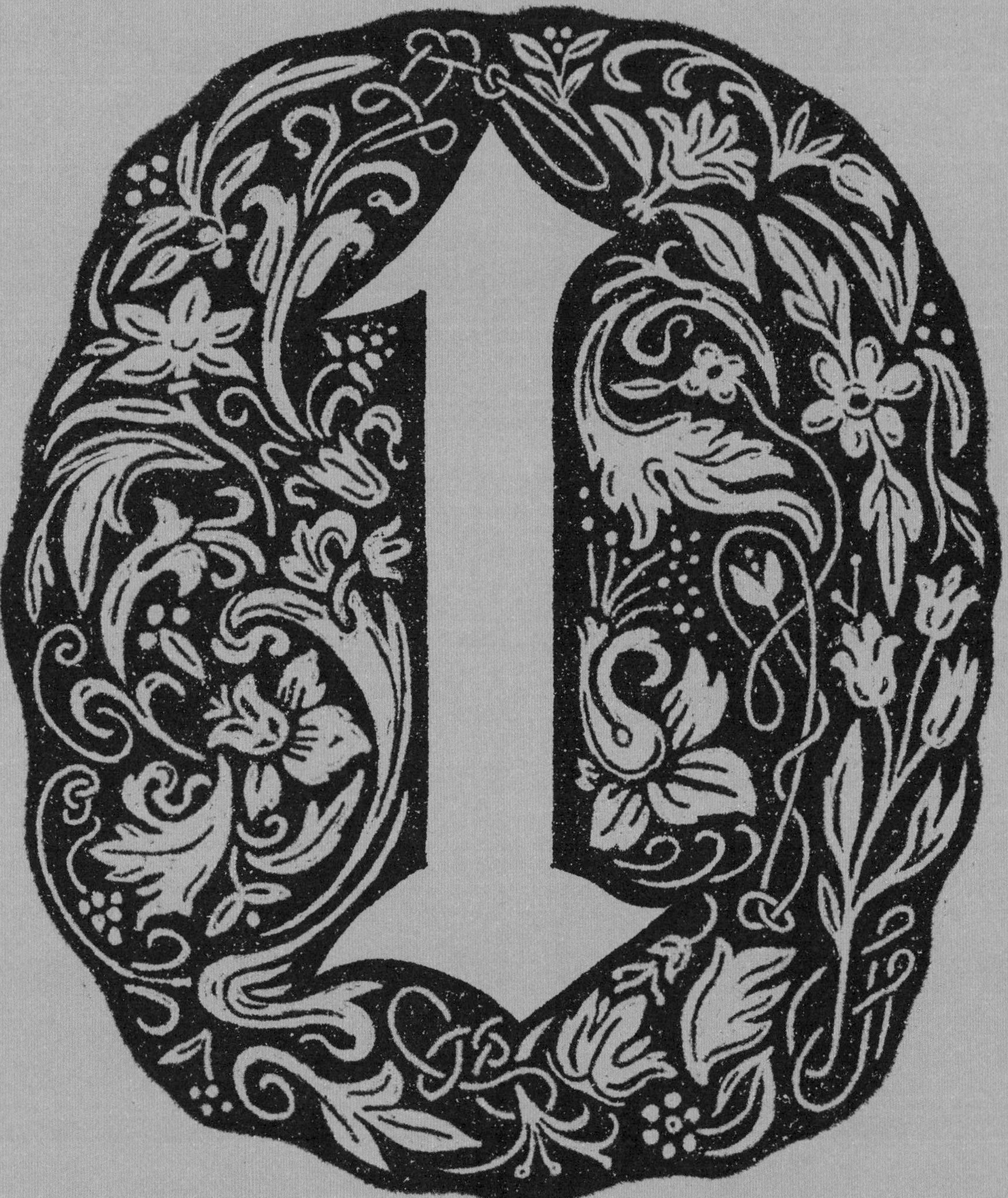

TEIL I:
WAS SIND KREUZ-SCHRAFFUREN?

Einführung

Die Kreuzschraffur ist eine Zeichen- und Drucktechnik mithilfe paralleler Linien, um Tiefe und Schatten realistisch darzustellen. Alle Kreuzschraffuren lassen sich in zwei Technikklassen unterteilen: flach und konturiert. Bei der ersten zeichnet man nur gerade Linien, um unterschiedliche Tonwertstufen zu erhalten. Die zweite Technik, der sich dieses Buch widmet, ist zwar schwieriger zu erlernen, aber sehr überzeugend, wenn man sie beherrscht. Bei der konturierten Kreuzschraffur nehmen die Linien die Formen der Objekte auf und wölben sich um sie herum, so wie sich ein Armband um ein Handgelenk legt. Flache Schraffuren lassen sich in grafischen oder abstrakten Kompositionen wirkungsvoll einsetzen, wogegen konturierte Schraffuren die bessere Wahl sind, wenn man die Tiefe und die Größe von realen Objekten erfassen möchte.

Obwohl sich das älteste Beispiel für Kreuzschraffuren nicht benennen lässt – eine Abwandlung dieser einfachen Schattierungsmethode ist in fast allen künstlerischen Traditionen zu finden –, wurde die Technik im mittelalterlichen Europa kultiviert und bekannt gemacht. Zu jener Zeit wurde visuelle Kunst in einem noch nie dagewesenen Ausmaß produziert und verbreitet. Während Gemälde für die meisten Menschen unerschwinglich waren und nur von einem auserwählten Kreis betrachtet werden konnten, ermöglichte es die Druckgrafik der Kunst, in das Alltagsleben der Mittel- und Unterschicht vorzudringen. Die Grafiker (und ihre Lehrlinge) waren für die Herstellung eines Bildes verantwortlich – sei es ein geschnitzter Holzblock oder eine gravierte Kupferplatte –, das stets aufs Neue gedruckt werden konnte, was dieses Verfahren äußerst kostengünstig machte.

LINIE

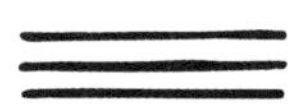

SCHRAFFUR

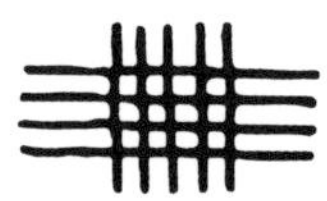

KREUZSCHRAFFUR

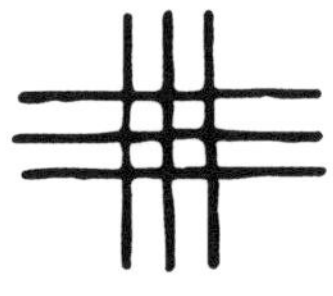

FLACH

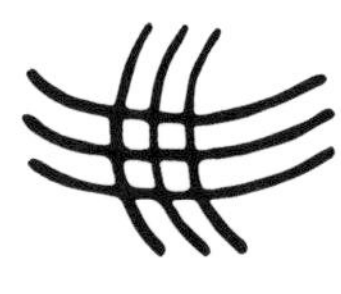

KONTURIERT

Die Druckgrafik stellte eine Herausforderung dar, denn sie unterlag mehreren technischen Beschränkungen. Im Vergleich dazu bot die Malerei die Freiheit, mit Farbe, Textur, Deckkraft und mehr zu modulieren. In der Druckgrafik hingegen musste man sich auf eine einzige Schicht aus schwarzer Tusche auf weißem Papier beschränken. Wie konnte man also innerhalb dieser engen Grenzen auf überzeugende Weise die Wirklichkeit abbilden? Eine Lösung bot die Schraffur. In ihren Anfängen kam sie nur grob zum Einsatz, um einen Schatten anzudeuten, ohne dessen optische Wirkung tatsächlich wiederzugeben. Mit der Zeit erhoben alte Meister wie Dürer und Rembrandt diese Technik in den Bereich der bildenden Kunst. Die so entstandenen Drucke fanden dank des aufkommenden Buchdrucks ein noch breiteres Publikum auf der ganzen Welt.

Unten: Ernteszene, aus *De Claris Mulieribus* (*Die großen Frauen*), von Giovanni Boccaccio, veröffentlicht 1473

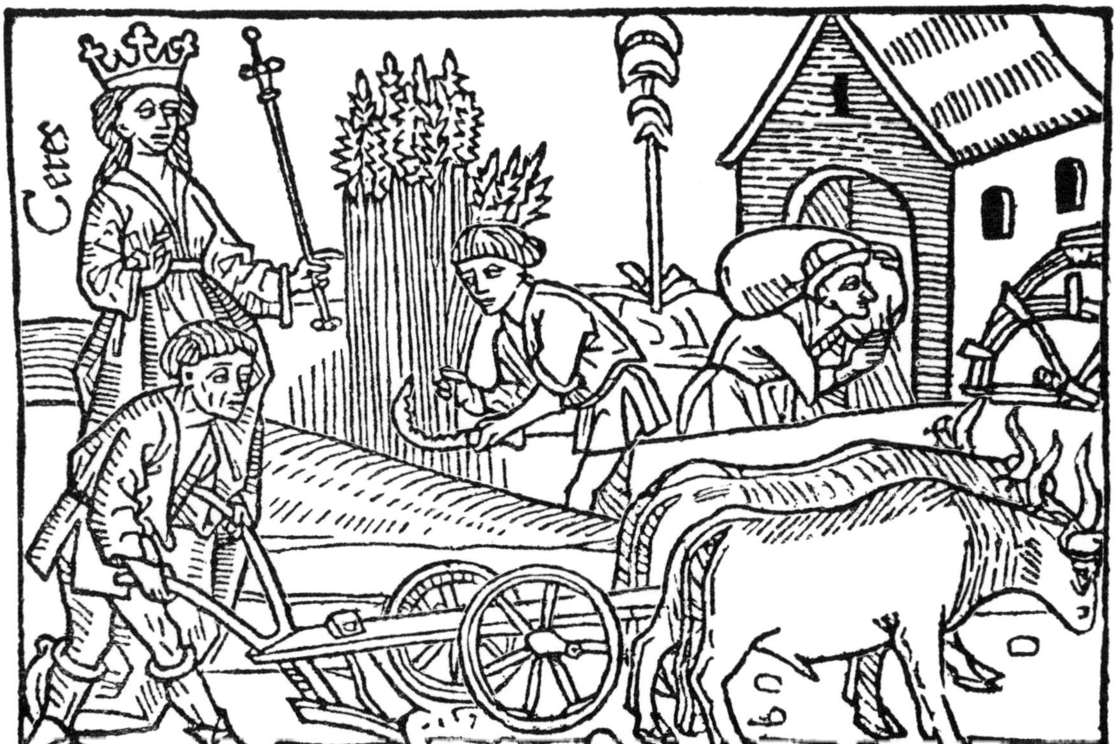

Die Geschichte der Kreuzschraffur

Die frühesten Drucke mit Schraffuren waren Holzschnitte. Dabei schnitzt ein Künstler in einen Holzblock, färbt die Oberfläche mit Druckfarbe ein und druckt sie dann wie einen Stempel. Die Vertiefungen werden zum Negativraum und die erhabenen Bereiche zu dem Motiv auf dem Papier. Diese Art der Druckgrafik wird „Reliefdruck" genannt – das Wort kommt aus dem Französischen und bedeutet „erhöhen, anheben". Die Schraffur wird häufig im Holzschnitt verwendet, allerdings mit unterschiedlichem Grad an Realismus und Finesse. Es ist schwierig, ein detailliertes Motiv als Negativform zu schnitzen, insbesondere bei einer so uneinheitlichen organischen Fläche wie einem Holzblock. Feine, erhabene Holzsplitter können beim Schnitzen und anschließenden Drucken brechen, deshalb werden feine Linien im Allgemeinen vermieden.

Eine Kreuzschraffur in einem Reliefdruck ist äußerst schwierig, weil dabei Quadrate des Negativraums in ein Netz positiver Linien geschnitten werden müssen, was oft ein schiefes, merklich ungleichmäßiges Raster ergibt.

In einigen modernen Grafiken wie der von Käthe Kollwitz (Seite 11) weist der Negativraum Kreuzschraffuren auf. Man schnitzt ein Raster aus und rollt danach Tusche über den Block, sodass die geschnitzten Linien weiß bleiben.

Oft bleiben die reliefförmigen Kreuzschraffuren eher zeichenhaft. Sie verweisen zum Beispiel darauf, wie das Haar einer Person fällt und geben nicht die individuelle Frisur wieder. Je detaillierter, komplexer und aussagekräftiger die Kreuzschraffuren werden, desto mehr werden diese einfachen „Andeutungen" durch besondere, individuelle Abwandlungen ersetzt. In Dürers Holzschnitten zum Beispiel wirken die Bäume wesentlich aussagekräftiger, als das Wort „Baum" vermitteln kann. Jeder von ihnen scheint seine eigene Seele zu haben, er scheint die Aufmerksamkeit auf sich zu ziehen und konkurriert mit den menschlichen Motiven um das betrachtende Auge, das geschickt vom Vorder- zum Hintergrund gelockt wird.

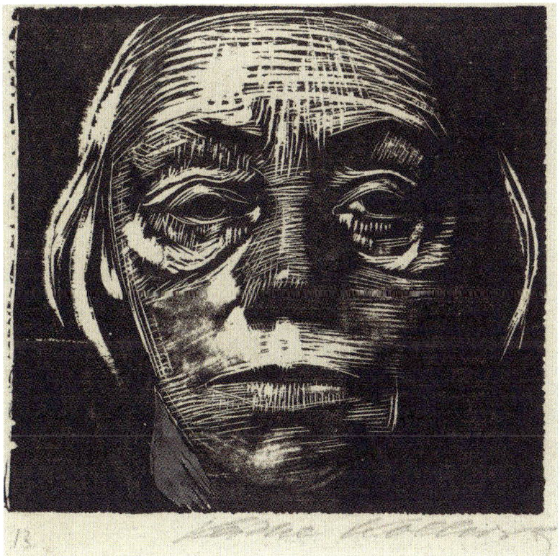

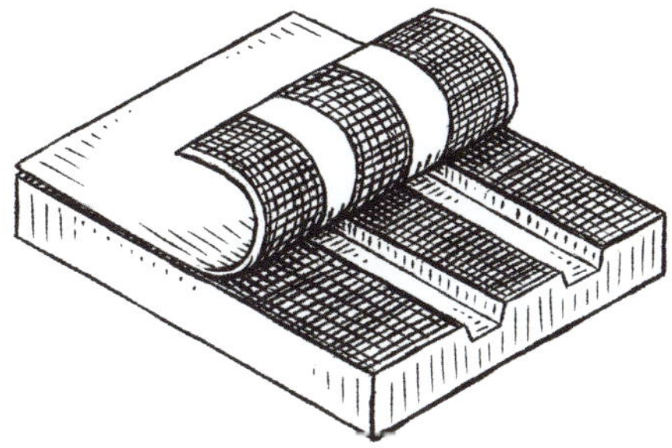

Oben: Bei einem Holzschnitt wird das geschnitzte Motiv zu den weißen Bereichen des Negativraums.

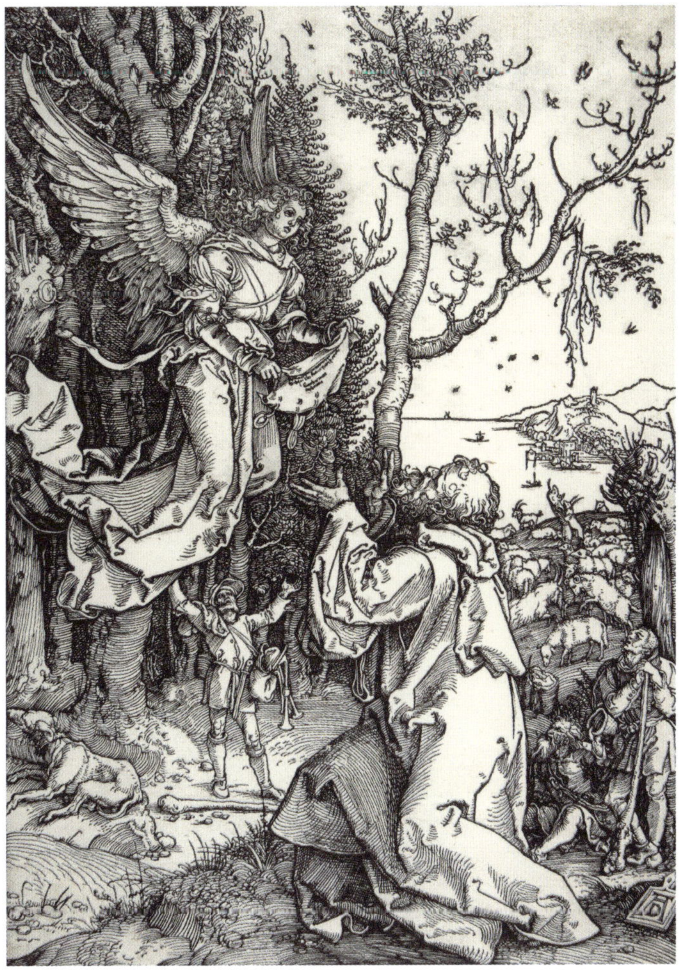

Oben: *Selbstporträt* (*Selbstporträt von vorn*), Käthe Kollwitz, 1923

Rechts: *Joachim und der Engel,* aus *Das Leben der Jungfrau Maria,* Albrecht Dürer, ca. 1504

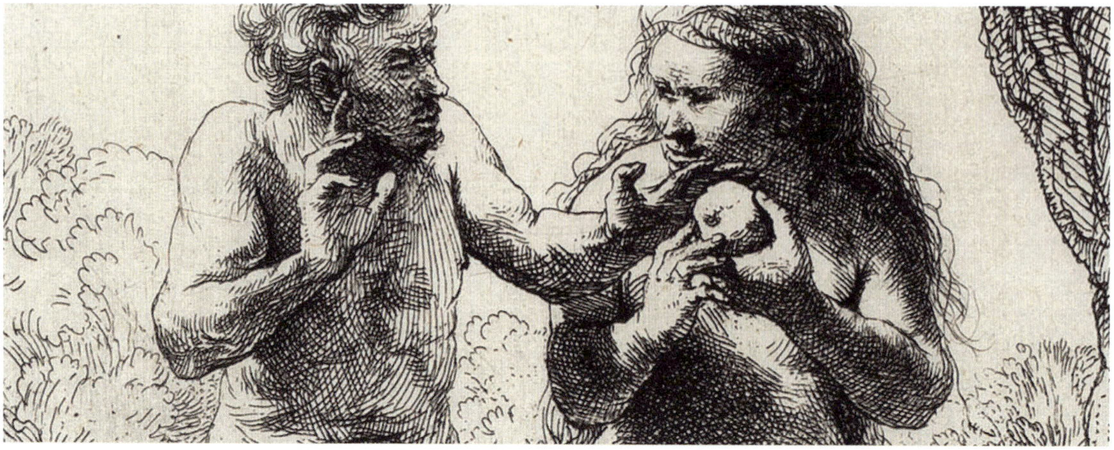

WICHTIGE ENTWICKLUNGEN IN DER DRUCKTECHNIK

Eine entscheidende Entwicklung hinsichtlich der Kreuzschraffur fand in Deutschland in den frühen Jahren des 15. Jahrhunderts statt, als eine neue Technik zur Herstellung von Drucken aufkam. Beim Kupferstich wird ein Motiv in eine Metallplatte eingeschnitten, die dann mit Druckfarbe bestrichen und mit einem Tuch abgewischt wird, sodass die Farbe nur in den Rillen bleibt. Die Platte wird gedruckt, und die eingefärbten Rillen werden auf das Papier übertragen. Das Kupferstechen ähnelt sehr dem Zeichnen, daher können Drucke von einem ungeschulten Auge mit Zeichnungen verwechselt werden. Wie ein Stift erzeugt der Stichel des Kupferstechers einen positiven Raum (schwarze Linien), während die unberührten Bereiche als Negativraum (Papierton) erhalten bleiben. Diese Art der Druckgrafik wird als „Intaglio-Druck“ bezeichnet, das Gegenteil ist der Reliefdruck.

Dennoch ist das Kupferstechen ein weitaus mühsameres Verfahren als das Zeichnen. Es erfordert eine starke und ruhige Hand, die dafür sorgt, dass die gestische Spontaneität, die man etwa bei einer Tuscheskizze erkennen kann, unterdrückt wird. In der zweiten Hälfte des 15. Jahrhunderts wurde jedoch ein neues Herstellungsverfahren entwickelt, das die Druckgrafik auch ohne vorherige Ausbildung in dieser Technik zugänglich machte.

Für eine Radierung wird eine Wachsschicht auf eine Metallplatte aufgetragen. Danach kratzt man ein Motiv in das Wachs und taucht die Platte in Säure, die nur die freiliegenden Stellen abträgt. Die Säure übernimmt so die Ritzarbeit des Kupferstechens und vermindert die körperliche Anstrengung – bis auf das Anfertigen einer Skizze auf Papier. Diese Leichtigkeit führt zu eigenwilligen, weniger regelmäßigen grafischen Elementen (Striche, Punkte, Linien etc.), weshalb Radierungen eher eine menschliche Note haben als Kupferstiche, die im Vergleich dazu bisweilen fast mechanisch wirken.

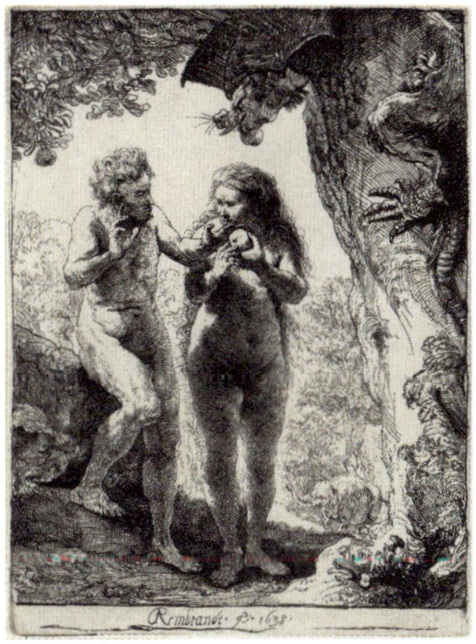

Links und gegenüber:
Adam und Eva, Rembrandt van Rijn, 1638

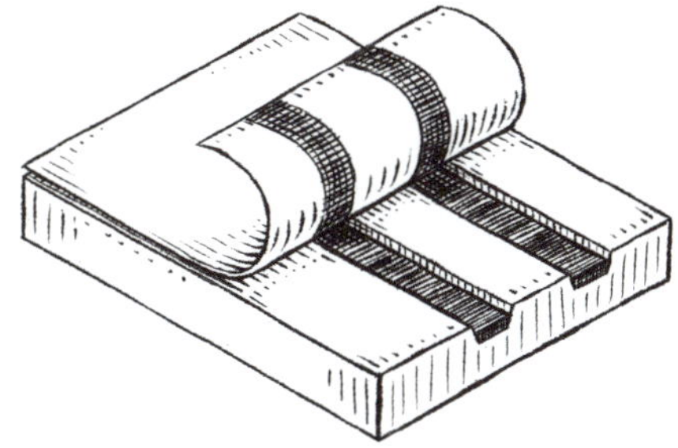

Oben: Bei einem Intaglio-Druck wird das eingravierte Motiv zum positiven, eingefärbten Raum.

Rechts und unten:
Der hl. Simon, aus *Christus, die Apostel und der heilige Paulus mit dem Glaubensbekenntnis*, Hendrick Goltzius, 1589

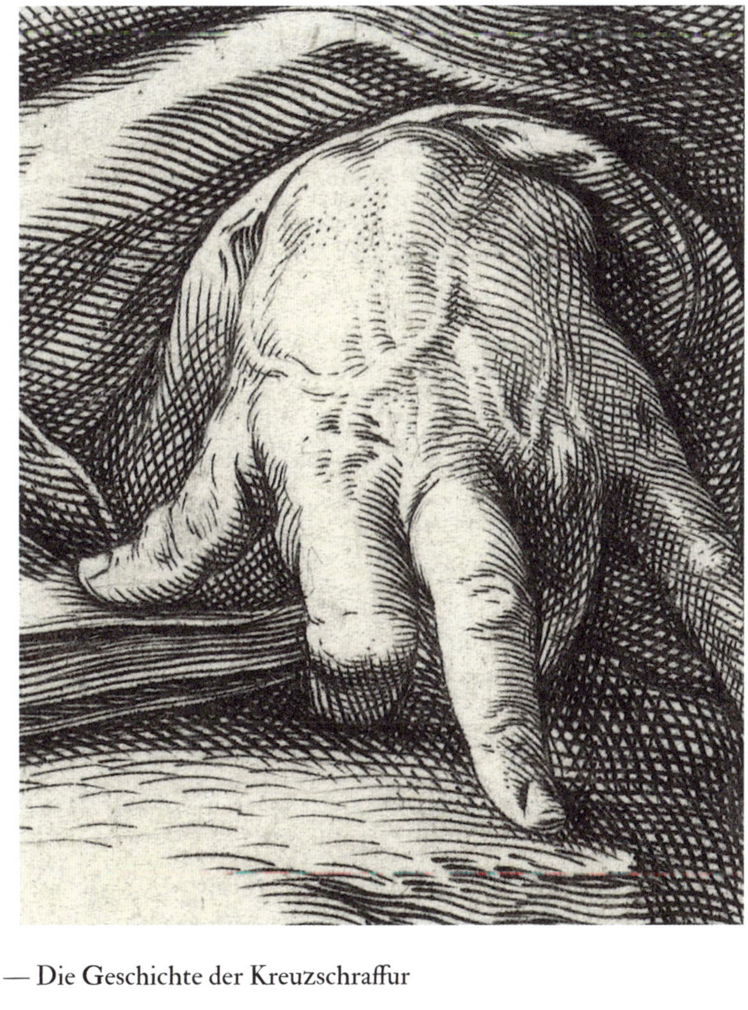

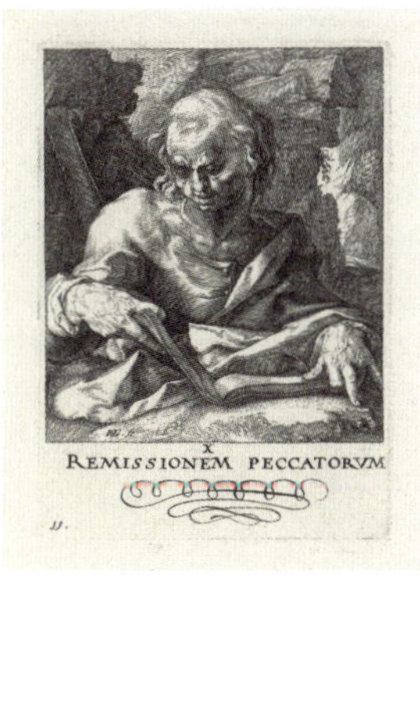

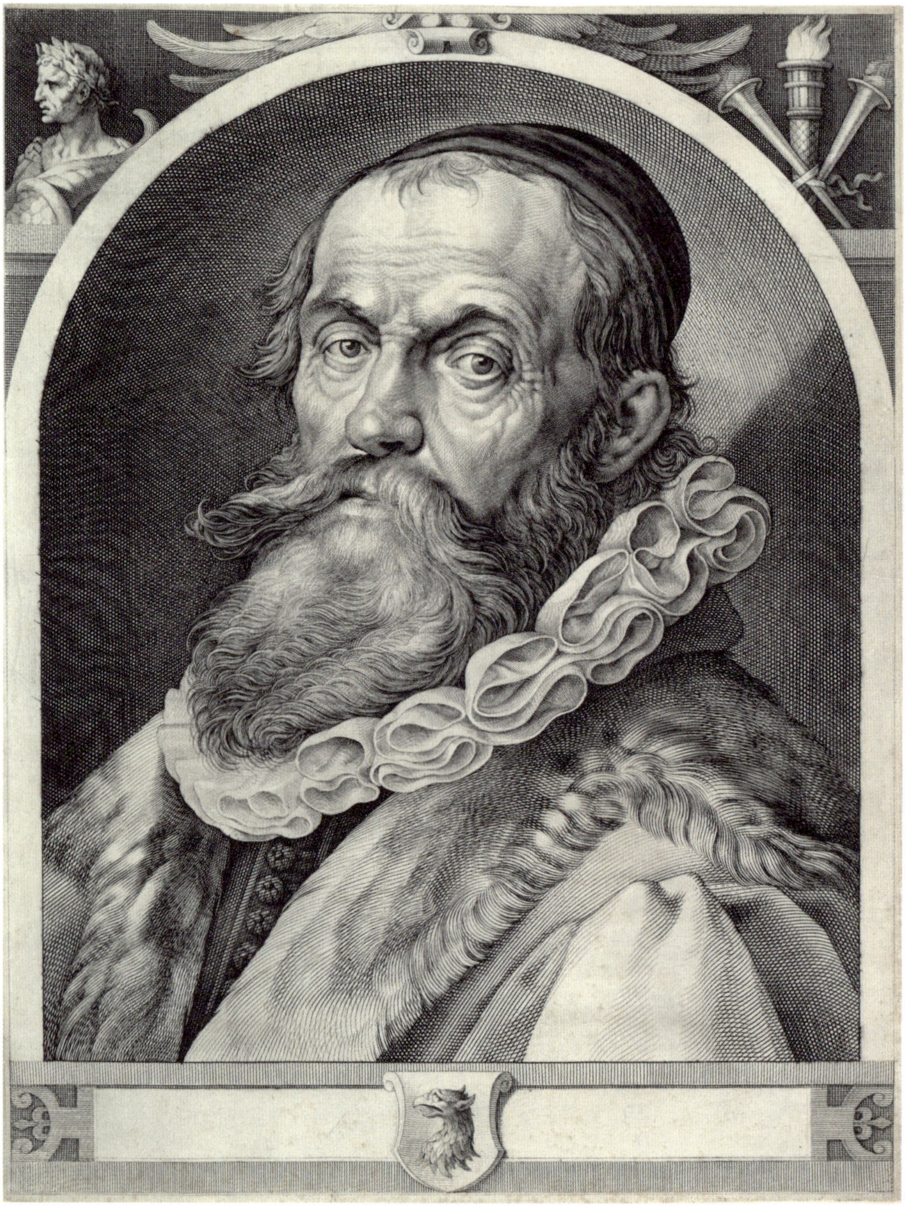

Oben: *Porträt von Hendrick Goltzius,*
Jan Muller, ca. 1617

Gegenüber: *des Tieres,* aus der Serie *Disparates* (*Torheiten*).
José de Goya y Lucientes, ca. 1815–19

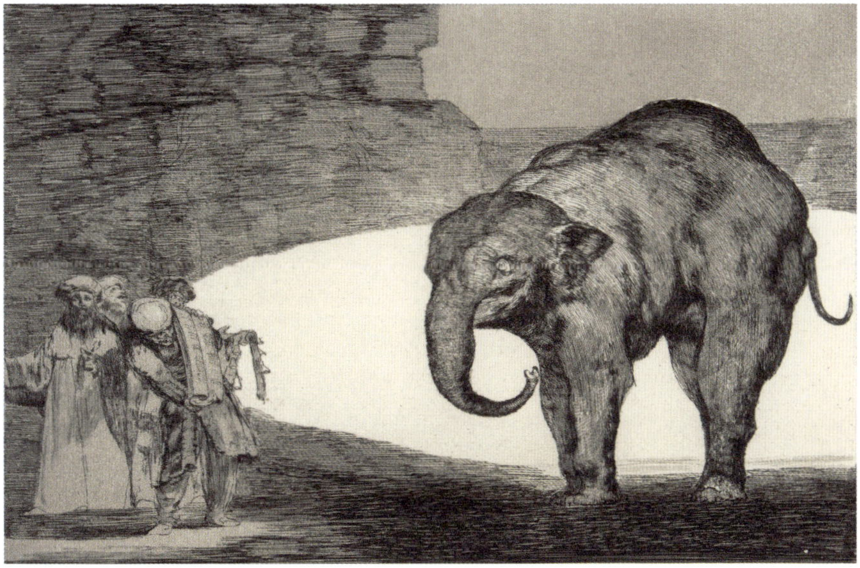

Rembrandt van Rijn, ein niederländischer Künstler des 17. Jahrhunderts, gilt weithin als der Meister der Radierung. Obwohl spätere Künstler mit alternativen Verfahren experimentierten, um in Radierungen Hell-Dunkel-Töne zu erzeugen – zum Beispiel durch Aquatinta –, arbeitete Rembrandt mit nur einem einzigen Werkzeug. Sogar seine aufwendigsten Kompositionen, die vor Leben und Licht sprühen, lassen sich bei näherer Betrachtung auf schwarze Linien, die alle gleich breit sind, auf weißem Grund reduzieren. Die Schönheit einer Radierung von Rembrandt liegt in ihrer Komplexität und Einfachheit zugleich: Jeder kann eine Linie zeichnen, aber niemand erreicht das, was Rembrandt damit zustande gebracht hat. Auch das unterscheidet diese Technik von der Malerei: Das Verfahren des Grafikers wird dem Betrachter deutlich vor Augen geführt. So ist es natürlich möglich, diese Werke Strich für Strich zu kopieren (worauf wir später noch zu sprechen kommen werden).

Ein weiterer Meister der Radierung ist Francisco Goya. Anders als Rembrandt nutzte Goya die breite Palette der gängigen Verfahren zur Anfertigung von Radierungen voll aus. Innerhalb eines einzigen Bildes gibt es nicht nur Schwarz, sondern mehrere Tuschetöne. (Die Deckkraft lässt sich dadurch bestimmen, dass man die Platte länger im Säurebad lässt, wodurch sich die Rillen vertiefen und mehr Tusche aufnehmen. Umgekehrt führt ein kürzeres Säurebad zu helleren Linien.) Goya benutzte die Aquatinta (Tuschätzung), um Hintergründe auszufüllen und kleine getönte Bereiche über vorhandene Linien zu legen. Die sich daraus ergebenden Kompositionen haben etwas Dramatisches; sie wechseln von komplizierten Details zu gewagten Abstraktionen, vom Negativraum und wieder zurück. Diese Radierungen führen die kreativen Möglichkeiten der Radierung vor Augen.

KREUZSCHRAFFUR IN DER MODERNE

Im späten 19. Jahrhundert lebte die Druckgrafik für kurze Zeit wieder auf. Drucke waren eine relativ preiswerte Option für junge Kunstsammler. Viele Künstler, darunter Gauguin und Whistler, versuchten sich an diesem Medium und produzierten bis zum Wall-Street-Crash im Jahr 1929, der zur Weltwirtschaftskrise führte, umfangreiche Portfolios. Die Preise für Drucke fielen rapide, und viele kehrten zur Malerei zurück. Dieser Wandel spiegelte auch eine Abkehr von den traditionellen Radiertechniken wider – die Edward Hopper verächtlich als „Geschicklichkeit mit den Händen" bezeichnete – und eine Hinwendung zu einem gewagteren, experimentellen Ansatz. Die Radierung war ein herkömmliches, kleinformatiges Medium mit einer langen Geschichte und einem aufwendigen Lernprozess; sie war für moderne Künstler und Künstlerinnen, die sich gewagter ausdrücken wollten, wenig attraktiv.

Zur selben Zeit begannen Fotografen, Kunstwerke in Museen zu fotografieren. Im Jahr 1883 stellte der Louvre seinen ersten offiziellen Fotografen ein, und damit wurde die Druckgrafik als Mittel zur Verbreitung von Kunstwerken immer weniger erforderlich. Die Kunst konnte sich stattdessen darauf konzentrieren, ein Original-Kunstwerk zu schaffen, das dann in Katalogen, Zeitungen, Büchern und dergleichen reproduziert werden konnte.

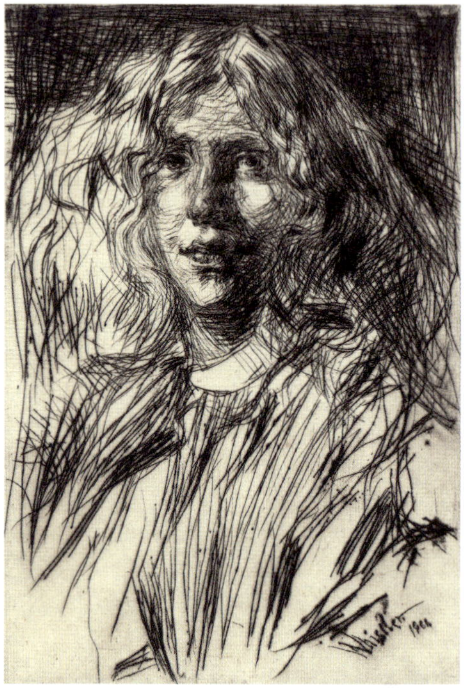

Oben: *Jo*,
James Abbot McNeill Whistler, 1861

Rechts: *Der Earl of Strafford auf dem Weg zur Hinrichtung*, Fotografie des Gemäldes von Paul Delaroche, 1850er-Jahre

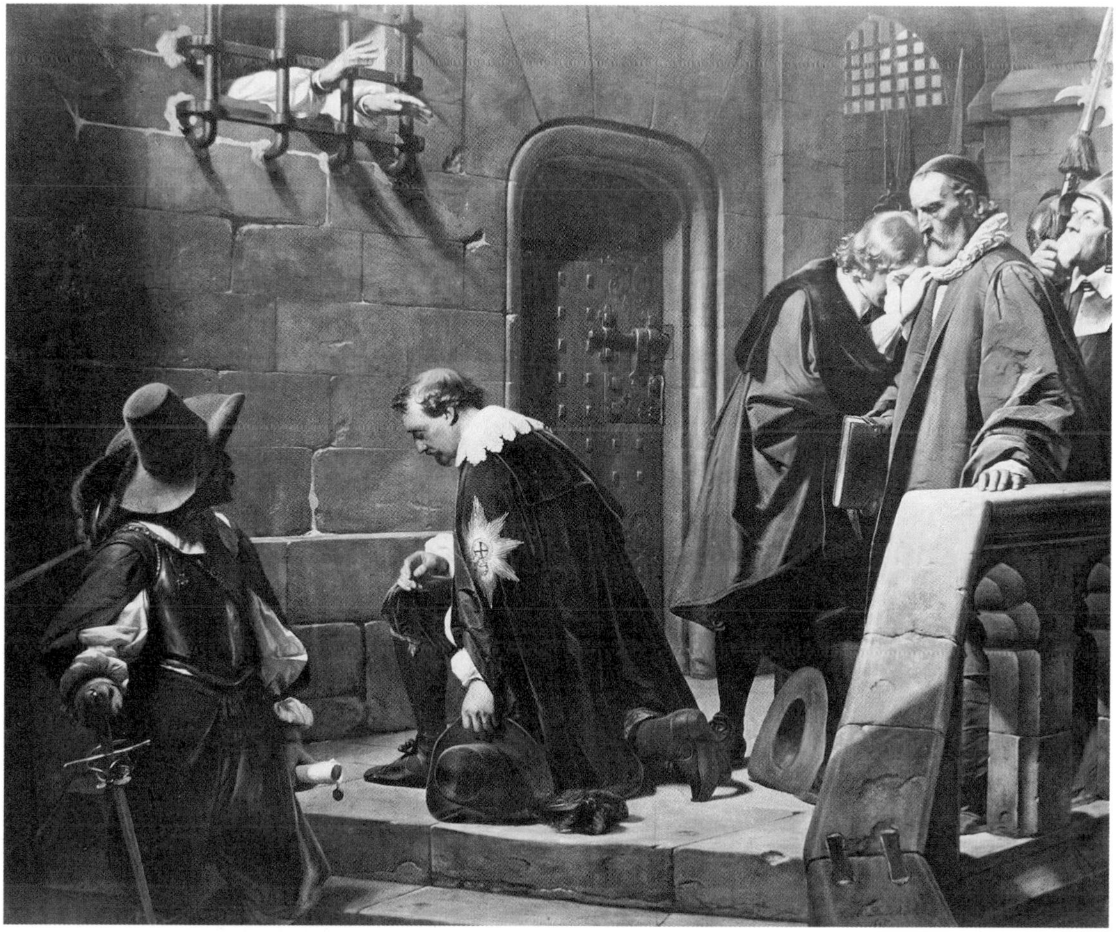

17 — Die Geschichte der Kreuzschraffur

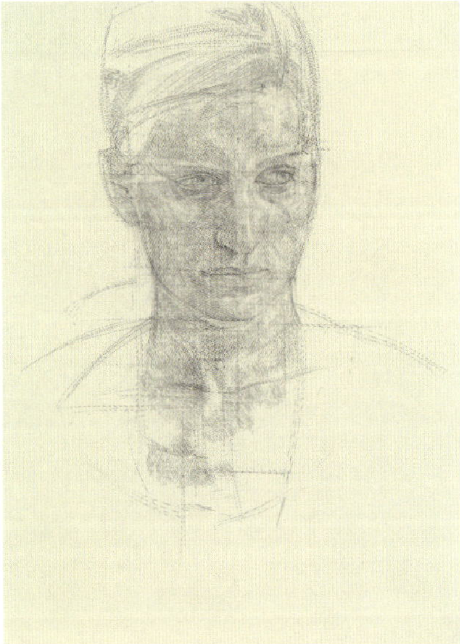

Links:
Studie für Emma, Anthony Williams, 2021

Unten:
Porträt von Joseph Roulin, Vincent van Gogh, 1888

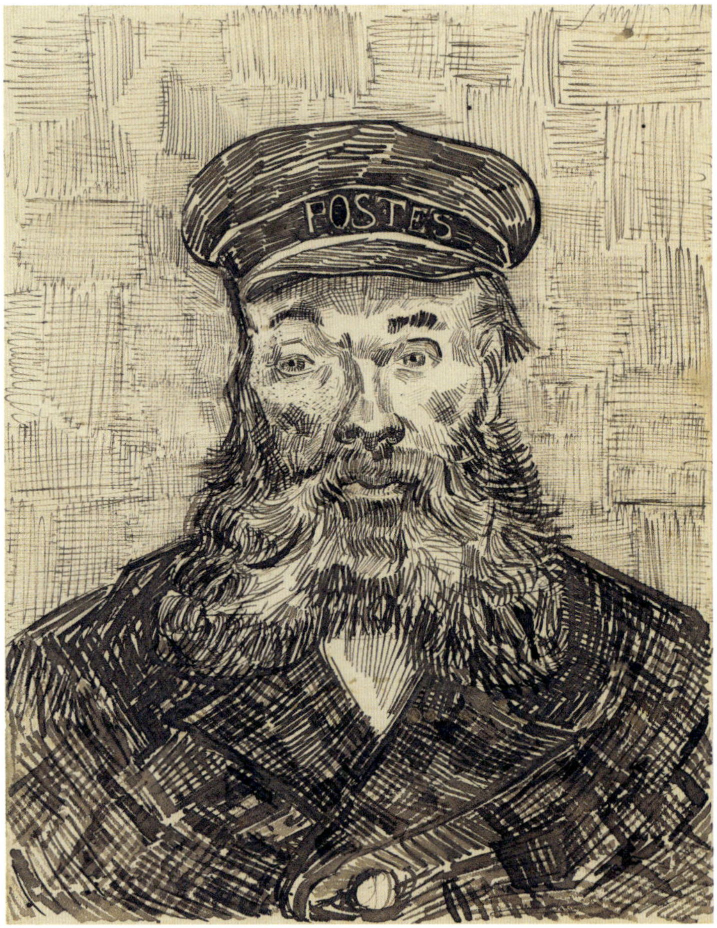

Einige Jahrzehnte später ermöglichte der Offsetdruck die preisgünstige Reproduktion von Bildern und leitete damit den Niedergang der Druckerei von Hand ein. Künstler konnten nun qualitativ hochwertige Reproduktionen ihrer Werke verbreiten, ohne die traditionellen Druckverfahren anwenden zu mussen. So wurde die Kreuzschraffur aus dem Lehrplan der Atelierkunst gestrichen, und die Technik wurde immer seltener, insbesondere in der Welt der bildenden Kunst.

In der Welt der bildlichen Darstellung – Graphic Novels, Comics, Kinderbücher – gab und gibt es immer noch einige gute Beispiele für Kreuzschraffuren, hier seien nur Robert Crumb, Virgil Finlay und Maurice Sendak genannt. Leider schaffen es diese Arbeiten nur selten in die Galerien und Museen. Kreuzschraffuren – oder auch jede andere Art von Tuschezeichnungen – gelten als eine Form der Illustration, das heißt, man schreibt ihnen einen funktionalen Zweck zu und keinen eigenen ästhetischen Wert. Die Unterscheidung zwischen Kunst und Illustration ist aber durchaus fragwürdig, und in der Tat machten sich einige der berühmtesten Künstler, etwa Picasso und Van Gogh, die Kreuzschraffur zu eigen.

Die Kreuzschraffur ist eine anspruchsvolle Technik, mit viel kreativem Potenzial, die meiner Meinung nach eine längst überfällige Wiederbelebung verdient. In diesem Buch stelle ich sie als eine Technik vor, die es verdient, erlernt, angewandt und geschätzt zu werden.

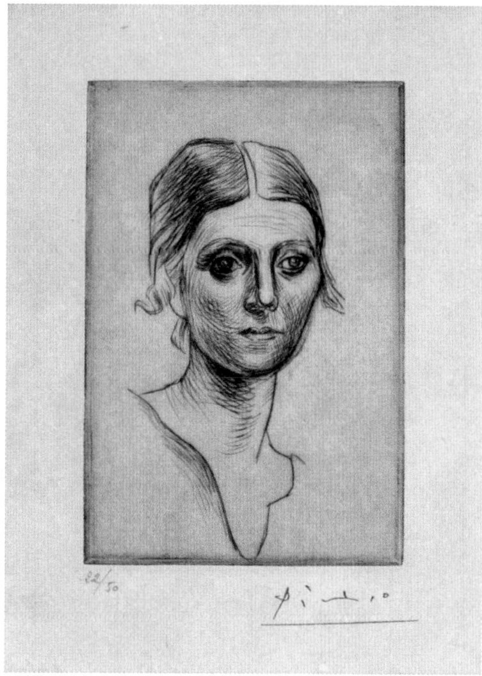

Oben: *Porträt von Olga Picasso*, Pablo Picasso, 1920

Das Erlernen der Kreuzschraffur heute

In ihrer Blütezeit war die Druckgrafik ein Handwerk, das über Generationen hinweg vom Meister an den Lehrling weitergegeben wurde. Dies erklärt einen Begriff, der einem gelegentlich begegnet, wenn es um die Urheberschaft eines Werkes geht. Wenn ein Gemälde zum Beispiel der „Rembrandt-Schule“ zugeschrieben wird und nicht nur dem Künstler selbst, bedeutet dies, dass das Werk von jemandem geschaffen wurde, den Rembrandt ausgebildet hat, oder dass das Werk vom Künstler selbst mithilfe seiner Lehrlinge gemalt wurde.

Eine Lehre wäre ein langes, mühsames und demütigendes Kapitel in der Karriere eines Künstlers gewesen – eine Zeit, in der die eigene Selbstverwirklichung der Aufgabe, den Stil des Meisters zu reproduzieren, untergeordnet gewesen wäre. Daher wurde das Kreuzschraffieren wie ein episches Gedicht weitergegeben und im Gedächtnis verankert, und zwar von seinem Aufkommen um 1400 über fast ein halbes Jahrtausend bis zum Ende des 19. Jahrhunderts. Zu dieser Zeit hat sich das persönliche und lebhafte Verhältnis zwischen Meister und Lehrling zum formalen Betrieb in Institutionen gewandelt, das heißt zu Kunstschulen – und an vielen von ihnen wird heute noch gelehrt. An diesen Schulen wurden die jungen Schüler in den Grundlagen der Kunst unterrichtet, wobei die Kreuzschraffur zum Grundlagenstudium gehörte. Im 20. Jahrhundert jedoch, als die Druckgrafik aus der Mode kam und die Kunstwelt von zunehmend experimentellen Medien beherrscht wurde, kam die Tradition der Kreuzschraffur zum Erliegen.

Da die Kreuzschraffur nicht mehr Teil des Standardlehrplans für Kunst ist und es auch keine einschlägigen Bücher darüber gibt, stehen moderne Kunstschaffende vor der Aufgabe, diese Technik durch sorgfältige Beobachtung und das Studium vergangener Werke zu erlernen. Es lassen sich auch historische Handbücher ausfindig machen, die sich mit Kreuzschraffuren befassen. Als Künstlerin habe ich beide Wege beschritten: Ich habe sowohl meine eigene Technik des Kreuzschraffierens entwickelt als auch jahrhundertealte Anleitungen ausgegraben, die andernfalls vielleicht im Lauf der Zeit verloren gegangen wären. Dieses Buch ist eine Aufzeichnung all dessen, was ich bis heute gelernt habe. Die so entstandenen Zeichnungen sind zwar definitiv meine eigenen Kreationen, aber in ihrer Wirkung so nah an den historischen Werken, die Kreuzschraffuren aufweisen, dass der Zusammenhang offensichtlich ist.

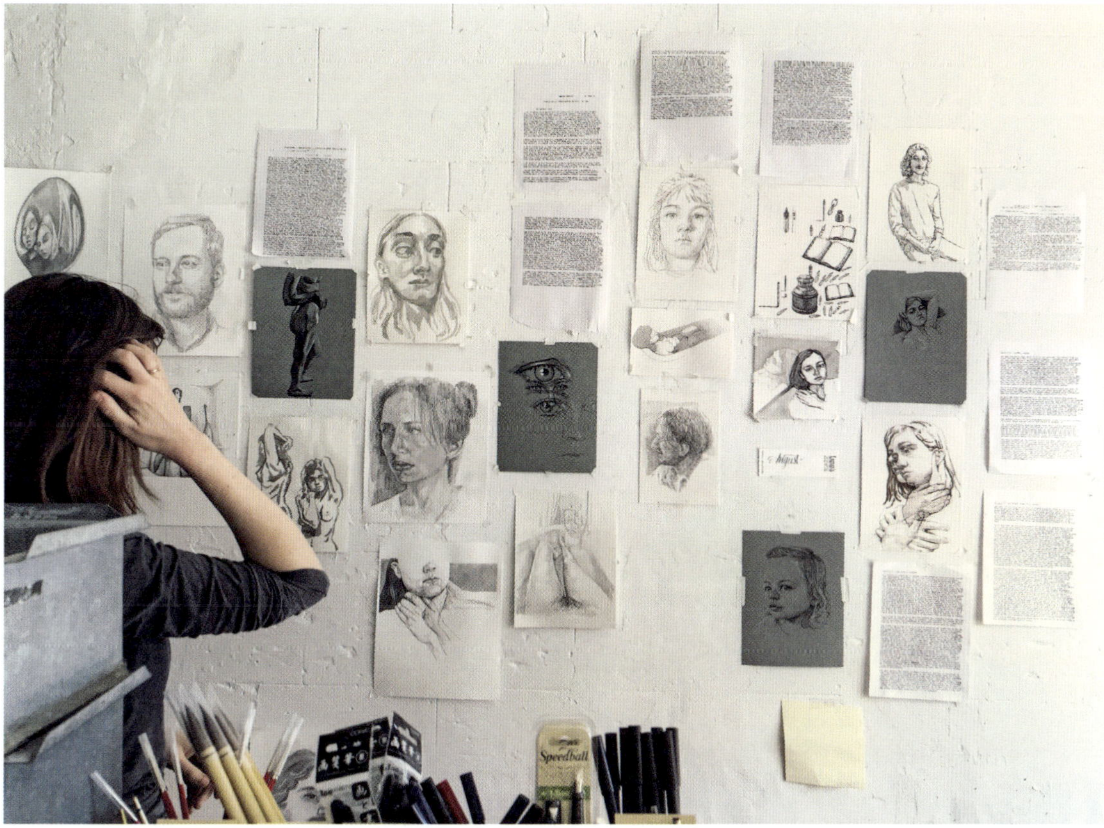

21 — Das Erlernen der Kreuzschraffur heute

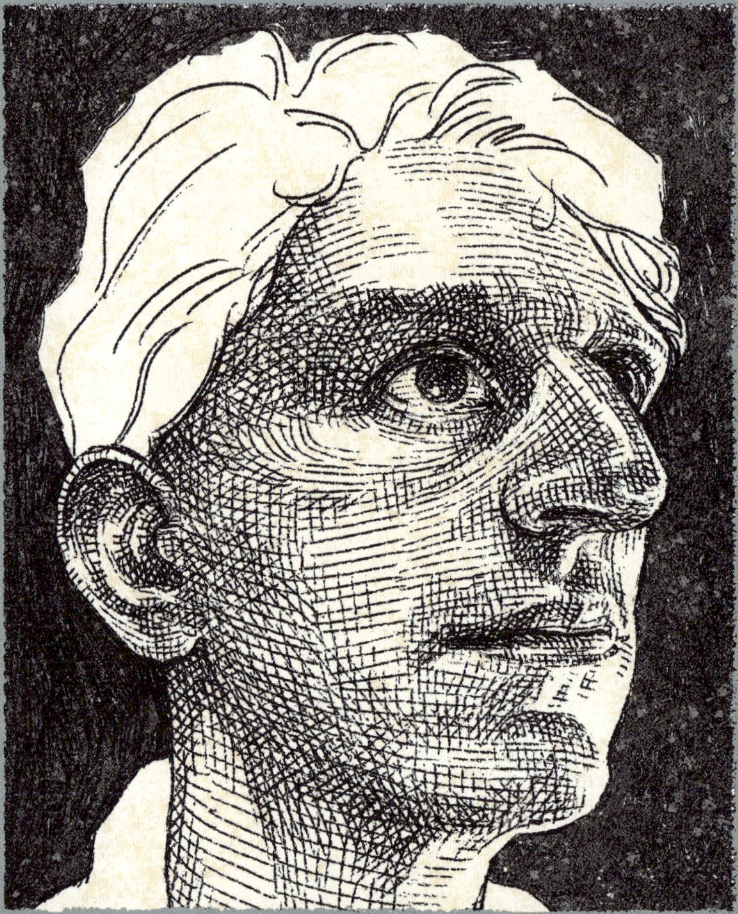

Ein Hinweis zur Vorgehensweise

Dieses Buch gibt Ratschläge zu den technischen und künstlerischen Herausforderungen beim Erlernen des Tuschezeichnens. Es enthält Tipps und Tricks, die ich während meiner Karriere als Tuschezeichnerin gesammelt habe. Was es nicht bietet, ist die Motivation zum Lernen. Das ist etwas, das Sie in sich selbst finden müssen.

Jeder Lernende ist anders und muss sein eigenes Tempo und seine eigene Einstellung finden, um Fortschritte zu erzielen. Aber unabhängig von den individuellen Unterschieden gilt immer derselbe Spruch: Je mehr Zeit Sie investieren, desto besser werden Sie. Zwei Jahre lang hatte ich stets ein Skizzenbuch dabei. Ich zeichnete im Zug, bei der Arbeit, bei Verabredungen, in Parks, an Straßenecken im strömenden Regen und im Bett, bevor ich das Licht ausmachte. Im Winter saß ich auf eiskalten Bänken und hielt unbeholfen meinen Stift in der behandschuhten Hand, um Schneewehen und kahle Bäume zu skizzieren. Im Sommer trug ich einen breitkrempigen Hut und zeichnete Badende am See, bis es mir zu heiß wurde und ich ins Wasser musste. Mein Drang zu zeichnen war schon manisch, und ich machte so langsame Fortschritte, dass ich mich manchmal fragte, warum ich mir überhaupt Mühe gab. Als ich die Seiten meines Skizzenbuchs durchblätterte, stellte ich kaum Veränderungen fest, und am Ende eines Jahres, in dem ich jeden Tag zeichnete, hatte ich immer noch keinen einzigen Penny mit meiner Kunst verdient. Ich war nicht sehr gut, oder zumindest nicht gut genug, um eine Karriere zu beginnen. Aber ich blieb dran. Rückblickend bin ich mir nicht ganz sicher, was mich am Zeichnen festhalten ließ. Es gab sicherlich keine Belohnung in Form von Geld oder Lob. Wahrscheinlich war es eine Kombination aus Hartnäckigkeit – dem Wunsch, das, was ich begonnen hatte, durchzuziehen – und echter Freude sowie einem völligen Mangel an Interesse oder Befähigung für etwas anderes. Ich nehme an, dass ich insofern Glück hatte, als dass die Kunst für mich die einzige berufliche Option war: Ich musste Erfolg haben.

Es gibt gewiss einige Menschen, die vermutlich mit einer angeborenen künstlerischen Begabung gesegnet sind. Ich gehöre nicht zu ihnen. Wahrscheinlich gehören Sie auch nicht dazu. Die einzige Möglichkeit, künstlerisches Geschick zu entwickeln, ist zu üben.

Die Entscheidung, lernen zu wollen

Sobald Sie sich entschlossen haben, das Zeichnen zu erlernen, sollten Sie dieses Ziel in jeden Teil Ihres Lebens einbeziehen, ganz gleich, ob es in einem bestimmten Moment besonders wichtig erscheint oder nicht. Kunst ist kein Wasserhahn, den man nach Belieben auf- und zudrehen kann; es ist nicht etwas, dem man frönt, wenn man die Zeit und die Motivation aufbringen kann, und das man vergisst, wenn man es nicht kann. Wenn Sie das Kunstschaffen auf diese Weise angehen und es so abschotten, dass es nicht andere Bereiche Ihres Lebens durchdringt, werden Sie nur langsam vorankommen. Die besten Künstler und Künstlerinnen sind besessen. Und Besessenheit führt dazu, dass sie härter arbeiten, mehr Zeit investieren und selbst bei den unvermeidlichen Herausforderungen des kreativen Schaffensprozesses nicht das Handtuch werfen.

In meiner eigenen Erfahrung war diese Obsession mal stärker, mal schwächer. Während meiner gesamten Kindheit und Jugend hatte ich eine feste Vorstellung von mir als Künstlerin. Ich weiß nicht, warum, außer dass ich gerne durch das Metropolitan Museum of Art spazierte und dass ich manchmal Collagen aus Zeitschriftenausschnitten anfertigte, um mein Schlafzimmer zu dekorieren. Dennoch wurde ich bei der bloßen Erwähnung dieser Gesellschaftsgruppe, die man als „Künstler" bezeichnet, hellhörig, als ob ich meinen eigenen Namen gehört hätte.

Später, als ich die Schule verließ und über eine Karriere nachdachte, stellte ich diese Vorstellung von mir vielleicht zum ersten Mal in meinem Leben infrage. Obwohl ich in der Schule ein paar Kunstkurse belegt hatte, hatte ich seit einiger Zeit nicht mehr gezeichnet, und ich war auch nie besonders gut darin gewesen. Es war ein Schock zu erkennen, dass ich keinen wirklichen Anspruch auf eine Bezeichnung als Künstlerin hatte. Doch bevor ich ihn ganz aufgab und mir eine neue Identität zulegte, bemühte ich mich, die Künstlerin in mir zu rechtfertigen, wohl wissend, dass ich mit diesem Versuch eine große Enttäuschung riskierte.

Sobald ich mich jedoch darauf eingelassen hatte, kam der Rest ganz von selbst. Ich würde nicht sagen, dass es „leicht" war, denn die Arbeit war stets schwierig und entmutigend. Aber es war auch irgendwie natürlich, und zwar in dem Sinne, dass ich, sobald ich einen Rhythmus des künstlerischen Schaffens gefunden hatte, diesen Schwung durch den Rest meines jahrelangen Lernprozesses trug. Und in der Tat habe ich ihn heute noch in mir.

Sollten Sie diese Erfahrung nicht gemacht haben – wenn Sie keinen Rhythmus finden können oder Ihnen das künstlerische Schaffen weiterhin nur wie eine künstliche Ergänzung Ihres normalen Tagesablaufs vorkommt –, dann ist es wichtig, sich zu fragen, warum dies der Fall ist. Ist es die Angst vor dem Versagen? Die Enttäuschung über Ihre derzeitigen Fähigkeiten?

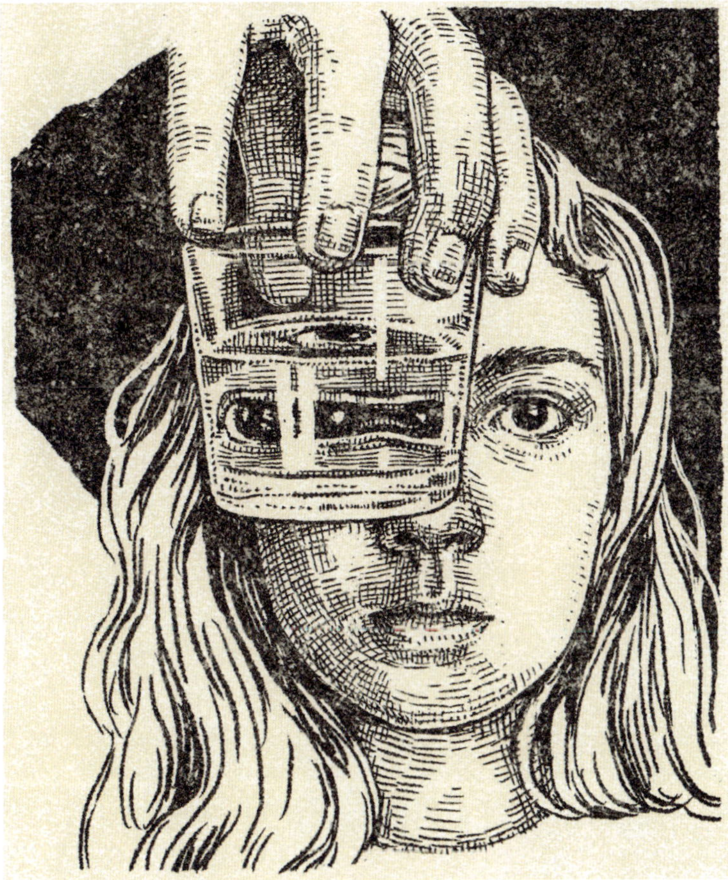

Bevorzugen Sie andere Aktivitäten, sei es, weil sie mehr Spaß machen oder weniger anstrengend sind? Seien Sie ehrlich zu sich selbst. Diese Überlegungen könnten dazu führen, dass Sie sich umso mehr anstrengen oder aber aufgeben. Die Künstler, die ich beobachtet und über die ich gelesen habe, scheinen alle ein unbändiges Verlangen zu haben, Kunst zu schaffen und sich darüber zu unterhalten; die Werke anderer zu betrachten und darauf zu reagieren; von Kunst umgeben zu leben und andere Menschen zu treffen, die dieses Interesse teilen.

Um auf mein sprachliches Bild zurückzukommen: Kreativität ist weniger wie ein Wasserhahn und eher wie ein Fluss, der ständig fließt, auch wenn der Wasserstand mit der Zeit steigen und fallen kann. Ein Fluss kann nicht eindeutig definiert werden – er ist weniger ein Ding als ein Zustand, weniger eine einzelne Geste eines bestimmten Ausdrucks als eine kontinuierliche Bewegung. Im Lauf der Jahre gräbt sich ein Fluss in seine Umgebung. Er verwandelt die Steine auf seinem Weg und wird zu einem Ökosystem, zu seiner eigenen, sich selbst erhaltenden Welt.

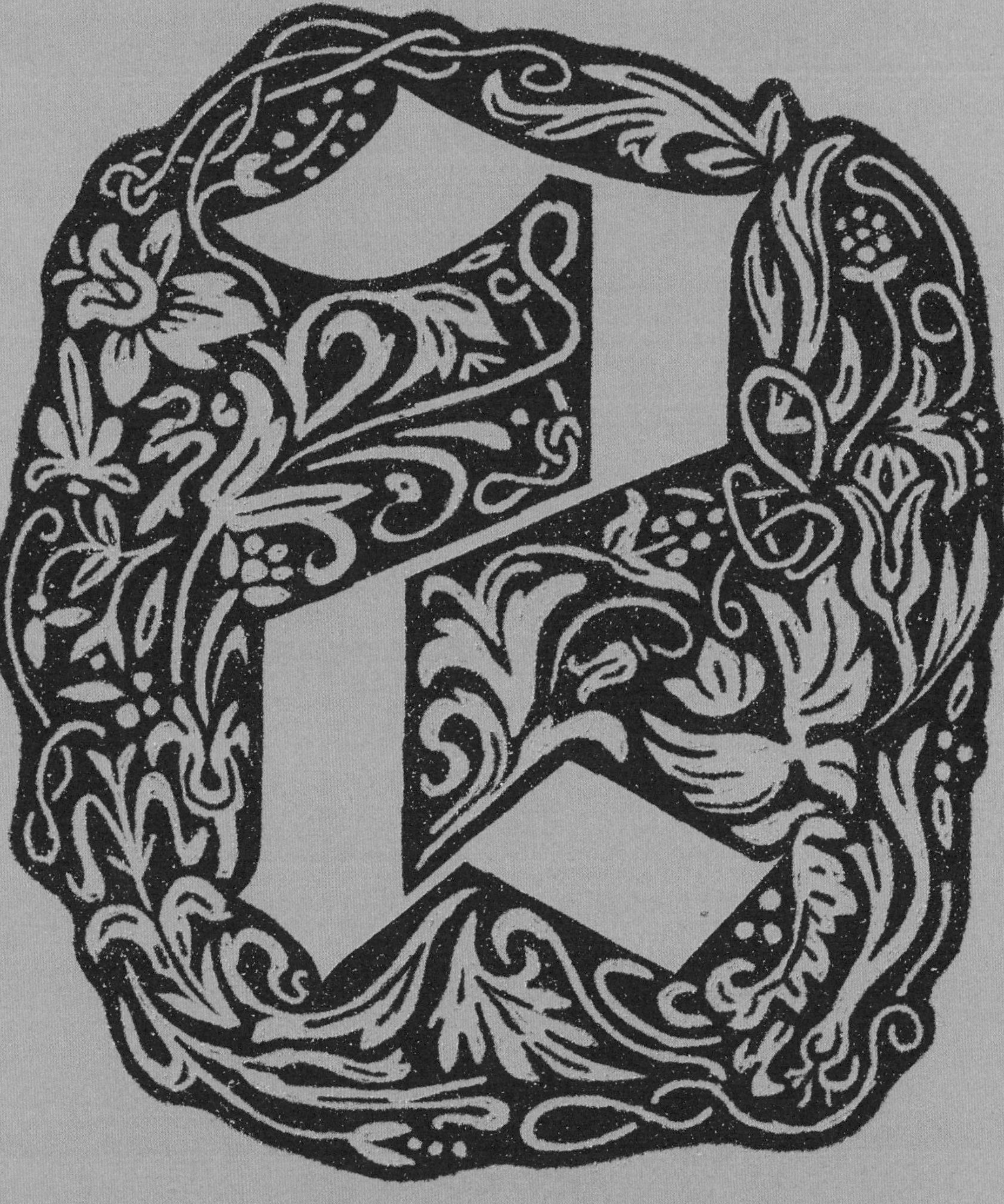

TEIL II:
MATERIALIEN UND WERKZEUGE

Werkzeuge

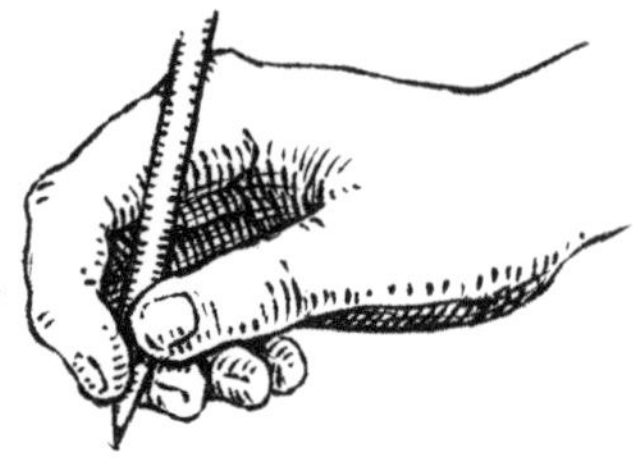

Das Zeichnen mit Tusche ist preislich gesehen sehr günstig, man benötigt lediglich Stift und Papier. Das ist das Schöne daran: Jeder kann es tun. Oft werde ich gefragt, womit ich zeichne, aber aus zwei Gründen möchte ich diese Frage nicht beantworten. Erstens kann ich mich nie daran erinnern, was genau ich für eine bestimmte Zeichnung verwendet habe – es kommt selten vor, dass eine Idee für ein Kunstwerk mit einem bestimmten Werkzeug oder Medium verbunden ist. Ich arbeite oft erst mit Kugelschreiber, anschließend mit Federhalter und später mit dem Pinsel – und dann wieder von vorn; dabei bringe ich mein Atelier völlig durcheinander. Wenn ich inspiriert bin, nehme ich einfach das, was ich gerade vor mir sehe, und das hat zu einigen interessanten Ergebnissen geführt. Der zweite Grund ist, dass die Leute oft glauben, es wären die Werkzeuge, die zum Erfolg oder zum Scheitern führen, was natürlich nicht stimmt: Das Zeichnen lässt sich tatsächlich mit Büroutensilien meistern. Mehr noch, einige der erfolgreichsten Künstler benutzen sie immer noch! Es ist also ein Fehler – sowohl in finanzieller als auch in ideologischer Hinsicht – frühzeitig in ausgefallene Mittel zu investieren. Warten Sie, bis Sie Ihre Vorlieben kennen und konkrete Fragen stellen können.

Hier sind einige Beispiele für bestimmte Dinge, die Sie selbst herausfinden werden:

- Mit welcher Art von Feder lässt sich die Strichstärke am besten variieren?
- Gibt es einen großen Unterschied zwischen verschiedenen Tuschearten?
- Welche Papiersorten eignen sich, um Tuschezeichnungen zu lavieren, ohne dass sich das Papier verzieht?

Mit der Zeit werden Sie durch Ausprobieren Ihre eigenen Lösungen finden, die sich vielleicht von meinen unterscheiden. Und wenn Sie Ihr eigenes Vorgehen beim Tuschezeichnen entwickelt haben, können Sie sich mit den schönsten Werkzeugen belohnen. Denn dann werden Sie sie wirklich zu schätzen wissen.

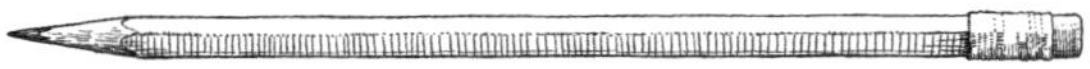

Man kann zwar mit einem Bleistift schraffieren, aber die Linien sind weniger kontrastreich und bleiben nicht so lange erhalten wie bei einer Tuschezeichnung. Einen Bleistift benutzt man vor allem für die erste Skizze.

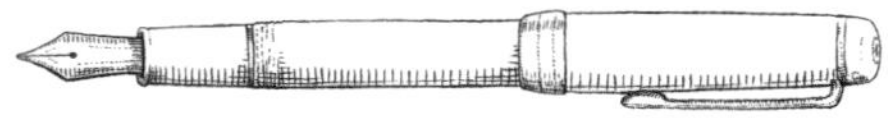

Ein Füller ist vielseitig und umweltfreundlich. Die Feder und die Tintenpatrone können gewechselt werden, sodass sich mit einem Füller unterschiedliche Effekte erzielen lassen.

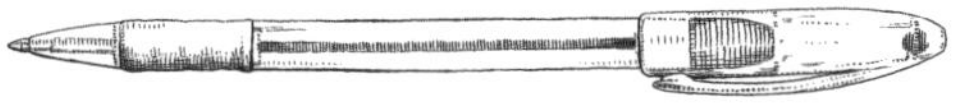

Mit einem Kugelschreiber lässt sich die Strichstärke und die Deckkraft etwas variieren, um zarte Schatten mit filigranen Elementen zu zeichnen. Der Effekt liegt irgendwo zwischen Bleistift und Pigmenttinte: weder so weich wie jener noch so kräftig wie diese.

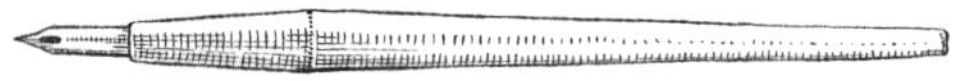

Das älteste Werkzeug für die Tuschezeichnung ist der Federhalter. Er kann verschiedene Formen haben, von einem Federkiel über einen Glasstab bis hin zu einem Stück Bambus. In der Regel ist es jedoch ein Stift aus Holz oder Kunststoff mit einer austauschbaren Metallfeder, die in ein Tintenfass getaucht wird.

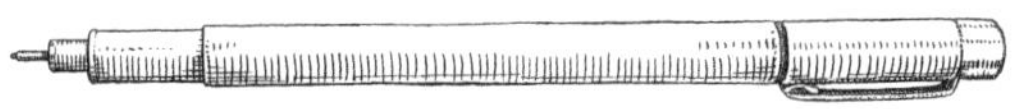

Ein Fineliner ist der beliebteste Stift für Kreuzschraffuren. Er erzeugt sehr gleichmäßige Linien, sodass die Gesamtwirkung der Zeichnung Vorrang vor den einzelnen grafischen Elementen hat.

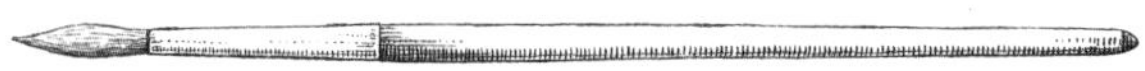

Für Kreuzschraffuren lässt sich auch ein sehr feiner Pinsel verwenden, obwohl es schwieriger ist, kontrolliert mit ihm zu zeichnen als mit einer Schreibfeder. Mit einem großen Pinsel können bestimmte Bereiche abgetönt werden.

Papier

Die Wahl des richtigen Papiers hängt hauptsächlich von der persönlichen Vorliebe ab. Probieren Sie möglichst viele Arten aus und sehen Sie, wie Ihre Lieblingstools dazu passen. Achten Sie unter anderem auf folgende Punkte:

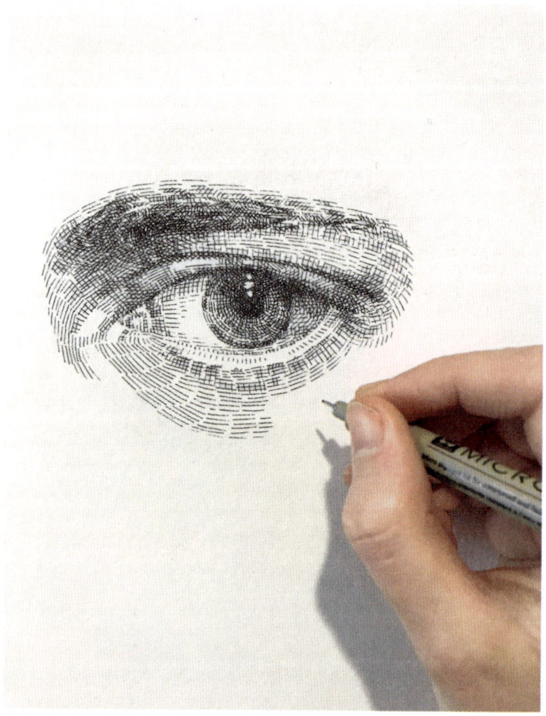

- AUSFRANSEN:
  Bleiben Ihre Linien glatt und ganz, oder fransen sie in die umgebenden Fasern aus?

- DURCHSCHLAGEN:
  Können Sie die Tusche durch das Papier sehen, wenn Sie es umdrehen? In einem Skizzenbuch mag das keine große Sache sein. Bei einer fertigen Zeichnung sollte das Papier jedoch fast völlig undurchsichtig sein.

- TEXTUR:
  Ist das Papier glatt oder springt der Stift über Unebenheiten und ergibt unruhige Linien? Vielleicht bevorzugen Sie diese raue Textur oder arbeiten mit einer glatteren Oberfläche.

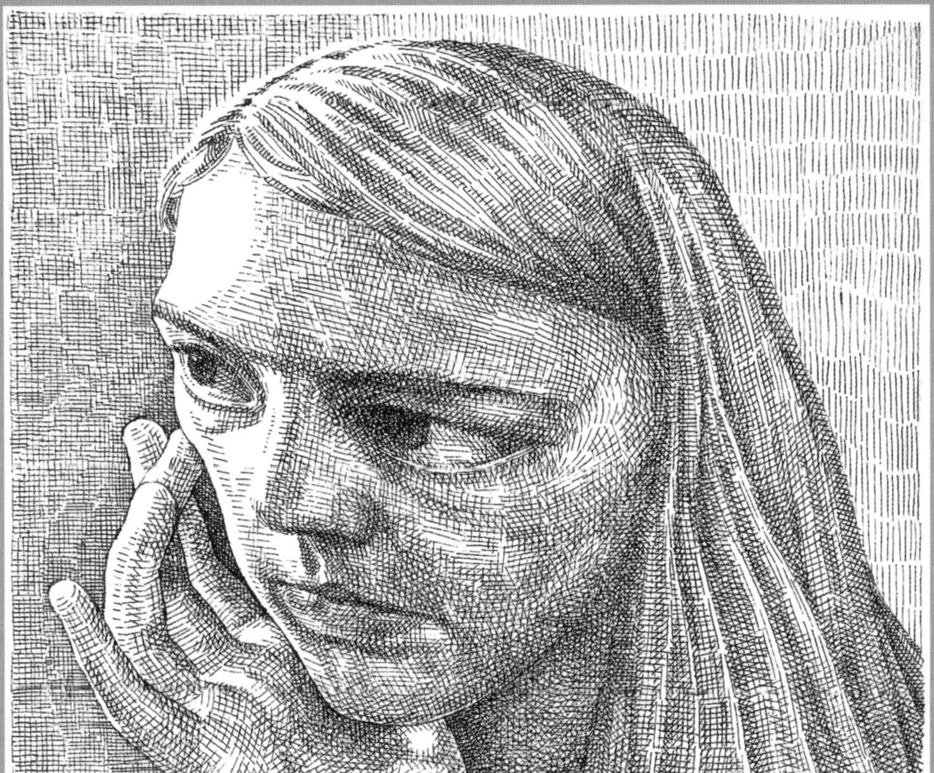

31 — Papier

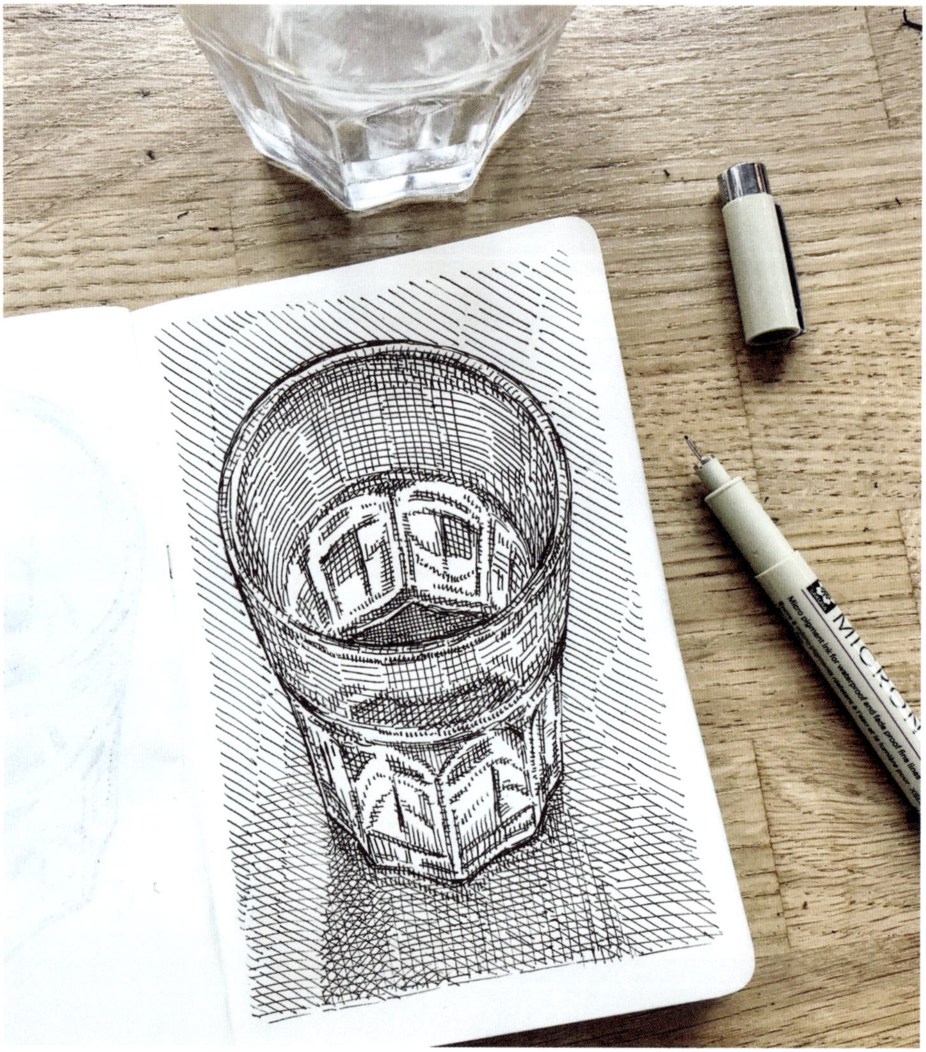

Ein Skizzenbuch führen

Der Weg zu guter Kunst ist mit schlechten Skizzen gepflastert. Sie werden schnellere Fortschritte machen, wenn Sie ein Skizzenbuch führen, statt sorgfältig geplante und akribisch ausgeführte Zeichnungen hervorzubringen. Skizzenbücher sind dazu da, etwas Gewagtes auszuprobieren und Fehler zu machen, denn diese Entwürfe sind nur für Ihre Augen bestimmt (es sei denn, Sie möchten sie anderen zeigen). Benutzen Sie daher ein günstiges Skizzenbuch mit billigem Papier, bei dem Sie kein schlechtes Gewissen haben müssen, wenn Sie es „verschwenden". Das tägliche Anfertigen von Skizzen führt dazu, dass Ihre Hand locker, Ihr Geist in Bewegung und Ihr Ego im Zaum bleibt.

Machen Sie das Skizzieren zu einem Teil Ihres Alltags oder setzen Sie es auf Ihre To-do-Liste. Sie könnten zum Beispiel jeden Morgen eine Skizze anfertigen, während Sie Ihren Kaffee trinken oder im Zug zur Arbeit sitzen. Oder Sie bewahren das Skizzenbuch auf Ihrem Nachttisch auf, um sich daran zu erinnern, jeden Abend vor dem Einschlafen zu zeichnen. Wenn Sie sich die Zeit nehmen können, um Freunde anzurufen, joggen zu gehen, einen Film zu sehen – oder was auch immer –, dann können Sie auch ein paar Minuten fürs Zeichnen entbehren. Das ist alles, was Sie brauchen. Als ich anfing, nahm ich mir fest vor, jeden Tag einen einzigen Punkt mit Tusche zu setzen. Ich meine es ernst. Natürlich war allein das Aufschlagen meines Skizzenbuchs die eigentliche Hürde. Nachdem ich mich dazu überwunden hatte – eben weil ich meine Erwartungen auf einen einzigen Tuschepunkt heruntergeschraubt hatte –, war es ein Leichtes, ein oder zwei Seiten zu füllen.

Wenn ich davon spreche, ein Skizzenbuch zu führen, meine ich das Zeichnen nach der Natur. Aus der Fantasie heraus zu zeichnen macht Spaß und gibt einem das Gefühl künstlerischer Freiheit. Es ist jedoch das Zeichnen nach Beobachtungen, das Ihnen als technische Grundlage dient. Diese Zeichnungen müssen nicht unbedingt konzeptionell überzeugend oder optisch interessant sein. Ich würde Ihnen sogar raten, sich möglichst langweilige Motive auszusuchen: alltägliche Gegenstände, die Sie im Haus haben, wie Stühle, Bücher und Geschirr. Zeichnen Sie diese immer und immer wieder, bis sie Ihnen zur zweiten Natur werden. So gewährleisten Sie, dass Sie sich darauf konzentrieren, Ihr künstlerisches Geschick zu verbessern, anstatt Ihrer Kreativität freien Lauf zu lassen. Später, wenn Sie das Selbstbewusstsein eines Künstlers haben, können Sie Werke schaffen, die Ihre technischen Grundlagen mit Ihren eigenen Vorstellungen vereinen. Diese Arbeiten werden umso gelungener sein, je mehr langweilige, sich wiederholende und unverkäufliche Zeichnungen Ihr Skizzenbuch füllen.

So zeichnen Sie am besten

Beim Zeichnen sind Hand und Handgelenk ständig unter Spannung und in Bewegung. Da das Schraffieren feinmotorische Fähigkeiten erfordert, und weil Sie beim Zeichnen mit Tusche befürchten, etwas falsch zu machen – da sich Fehler nicht mehr rückgängig machen lassen –, sind es angespannte und kontrollierte Bewegungen, und das belastet Ihre Hand noch mehr. Es ist nicht ungewöhnlich, beim Zeichnen die Finger zu verkrampfen und den Stift fest zu umklammern, was mitunter sowohl zu körperlichen als auch künstlerischen Problemen führt. Das Zeichnen sollte etwas Entspanntes und Angenehmes sein. Wenn Sie mit äußerster Sorgfalt vorgehen, vermeiden Sie vielleicht manche Fehler, vergeben sich damit aber gute Chancen für Ihre künstlerische Entwicklung. Bleiben Sie also locker und schießen Sie am Ziel vorbei. Dadurch lernen Sie schneller. Sie werden auch mehr Spaß haben und sich darauf einstellen, lange und gut zeichnen zu können.

Bleistiftskizzen anzufertigen erfordert kaum Muskelspannung. Die Bewegung sollte aus dem Handgelenk oder dem Ellbogen kommen, nicht aus den Fingern. Halten Sie den Bleistift möglichst locker, ohne ihn fallen zu lassen, und machen Sie leichte, schwungvolle Gesten.

Mit einem Zeichenbrett liegt Ihre Hand höher; das ist zwar gut für Ihren Nacken, aber Ihr Arm wird dadurch eventuell weniger durchblutet. Sie sollten dann den Stift weglegen und Ihre Hand ab und zu ausschütteln.

Wenn Sie oft zeichnen, werden Sie mit der Zeit vielleicht die eine oder andere Beule an den Fingern Ihrer Zeichenhand bemerken, nämlich dort, wo sich Stift und Finger treffen. Das kommt zwar recht häufig vor und ist nicht weiter bedenklich, kann aber auf übermäßigen Druck hindeuten, insbesondere wenn diese kleinen Beulen wehtun. Halten Sie den Stift öfter mal anders, um nicht immer dieselbe Druckstelle zu haben. Das mag Ihnen zunächst unnatürlich vorkommen, aber bleiben Sie eine Weile dabei; es wird sich schon bald besser anfühlen.

Die Überanstrengung der Augen ist ein allgemeines Problem, vor allem wenn Sie sehr auf Details achten. Hier einige Tipps, wie Sie Ihre Augen schützen können:

- Zeichnen Sie bei angemessener Beleuchtung.
- Starren Sie nicht zu lange auf Ihre Zeichnung. Achten Sie darauf, dass Sie regelmäßig woanders hinblicken, um den Brennpunktabstand zu variieren, da sich Ihre Augen sonst daran gewöhnen, nur aus der Nähe zu sehen.
- Verwenden Sie eine dickere Feder oder größeres Papier.
- Experimentieren Sie mit einer einfacheren, weniger komplizierten Art und Weise beim Zeichnen.
- Verwenden Sie eine Lupe, um Details einzuzeichnen.

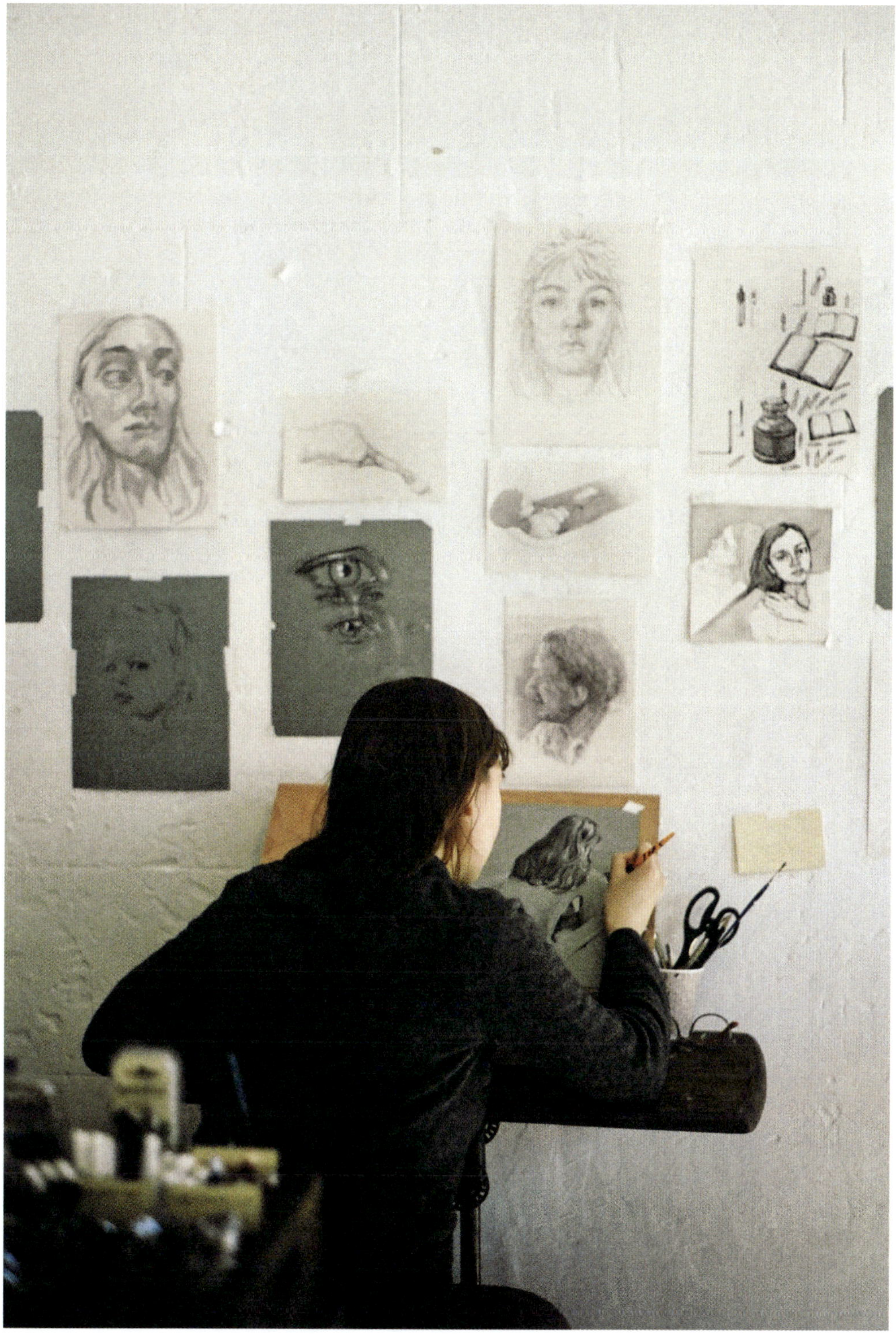

TEIL III:
SEHEN UND BEOBACHTEN

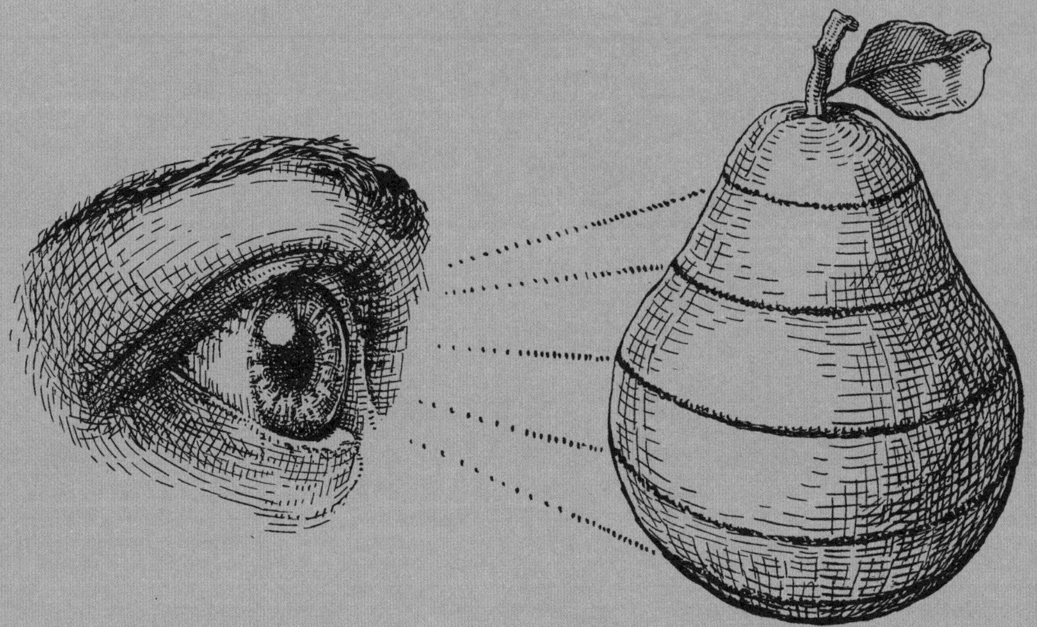

Mit Augen, Geist und Händen sehen

Die Kreuzschraffur unterscheidet sich von allen anderen Zeichentechniken dadurch, dass die Schattenwirkung mit Linien und weniger mit Tonabstufungen erzeugt wird. Bei einer Bleistiftskizze zum Beispiel muss man einfach nur fester drücken, um einen Bereich abzudunkeln, oder mit dem Stift darüber gehen, bis genügend Pigment auf dem Papier ist; eine vorherige Planung ist nicht erforderlich.

Da die meisten Künstler mit Bleistift oder Kohle beginnen, die beide in erster Linie zum Abtönen gedacht sind, kann das Erlernen des Kreuzschraffierens schwierig und frustrierend sein. Obwohl die Kreuzschraffur mit anderen Zeichentechniken verwandt ist, erfordert sie eine besondere Einstellung und ein Auge für Geometrie. In diesem Abschnitt erkläre ich Ihnen, warum das so ist und wie man die Welt durch die Linse der Kreuzschraffur betrachtet.

Wenn Sie einmal an einem Zeichenkurs teilgenommen haben, wurde Ihnen wahrscheinlich gesagt, dass Sie Ihre Augen zusammenkneifen sollen, bis Sie nicht mehr klar sehen können und sich die Details und Umrisse in vage Formen, in helle und dunkle Massen auflösen. Dies ist sehr nützlich, insbesondere am Anfang, um vom gegenständlichen zum objektiven Sehen überzugehen.

Im Allgemeinen sehen wir gegenständlich, erkennen und stufen Dinge intuitiv ein. Wir sehen Gesichter, Möbel, Gebäude, Pflanzen und dergleichen. Es ist schwierig, sich davon zu lösen und die emotionale Komplexität unserer Umgebung – in der zum Beispiel ein Gesicht eine größere Bedeutung hat als ein lebloses Ding wie eine Serviette – auf eine zweidimensionale Abfolge von hell und dunkel zu reduzieren. Eine solche Loslösung ist jedoch notwendig, wenigstens zu Beginn, denn das Versäumnis, objektiv zu sehen, ist der häufigste Fehler beim Zeichnen. So zeichnet fast jeder Anfänger Porträts wie dieses: Man bildet die typischen Gesichtszüge ab und lässt nur eine kleine halbmondförmige Rundung auf der Stirn mit einem Haarbüschel obenauf übrig (siehe Van Goghs frühe Zeichnung). Der Anfänger hat (vielleicht verständlicher-, wenn auch fälschlicherweise) den gezeichneten Gesichtsmerkmalen Vorrang vor der relativ leeren Fläche der Stirn und der Haare gegeben – einer Fläche, die in Wirklichkeit etwa so viel Platz einnehmen sollte wie die Gesichtszüge.

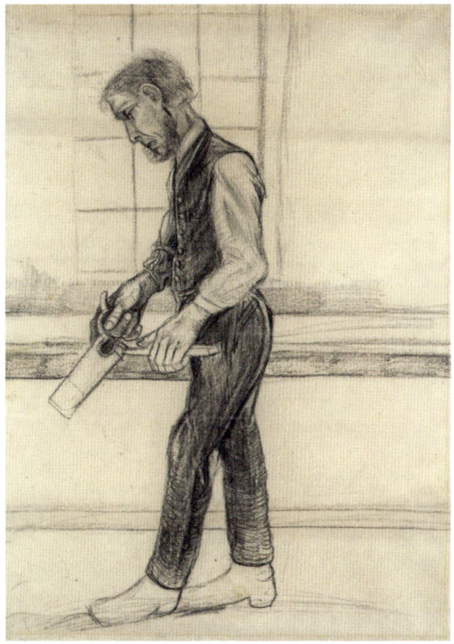

Oben: *Schreiner*,
Vincent van Gogh, 1881

Plötzlich ist die Zeichnung nicht mehr nur eine Ansammlung von Strichen auf dem Papier, sondern eine schlüssige, aussagekräftige, in sich geschlossene Welt.

Der Trick mit den zusammengekniffenen Augen und der Unschärfe zielt darauf ab, solche Fehler zu vermeiden und die wahre, objektive Zusammensetzung des Bildes vor uns zu enthüllen. Dies hat den gleichen Effekt wie die Übersetzung eines Textes in eine Fremdsprache: Da wir den Text nicht verstehen, nehmen wir ihn als eine zufällige Aneinanderreihung von Formen wahr, die auf nichts anderes verweisen als auf sich selbst.

Die meisten Lernenden erleben diese Entsymbolisierung des Sehens als eine Art künstlerische Offenbarung. Endlich präzise zeichnen zu können, nach Jahren der Konfusion und der Mühen, kann sich wie etwas Übermächtiges anfühlen. Plötzlich ist eine Zeichnung nicht mehr nur eine Ansammlung von Zeichen auf dem Papier, sondern eine schlüssige, aussagekräftige, in sich geschlossene Welt. Durch genaues Hinsehen nehmen wir der Welt ihre Bedeutung, durch Zeichnen bauen wir sie wieder auf.

Beim Kreuzschraffieren müssen wir gleichzeitig mit den Augen, dem Verstand und den Händen schauen. Wir müssen Logik und Geometrie bemühen, um schwierige Probleme zu meistern, noch bevor wir den Stift ansetzen. Die Herausforderung besteht also darin, diese gegenständliche, subjektive Perspektive beizubehalten, ohne dass sie unsere logischen Fähigkeiten überwältigt, das heißt: Wie müssen mit einem einzigen Blick zugleich unscharf sehen und dennoch fokussiert sein.

Denn die Kreuzschraffur ist mit Blick auf das Zeichnen im Grunde ein bildhauerischer Ansatz, bei dem die Töne nicht nur den Hell-Dunkel-Wert, sondern auch die Form bestimmen. Ein richtig kreuzschraffierter Schatten, der auf eine Wange fällt, zeigt zum Beispiel nicht nur, wie dunkel diese Wange erscheint, sondern auch ihre Wölbung im Raum. Beim Zeichnen nach der Natur gibt es einige Tricks, um Rundungen zu bestimmen und sie in Linien aufs Papier zu bringen. Das Zeichnen nach Fotos ist etwas schwieriger, weil wir keinen Zugang zu den Formen haben: Wir können sie nicht anfassen und müssen uns daher auf unsere Logik und Erinnerung verlassen, um die Lücken zu füllen.

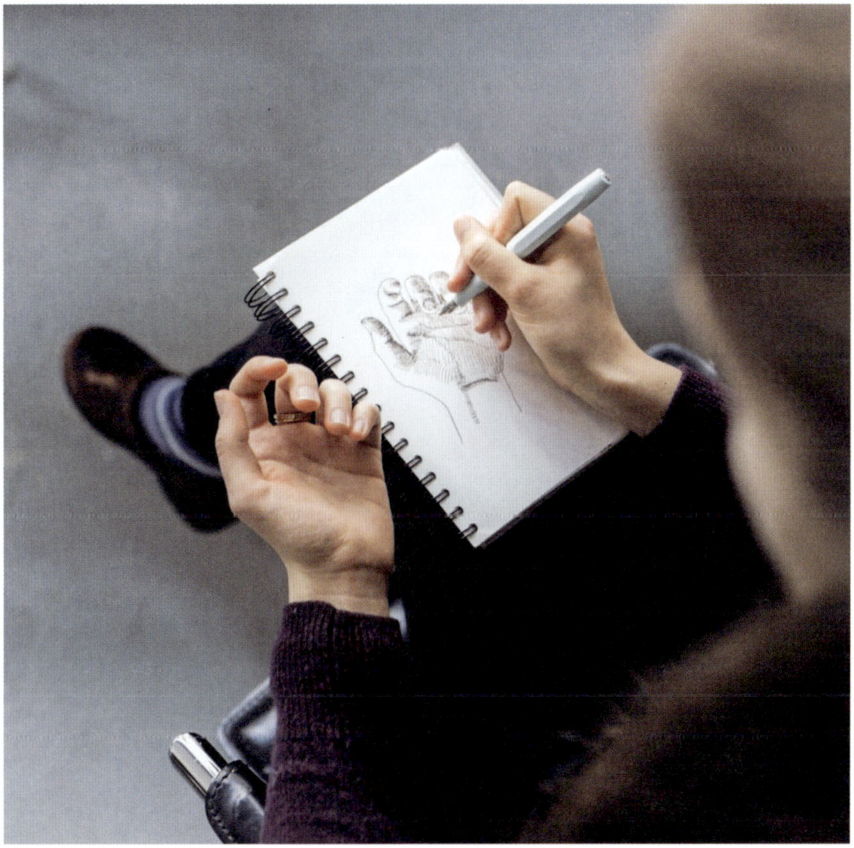

41 — Mit Augen, Geist und Händen sehen

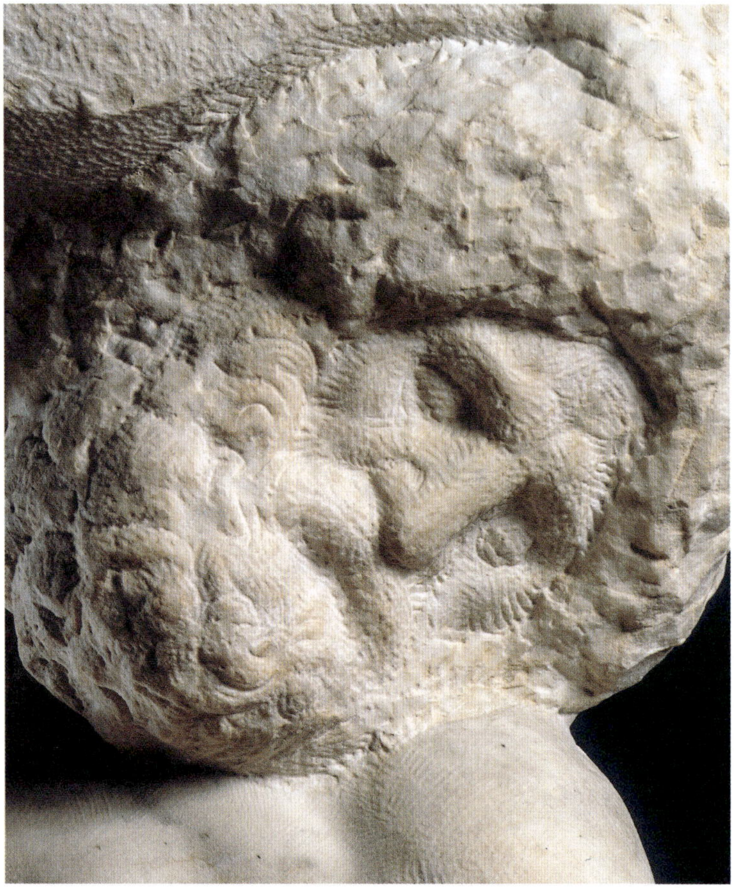

Oben:
Der bärtige Sklave (Detail),
Michelangelo, 1530–34

Rechts:
Selbstbildnis mit Mütze und offenem Mund,
Rembrandt van Rijn, 1630

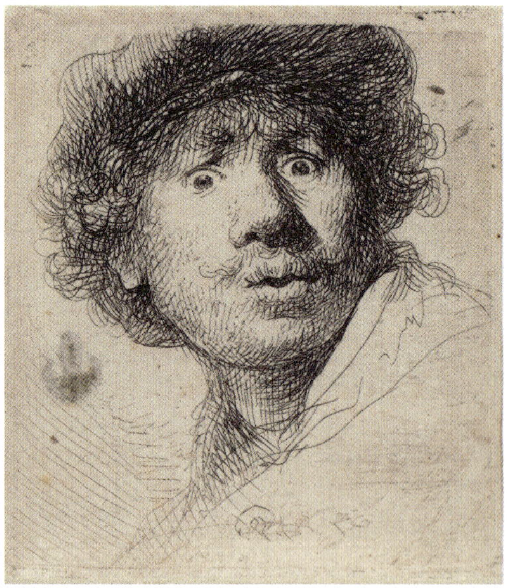

Bildhauerkunst

Wenn ich sage, dass Kreuzschraffuren gewissermaßen eine Technik der Bildhauerei sind, dann meine ich damit, dass sie das Verständnis eines Bildhauers für den dreidimensionalen Raum, für Tiefe, Rundungen und Geometrie erfordern. Anders als Zeichnungen müssen Skulpturen aus allen Blickwinkeln als gelungen wirken, denn sie dürfen ein Objekt nicht nur auf eine einzige Perspektive beschränken, sondern müssen auch seine tatsächlichen körperlichen Merkmale berücksichtigen – wie es den Raum für sich beansprucht. Bei der Betrachtung einer Skulptur können Sie sich um sie herum bewegen, um ein besseres Verständnis für ihre Form zu bekommen. Aber selbst wenn Sie an einer bestimmten Stelle stehen, können Sie ihre Schatten als Anhaltspunkte nutzen. So ist es auch mit der Kreuzschraffur. Eine gelungene Kreuzschraffur ist etwas, das sich leicht räumlich nachbauen lässt, indem man die Zeichnung als Architekturplan verwendet.

In der klassischen Bildhauerei sorgt der Meißel für eine Reihe von Linien, die einer Kreuzschraffur ähneln. Michelangelos „Gradina", ein Werkzeug, das einer Gabel mit sehr kurzen Zinken ähnelt, ist für die Textur des Schraffureffekts auf seinem unvollendeten Porträt eines bärtigen Sklaven verantwortlich. Ähnliches ist auch auf Rembrandts Radierung mit seinem Selbstporträt zu sehen.

Ich empfehle Skulpturengalerien, um Kreuzschraffuren zu üben. Nicht nur wegen der Ähnlichkeiten zwischen den beiden Techniken, sondern auch, weil Sie eine einmalige Zeichnung von einer Skulptur anfertigen können. Eine Zeichnung von einer anderen Zeichnung (oder eines Drucks oder Gemäldes) könnte hingegen als Kopie des Originals betrachtet werden (siehe Seite 156 für Studien nach Meisterdrucken). Darüber hinaus sind Skulpturengalerien in der Regel weniger überfüllt als Gemäldegalerien. Ein ruhiges Plätzchen, an dem Sie sich aufhalten können, sollte leicht zu finden sein.

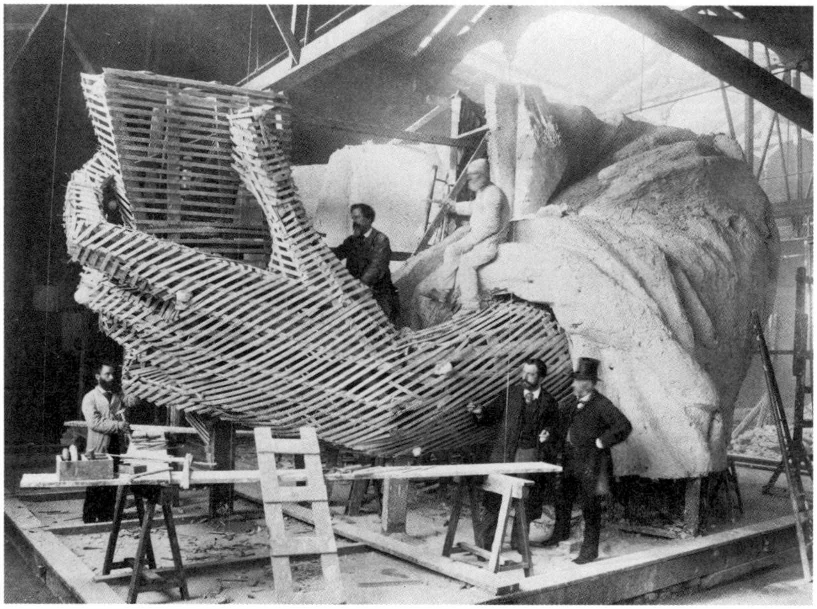

Oben: *Konstruktion des Skeletts und der Gipsoberfläche des linken Arms und der Hand der Freiheitsstatue in der Werkstatt von Gaget,* Gauthier & Co. in Paris, 1881–83

Falls Sie dabei etwas nervös sind, fragen Sie einen Museumswächter, um sicherzugehen, dass es okay ist. Die meisten werden einverstanden sein und Ihnen vielleicht sogar einen Hocker zum Arbeiten anbieten.

Beschädigte Skulpturen liefern zusätzliche Aufschlüsse, denn Risse im Stein umkreisen diesen wie eine Schnur. Wenn die Skulptur polylithisch ist – also aus mehreren Steinen besteht – im Gegensatz zu monolithisch, lassen die Nähte zwischen diesen Steinen die Gesamtform anhand der Linien erkennen.

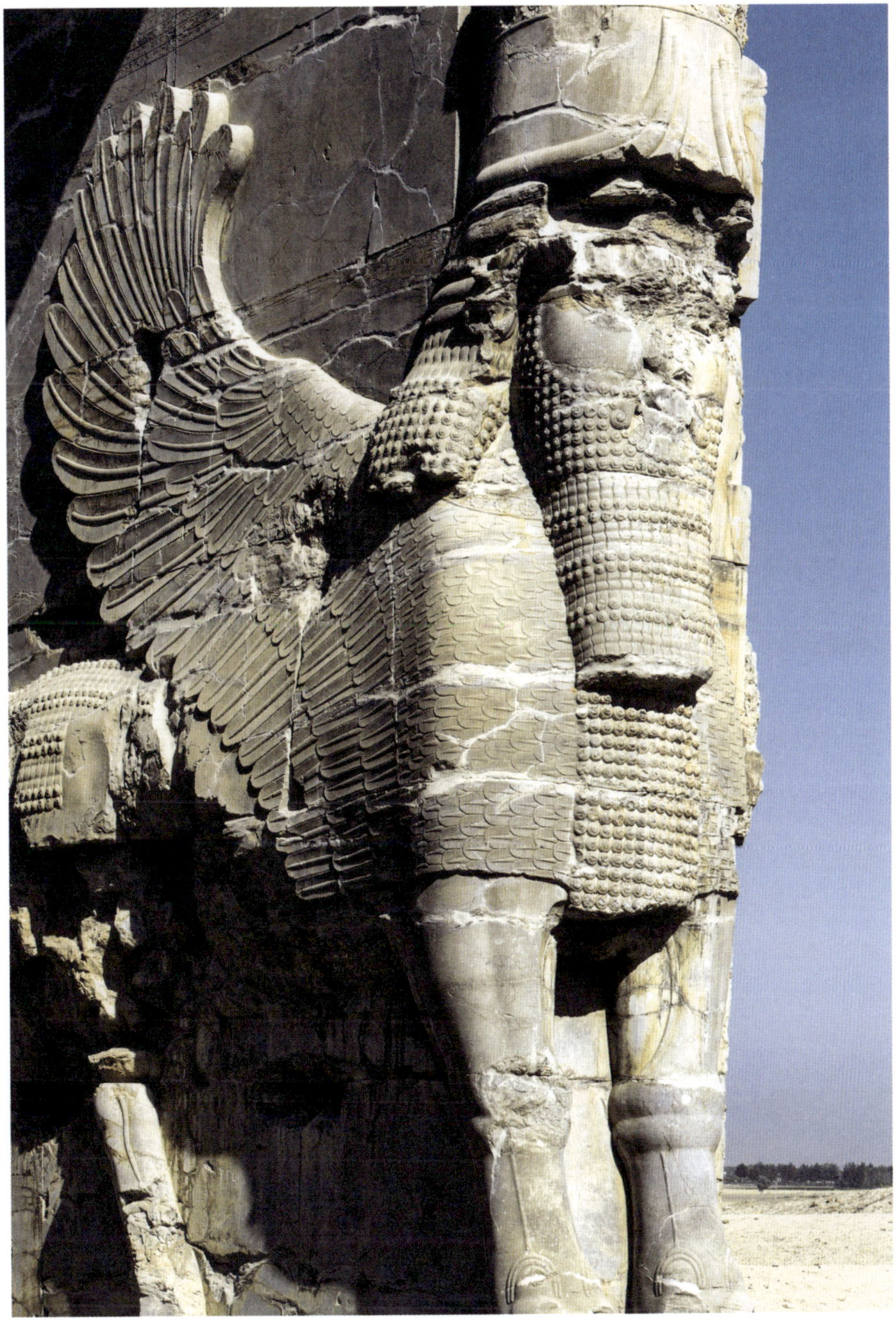

Oben: *Das Tor aller Nationen*, Persepolis, Iran

Rundungen durch Schraffur suggerieren

Sobald Sie die Schraffur als ein bildhauerisches Verfahren betrachten, werden Sie Alltagsgegenstände in die Linien und Rhythmen übersetzen, die ihre räumlichen Formen beschreiben. Rundungen sind bisweilen besonders schwierig zu gestalten, aber hier sind einige gängige Beispiele. Halten Sie Ausschau nach ihnen und lernen Sie, ihren rhythmischen Aufbau zu antizipieren. Diese Dinge dienen auch als Vorbereitung, sich weniger klar umrissenen Motiven zu widmen.

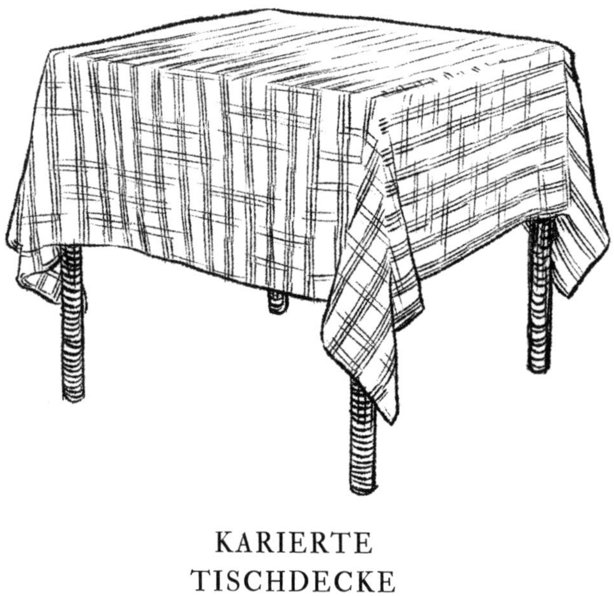

KARIERTE TISCHDECKE

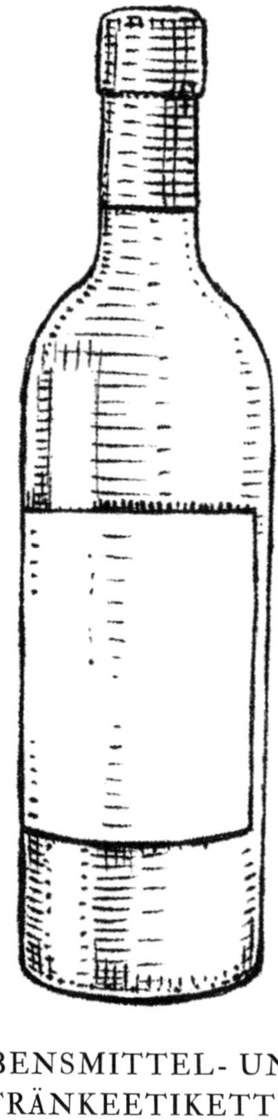

LEBENSMITTEL- UND GETRÄNKEETIKETTEN

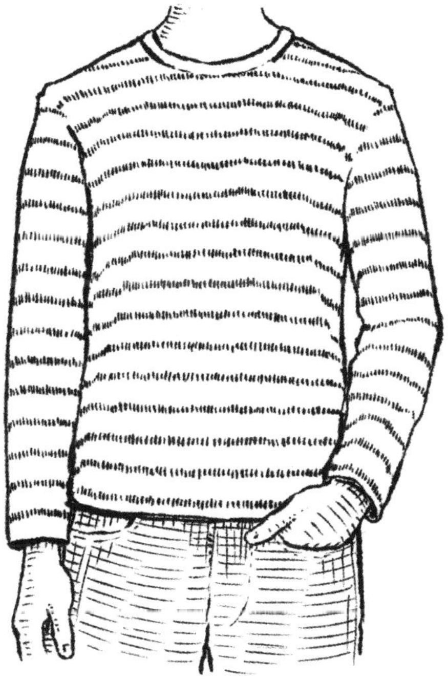

GESTREIFTE KLEIDUNG

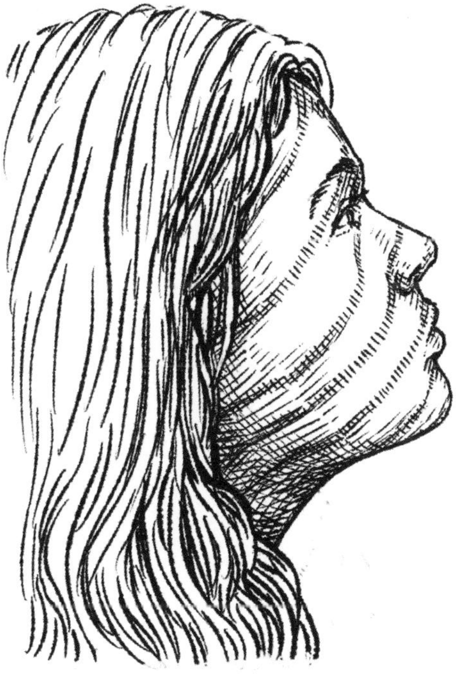

SCHATTEN

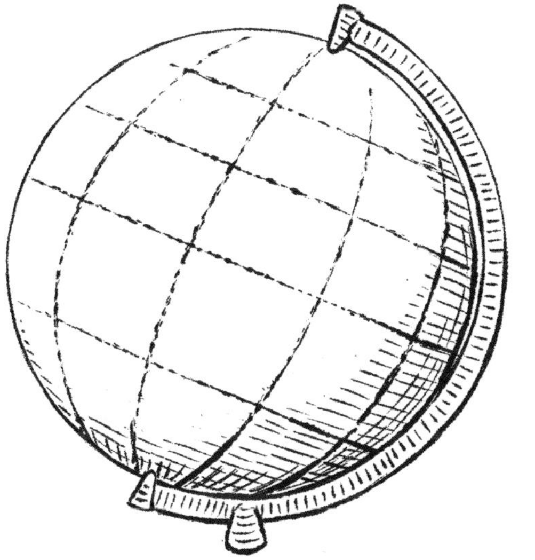

LÄNGEN- UND BREITENGRADE
AUF EINEM GLOBUS

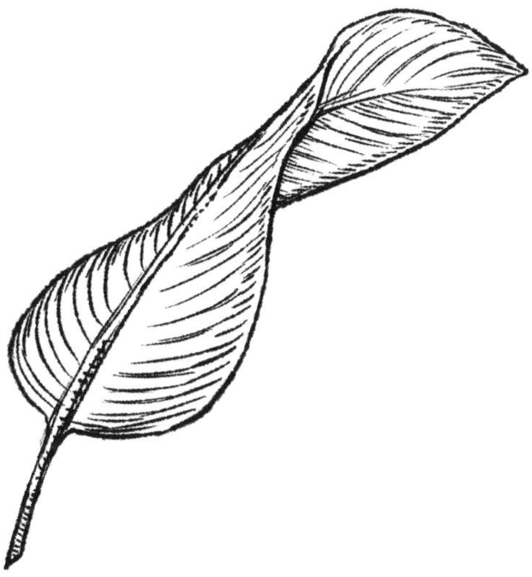

BLATTADERN

47 — Rundungen durch Schraffur suggerieren

Der Stil

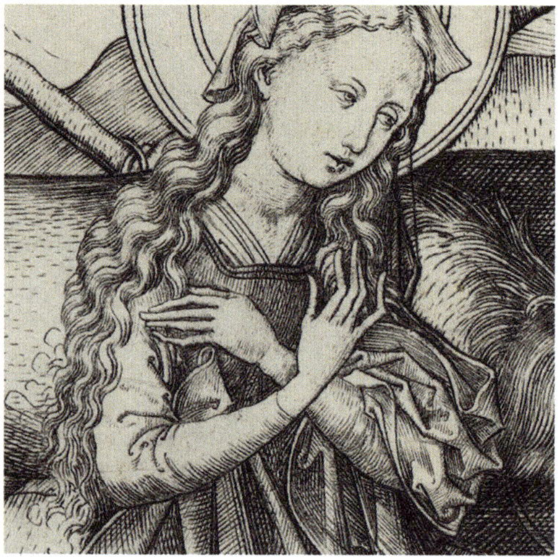

Die Kreuzschraffur dient nicht als Mittel zur fotorealistischen Wiedergabe, denn natürlich besteht die Welt nicht aus monochromen Linien auf weißem Hintergrund. Eine kreuzschraffierte Zeichnung wird immer von der Wirklichkeit abweichen und sie eher interpretieren, statt sie exakt wiederzugeben. Die besondere Art und Weise, in der Ihre Arbeit von der Realität abweicht – sei es durch bewusste Wahl oder unbewussten Instinkt – ist das, was Ihren Stil ausmacht.

Der Begriff „Stil" ist ein komplizierter und umstrittener Begriff. Für jeden bedeutet er etwas anderes, und manchmal ist es schwierig, ihn in einem bestimmten Werk zu erkennen, insbesondere im eigenen. Während Sie durch Beobachtung und Vergleich den Stil eines anderen Künstlers erkennen können, ist es nahezu unmöglich, dieses Maß an Objektivität an sich selbst anzulegen. Sie müssen sich auf das Urteil anderer verlassen, was jedoch demütigend und irritierend sein kann.

Wenn Sie Ihre Werke zum ersten Mal ausstellen, werden Sie wahrscheinlich ein Feedback erhalten, das Ihnen zunächst völlig daneben vorkommt. Sie fragen sich vielleicht, ob der Betrachter oder die Betrachterin sich überhaupt auf Ihre Arbeit bezieht oder ob er oder sie ein ganz anderes Bild vor Augen hat. Eventuell ziehen Sie sogar den Geschmack oder die Kompetenz der Person in Zweifel. Aber so unangenehm es auch sein mag, diese Art von Feedback ist wichtig: Es hilft Ihnen, Ihre Illusionen zu zerstören und ein klareres Verständnis dafür zu bekommen, wie Ihre Arbeiten auf den unbefangenen Betrachter wirken. Versuchen Sie, die Urteile Ihres Publikums nachzuvollziehen und von ihnen zu lernen, ohne dass sie Ihren eigenen künstlerischen Instinkt niederringen.

Ihre Kunst ist zwar nicht nur dazu da, anderen zu gefallen, aber sie existiert auch nicht in einem Vakuum. Wenn Sie etwas Abstand zu sich selbst nehmen und sich einen Überblick über das Lob, die angestellten Vergleiche und die Kritik an Ihrer Arbeit verschaffen, bekommen Sie ein genaues Bild von Ihrem Stil – einem Stil, den Sie in zukünftigen Werken ausbauen oder verändern können.

Stil kann auch als Krücke dienen, als Abwehrmechanismus für Künstler, denen die nötige Ausbildung oder der Mut fehlt, sich technischen Herausforderungen zu stellen. Ein derart interpretierter „Stil" ist eine geschickte Finte, um die eigenen Unzulänglichkeiten zu kaschieren, in der Regel durch Abstraktion. So könnte jemand behaupten, sein „Stil" bestehe darin, die Gesichter leer und ohne Gesichtsmerkmale zu lassen. Oder er verzichtet auf naturalistische Fleischtöne zugunsten kräftiger Primärfarben; oder er schneidet eine Szene so zu, dass keine Hände oder Füße zu sehen sind. Sicherlich können solche Entscheidungen von Künstlern – immer vorausgesetzt, sie beherrschen die technischen Grundlagen und wollen Abstraktionen aus Neugier und nicht aus Unsicherheit erkunden – mit großer Wirkung umgesetzt werden. Flüchtet ein Künstler im Rahmen seines Lernprozesses jedoch zu früh in einen Stil, beraubt er sich der Möglichkeit, seine Fähigkeiten voll und ganz zu entfalten.

Sich einen eigenen Stil anzueignen ist unvermeidlich; das Ganze muss nur etwas angestoßen werden. Wenn er sich schließlich herauskristallisiert, wird er wahrscheinlich mehrere Faktoren widerspiegeln: Ihren aktuellen Kunstgeschmack, Ihre anatomischen und visuellen Eigenheiten sowie Ihre Stärken und Schwächen beim Zeichnen, Ihre konzeptionellen Interessen, Ihren emotionalen Zustand und Ihre besondere Art, die Welt zu betrachten. Was er nicht spiegeln sollte, ist Ihre Ungeduld, sich selbst als Künstler zu bezeichnen. Unabhängig von Ihrem Stil – der sich im Lauf Ihres künstlerischen Schaffens zweifellos ändern wird – ist es Ihr technisches Können, das Ihr Publikum am meisten beeindruckt.

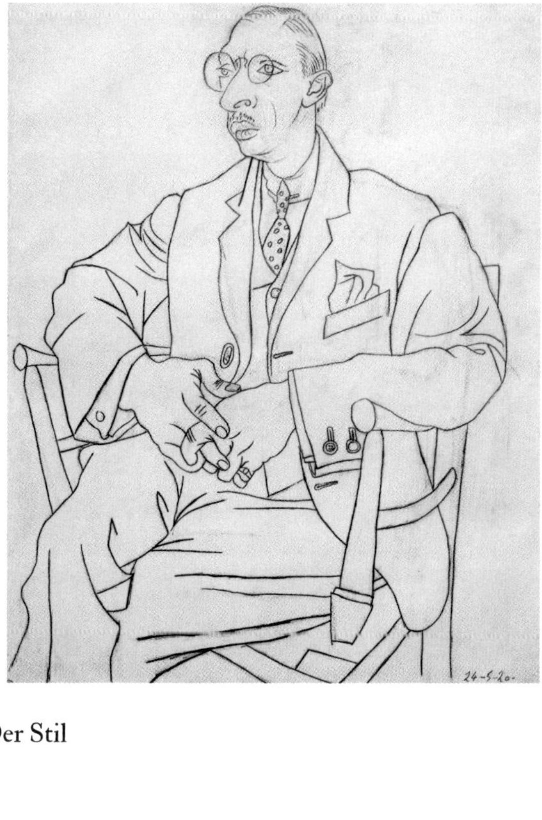

Gegenüber:
Christi Geburt (Detail),
Martin Schongauer, ca. 1435–91

Rechts:
Porträt von Igor Strawinsky,
Pablo Picasso, 1920

Fotos als Vorlagen

Das Zeichnen nach Beobachtung – Stillleben, Porträts, Landschaften – sollte den Großteil Ihrer Arbeit ausmachen. Auf diese Weise entwickeln Sie das Können, die Wirklichkeit in Form von Linien aufs Papier zu bringen. Aber nicht immer haben Sie Zugang zu genau dem, was Sie zeichnen möchten. An dieser Stelle sind Fotos sehr hilfreich.

Die Arbeit mit Fotos unterscheidet sich in einigen Punkten von der auf Beobachtung basierenden Zeichnung:

- Sie haben eine feste Perspektive, das heißt sie ändert sich nicht, wenn Sie sich bewegen oder ein Auge schließen und das andere öffnen.

- Sie können das Bild nicht untersuchen, indem Sie näher herangehen oder das Motiv berühren, um eine Vorstellung von seiner Form zu bekommen. Sollte Sie die optische Erscheinung etwas irritieren, müssen Sie sich mit Mutmaßungen begnügen oder etwas weglassen.

- Das Bild ist bereits fertig komponiert und in einer rechteckigen Form fixiert, bevor Sie überhaupt mit dem Skizzieren beginnen. Wenn Sie nach der Natur zeichnen, liegt es an Ihnen, welchen „Rahmen" Sie Ihrem Ausschnitt geben. Daher werden Sie in einem Kunstkurs auf jeder Staffelei eine andere Komposition finden: Die einen konzentrieren sich auf das eine, die anderen auf ein anderes Detail, während manche die Szene als Ganzes betrachten. Falls Sie nach einem Foto arbeiten, sollten Sie nicht exakt das wiedergeben, was das Bild zeigt. Ihre Zeichnung sollte eine einzigartige Komposition sein, nicht nur die Kopie eines Fotos.

- Der Tonwertbereich wird durch die Belichtung beeinflusst. Ist ein Foto überbelichtet, verschmelzen die hellsten Schatten mit den Lichtern. Ist es unterbelichtet, gibt es überhaupt keine Lichter. Sie können diesen verzerrten Tonwertbereich als stilistisches Experiment übernehmen oder ihn in Ihrer Zeichnung korrigieren.

- Schwarz-Weiß-Fotos nehmen Ihnen die Arbeit ab, Farben in Töne zu übersetzen. Die wirkliche Welt ist jedoch bunt, und deshalb sollten Sie sich angewöhnen, bestimmte Töne auch dann zu erkennen, wenn Sie visuell etwas abgelenkt sind.

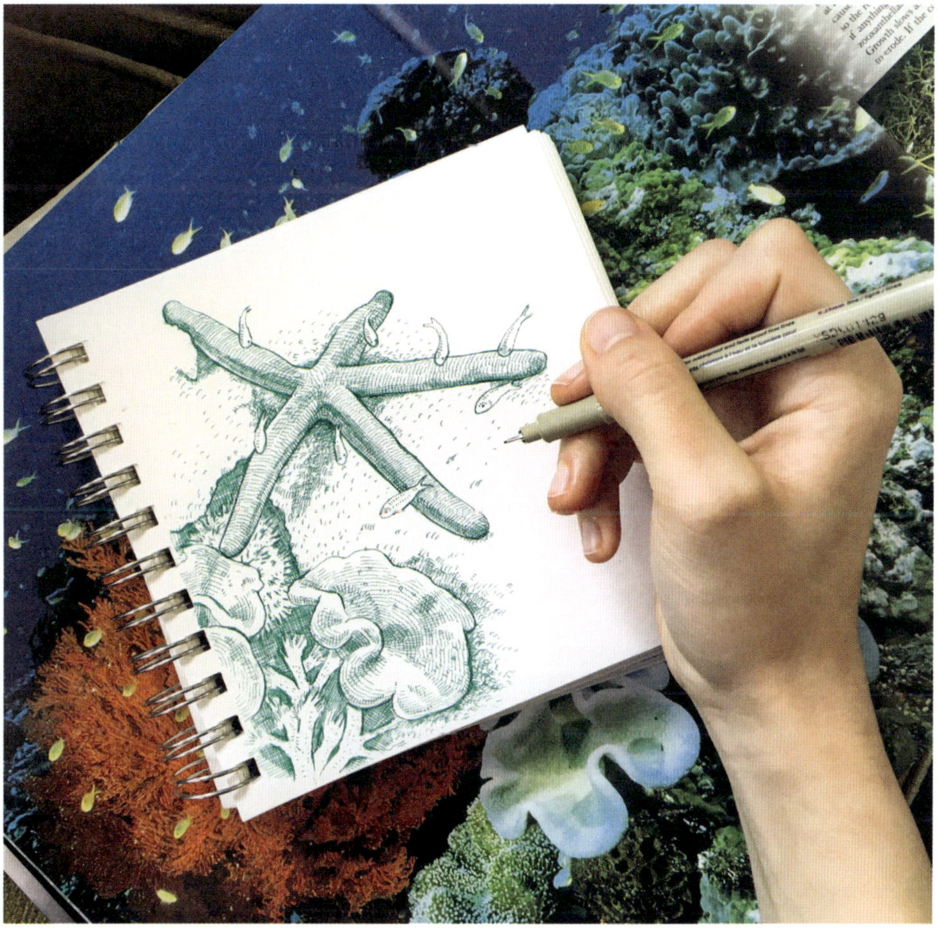

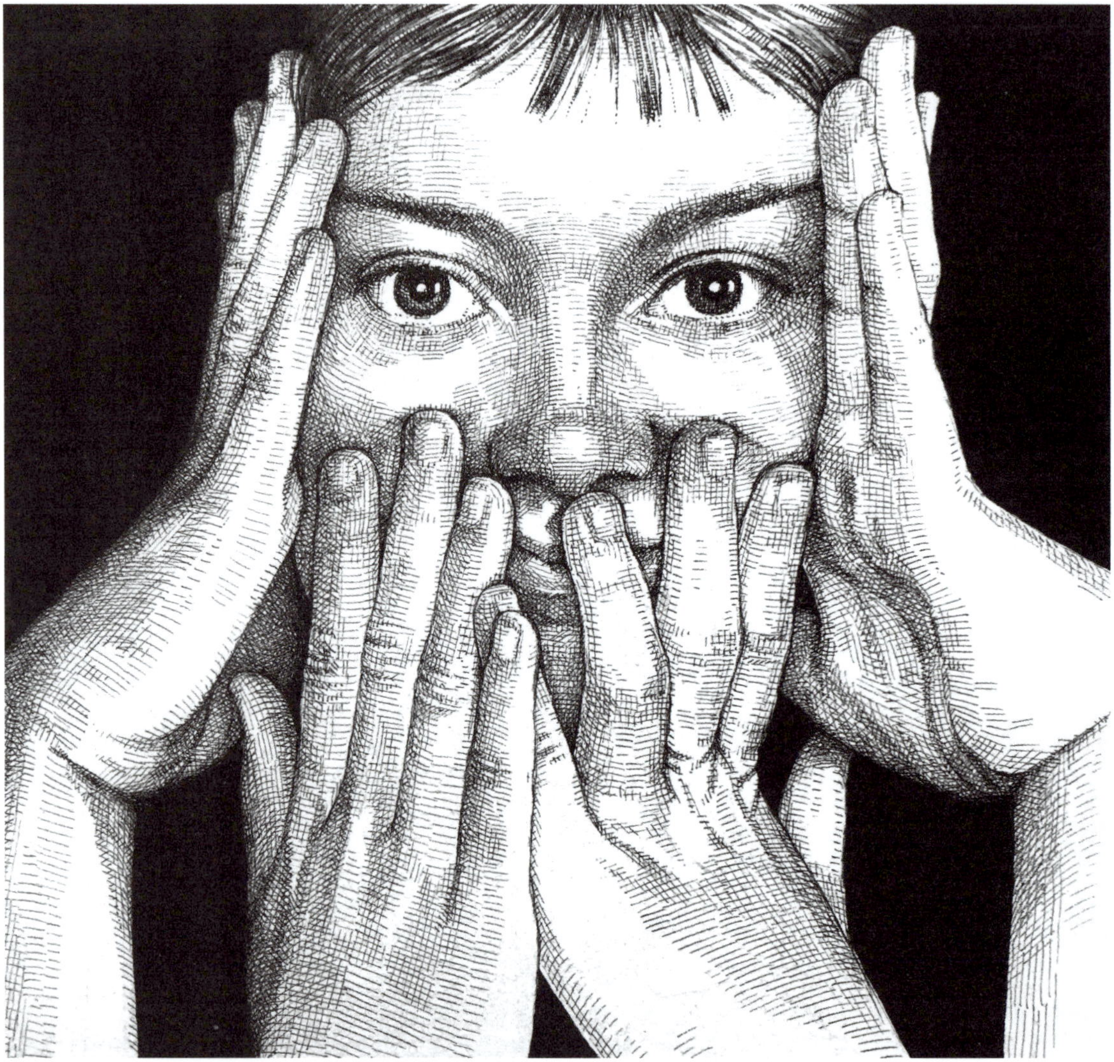

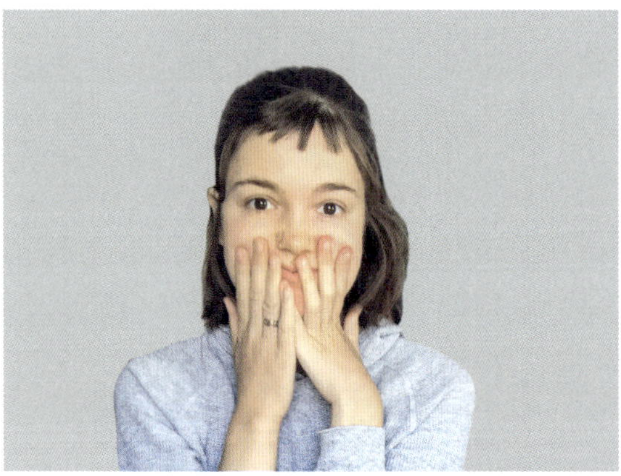

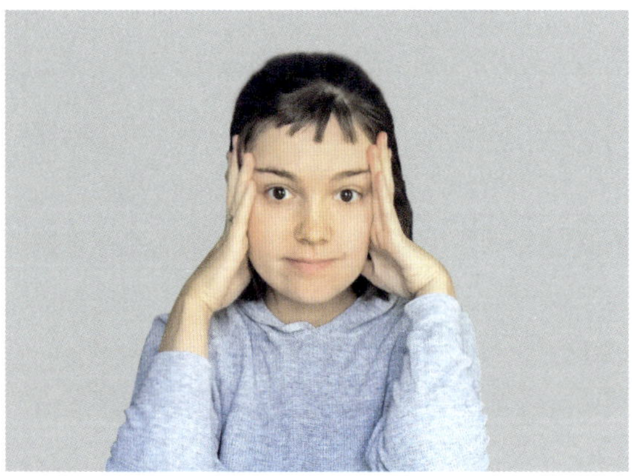

BILDER ALS VORLAGEN AUSWÄHLEN

Es ist völlig legal, nach einem Bild zu zeichnen, auch wenn es urheberrechtlich geschützt ist. Allerdings gibt es bestimmte Arten von Bildern, die Sie besser meiden sollten:

BERÜHMTE FOTOS:

Wenn Sie eine berühmte Szene, die bereits Kultcharakter hat, nicht gerade völlig neu interpretieren, wird Ihre Zeichnung einen wenig schmeichelhaften Vergleich mit dem Originalfoto hervorrufen – ganz zu schweigen von all den bereits vorhandenen Zeichnungen, die darauf basieren.

STUDIOPORTRÄTS:

Aufgrund der hellen, diffusen Beleuchtung, die hier verwendet wird, gibt es nur sehr wenige Schatten zu zeichnen und einen eingeschränkten Tonwertbereich. Derartige Fotos schmeicheln zwar den fotografierten Personen, ergeben aber recht sterile Zeichnungen.

DAS ERSTE BILD, DAS SIE FINDEN:

Wenn Sie nach einem Bild als Vorlage suchen, sollten Sie nicht das erstbeste nehmen, das bereits tausendmal gezeichnet wurde und Ihre eigene Zeichnung wie ein Archivfoto aussehen lassen könnte. Suchen Sie stattdessen in alten Bibliotheksbüchern oder im Internet nach Bildern.

Am besten ist, Sie verwenden nur Ihre eigenen Bilder. Dadurch schärfen Sie Ihre visuellen Fähigkeiten, kommen anderen Kunstwerken nicht in die Quere und Ihre Zeichnungen werden auch nicht mit diesen verglichen. Ich persönlich führe einen Ordner, bezeichnet als „Vorlagen", und wann immer ich etwas sehe, das ich gerne zeichnen würde, füge ich es diesem Ordner hinzu. Oft passiert das, wenn ich mit einer Freundin unterwegs bin: Plötzlich sehe ich einen perfekten Lichteinfall und ich muss einfach ein Foto davon machen.

Habe ich meinen Ordner durchforstet und immer noch nicht genau das gefunden, was ich suche, nehme ich die Sache selbst in die Hand: Ich baue ein Stativ auf und stelle den Selbstauslöser ein. Manchmal bearbeite oder kombiniere ich die Bilder auch. Im Grunde genommen möchte ich, dass meine Vorlagen genauso meine eigenen sind wie die darauf basierenden Zeichnungen. Und so betrachte ich die Bildsuche als eine Erweiterung des künstlerischen Prozesses: als eine weitere Gelegenheit, mich auszudrücken.

4

TEIL IV:
DIE KREUZ-SCHRAFFUR – SO GEHT'S

Die ersten Schritte

Im Idealfall (auch wenn Sie oft unter weniger idealen Bedingungen zeichnen werden) haben Sie mehrere Blätter zur Verfügung: eines für Ihre Zeichnung und mindestens ein weiteres für kleine Skizzen und für die Überprüfung der Konturlinien.

Mithilfe von Skizzen können Sie sich Ihre endgültige Zeichnung auf mehrere Arten vorstellen. Sie sollten relativ klein sein, schnell ausgeführt werden und nur die notwendigen Details enthalten. Die Schattierung ist ebenfalls wichtig, denn die Ausgewogenheit von hellen und dunklen Bereichen wirkt sich in großem Maße auf die Komposition aus.

Dies kann auch der Moment sein, in dem Sie Ihre Hemmschwelle überwinden, ein leeres Blatt zu füllen. Probieren Sie verschiedene Dinge aus, ohne den Druck zu spüren, dass es sich künstlerisch um das „einzig Wahre" handelt. Diese Skizzen stärken Ihr Selbstvertrauen, bevor Sie sich an Ihr endgültiges Werk machen.

Vielleicht haben Sie bereits eine klare Vorstellung vom Bildaufbau, bevor Sie überhaupt den Stift ansetzen. Ich empfehle Ihnen dennoch, Skizzen anzufertigen, um sich alternative Kompositionen auszudenken, und sei es nur als Übung. Hier sind einige Dinge, die Sie beim Skizzieren beachten sollten:

- Wie ist es um das Motiv bestellt, das Sie zeichnen möchten? Widmen Sie ihm innerhalb der Komposition genügend Aufmerksamkeit? Würden Sie es gerne stärker hervorheben?

- Gibt es etwas im Bildaufbau, das Sie verunsichert und für das Sie sich nicht gut genug halten, es zu zeichnen? Ist dies einer der Momente, in dem Sie diesem Gefühl Rechnung tragen oder es überwinden müssen?

- Soll Ihre Zeichnung das ganze Motiv einbeziehen oder sich wie ein Zoom auf einen kleineren Ausschnitt oder ein Detail konzentrieren?

- Gibt es ein ausgewogenes Verhältnis zwischen Hell und Dunkel? Kneifen Sie Ihre Augen zusammen, um unscharf zu sehen und die Komposition nachvollziehen zu können. Glauben Sie, dass sie richtig gewichtet ist?

- Haben Sie an den Seiten Platz für Ränder und/oder den Schattenwurf gelassen? Lieber etwas zu viel weißen Raum einkalkulieren als zu wenig, insbesondere in der unteren Hälfte der Komposition. Sie können ihn später immer noch verkleinern.

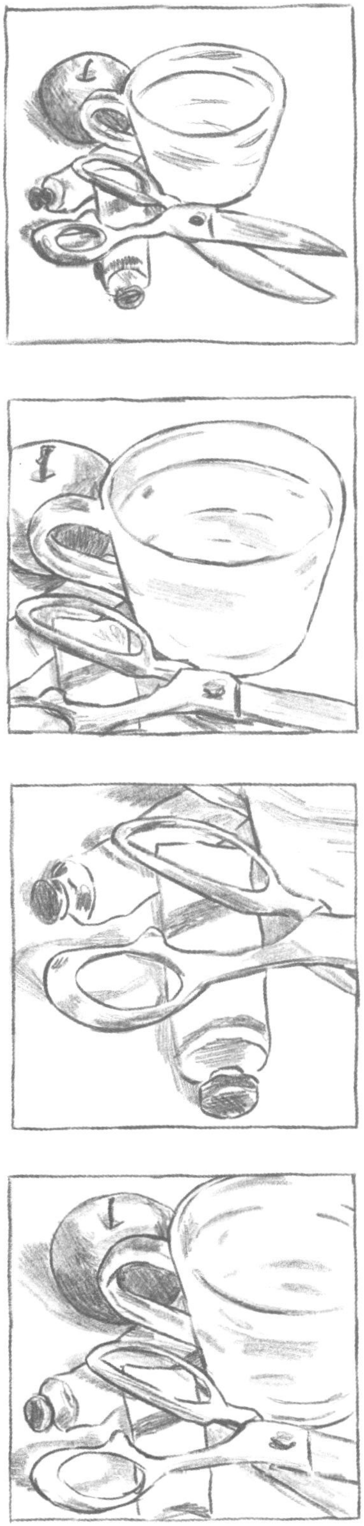

Nachdem Sie Ihre Skizzen angefertigt haben, sollten Sie eine Handvoll möglicher Bildgestaltungen haben, die sich hinsichtlich des Maßstabs und der Akzentsetzung unterscheiden. Sie werden vielleicht überrascht sein, welches Arrangement Ihnen am besten gefällt. Oft ist es eine experimentelle Komposition, die Sie nur entworfen haben, um der Aufgabe gerecht zu werden. Das soll nicht heißen, dass Sie auf die Gestaltung, die Ihnen anfangs vorschwebte – vielleicht mit dem gesamten Motiv in der Mitte des Blattes, ohne Schattenwurf oder irgendetwas, das die Beziehung zur Umgebung herstellt –, verzichten sollten. Tatsächlich sind viele meiner Zeichnungen so gehalten. Ich weise nur darauf hin, dass die erste Idee nicht die einzige ist; es gibt noch andere, die es wert sind, erforscht zu werden.

Manchmal werden Sie sich trotz aller Planung und Übung dabei ertappen, wie Sie ratlos auf Ihre Zeichnung starren und sich fragen, welche Richtung Ihr nächster Strich nehmen soll. Das Schlimmste, was Sie in einem solchen Moment tun können, ist, einfach weiterzumachen und auf das Beste zu hoffen. Falls Sie unsicher sind, wie es mit dem Schraffieren weitergehen soll, können Sie mithilfe eines Tests, mit dem Sie Ihre Konturen überprüfen, das Spekulieren sowie ständig begangene Fehler vermeiden. Übertragen Sie einen kleinen Ausschnitt der Zeichnung grob auf ein separates Blatt Papier und fügen Sie dann die Konturen hinzu. Bei Betrachtung derselben wissen Sie, ob sie richtig oder falsch sind. Sobald Sie eine Lösung gefunden haben, können Sie diese für Ihre Zeichnung übernehmen.

Bleistiftskizze

Eine Bleistiftskizze dient dazu, dass Sie später bei der Ausführung der Zeichnung mit Tusche sicher ans Werk gehen können. Kreuzschraffuren, die von einer genauen Geometrie abhängen, erfordern ein besonders hohes Maß an Planung. Überstürzen Sie diesen Teil nicht, vor allem wenn Sie die Technik noch lernen. Sie sollten die Ausführung mit einer Vorstellung davon beginnen, wie Ihr fertiges Bild aussehen könnte, und zwar bis hin zu jeder einzelnen Linie. Andernfalls werden Sie am Ende ein Gewirr von widersprüchlichen Konturen haben, die das Bild abflachen und den Betrachter verwirren.

Eine erfolgreiche Vorskizze besteht aus drei Teilen: Komposition, Schattenzuordnung und Orientierungslinien. Der erste Punkt ist bei fast allen künstlerischen Medien die Norm, aber die beiden anderen sind insbesondere für die Kreuzschraffur gedacht.

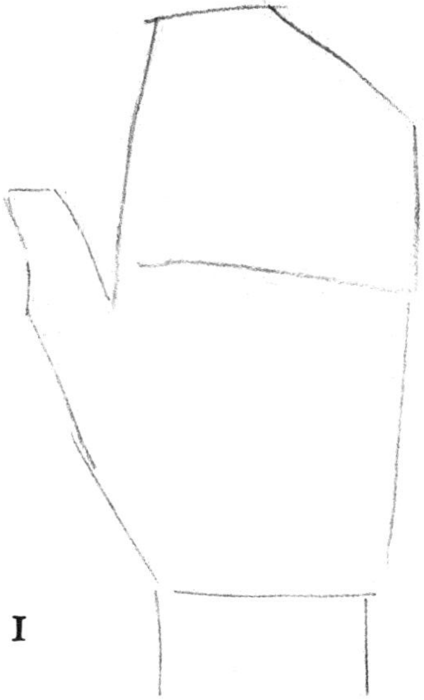

1

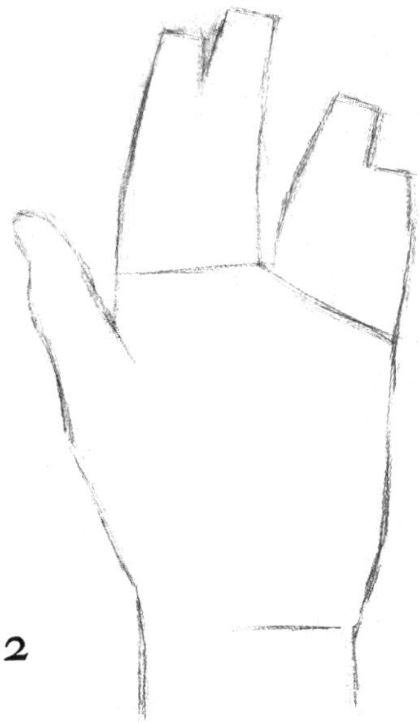

2

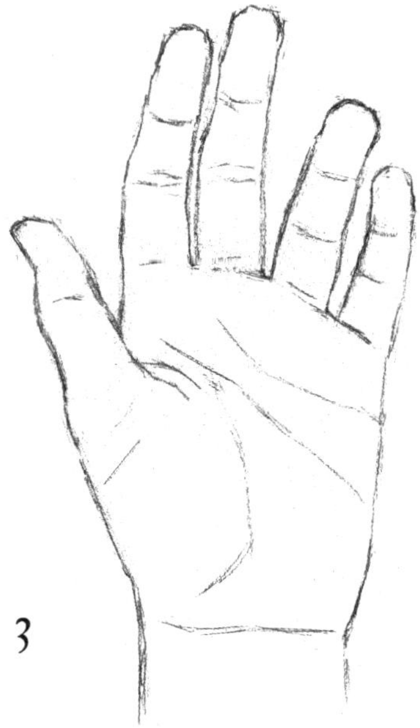

3

1 — Den Bleistift locker halten, weit weg von der Spitze. Mit großen, ausladenden Gesten skizzieren, zunächst aus dem Ellenbogen heraus, in leichten Strichen die allgemeinen Proportionen Ihres Motivs umreißen. Es mag helfen, die Augen zusammenzukneifen, um das Motiv verschwommen zu sehen. Ihre Skizze sollte möglichst vage sein, das heißt, Sie sollten auf alle Details verzichten und ständig zwischen dem Blatt und dem Motiv hin- und herschauen, um die Genauigkeit Ihrer Arbeit zu überprüfen.

2 — Erscheinen die groben Proportionen der Skizze korrekt, unterteilen Sie sie in kleinere Abschnitte – hier die Finger, die Handfläche und das Handgelenk. Diese Segmente mit der gleichen gestischen Lockerheit skizzieren wie in Schritt eins.

3 — Sobald Sie mit der Anlage Ihrer Komposition zufrieden sind, folgen die kleineren Details – jetzt mit strenger kontrollierten gestischen Bewegungen; sie sollten aber noch keine präzise Zeichnung ergeben. Entscheidend ist, dass Sie sich schnell auf dem Papier umherbewegen und sich nicht auf einen bestimmten Teil der Zeichnung versteifen, da Sie sonst den Überblick über die Gesamtkomposition verlieren.

Schattenzuordnung

Das „Kreuz" in dem Wort Kreuzschraffur bezieht sich auf die Überlagerung von Linien in entgegengesetzten Winkeln. Je mehr Schichten hinzukommen, desto dunkler wird ein Bereich, bis nur noch die winzigsten Punkte des Papiers durch ein dichtes Netz aus Tusche sichtbar sind. Wenn Sie ein Spektrum unterschiedlicher Tonwerte erstellen, sehen Sie das Ganze in Aktion. Sie können es nach Ihrem eigenen Geschmack modulieren, indem Sie den Abstand zwischen den Strichen variieren. Jeder Teilbereich dieses Spektrums ist mit der Anzahl der Schichten beschriftet, die er enthalten soll. Null steht für weißes Papier, die Eins für eine Schraffur in eine Richtung und so weiter. Sie sollten im Voraus festlegen, wie viele Schichten Sie auftragen möchten. Vier sind ein guter Anfang (einschließlich des weißen Papiers): Damit lassen sich Glanzlichter, helle Schatten, Mitteltöne und dunkle Bereiche darstellen. Kurz bevor Ihre Zeichnung beendet ist, können Sie immer noch mit weiteren Schraffuren den einen oder anderen Bereich abdunkeln. Es ist jedoch von Vorteil, wenn Sie das Schattieren eher zurückhaltend und diszipliniert beginnen.

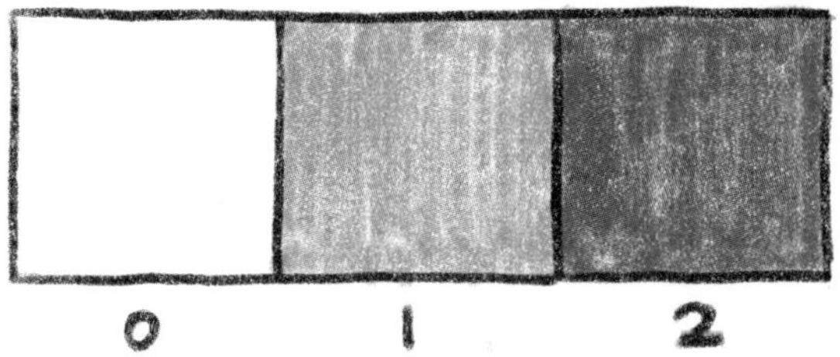

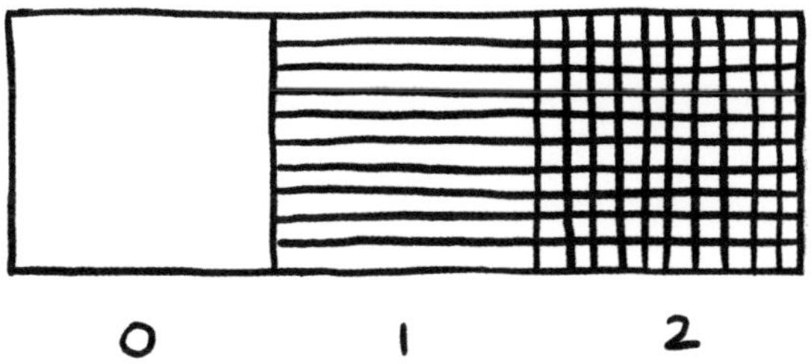

TIPP:
Eine Zeichnung wirkt am harmonischsten, wenn selbst die dunkelsten Bereiche noch kreuzschraffiert und nicht mit Tusche ausgefüllt werden. Das dauert zwar länger, sorgt aber für eine überzeugendere Textur.

Die Schattenzuordnung ist etwas, auf das Sie beim anfänglichen Erlernen des Kreuzschraffierens wahrscheinlich angewiesen sind. Sobald Sie vertrauter mit der Technik sind, ist dieses Hilfsinstrument weniger relevant. Es ist sowohl ein Lerntool als auch eine Vorbereitungsphase fürs Zeichnen. Die Darstellung und die Beschriftung der einzelnen Schattenbereiche verändert Ihre Sicht auf die Welt. Dadurch sind Sie gezwungen, sogar in den Momenten, in denen das Motiv unklar ist, klare Entscheidungen zu treffen. Zudem haben Sie die Möglichkeit, die Kompositionen etwas zu bearbeiten – bestimmte Schatten aufzuhellen beziehungsweise abzudunkeln, das Bildformat zu verändern oder Elemente zu verschieben, um für mehr Ausgewogenheit zu sorgen.

So logisch die Zuordnung der Schatten auch erscheinen mag, sie sollte mehr sein als lediglich eine objektive Analyse Ihres Motivs: Idealerweise spiegelt sie Ihren eigenen künstlerischen Instinkt wider, denn dadurch wird ein Motiv in eine Zeichnung und die Wirklichkeit in Kunst verwandelt.

Umreißen Sie in Ihrer Kompositionsskizze zunächst in leichten Zügen, wo die Schlaglichter hinkommen sollen: Diese Bereiche bleiben während des gesamten Einschwärzens unberührt. Beschriften Sie dann, wie Sie die restlichen Tonwerte modulieren wollen. Vielleicht finden Sie es einfacher, von hell nach dunkel zu arbeiten oder mit den Schlaglichtern und Schatten zu beginnen und dann die Mitteltöne aufzutragen. Das Endergebnis sollte ein bisschen wie eine topografische Karte oder wie Malen-nach-Zahlen aussehen, mit kleinen Beschriftungen, auf die Sie sich beim Einschwärzen beziehen können.

Schattenzuordnung: Praktische Übung

Wählen Sie ein Motiv mit interessanten Schattenformen von hell bis dunkel. Für diese Übung reichen drei Tonstufen aus, um einen Eindruck des Motivs zu schaffen. Wenn Sie meinen, Ihre Schattenwiedergabe sei nicht deutlich genug, können Sie später Ihre Schatten mit einer konturierten Schraffur besser zur Geltung bringen. Der Vorteil von Kreuzschraffuren ist, dass sie sowohl die Form als auch den Schatten vermitteln, und im Idealfall ergänzen sie sich, um eine gelungene Zeichnung zu ergeben. Diese Darstellungsform ist von zentraler Bedeutung, aber sie ist nur ein erster Schritt. Seien Sie also nicht enttäuscht, wenn die Ergebnisse nicht gerade museumswürdig sind.

I — Beginnen Sie mit den Schlaglichtern und umreißen Sie in groben Zügen die Tonwertbereiche auf Ihrer Kompositionsskizze. Diese weißen Bereiche sind entscheidend für die Festlegung der Lichtquelle. Sollten Sie sie versehentlich schraffieren, müssen Sie notgedrungen die gesamte Zeichnung abdunkeln, um das auszugleichen. Diese Skizze hier soll verdeutlichen, wie wichtig die Schlaglichter sind. Beachten Sie, wie viele Aufschlüsse die hell erleuchteten Fenster und die entsprechenden Sonnenflecken auf dem Bett liefern. Dieser Kontrast lässt sich mit nur zwei Tonwertschichten (Licht und Schatten) einfangen. Eine dritte Schicht (Mittelton) vermittelt sogar noch mehr Details über die Bettwäsche und darüber, wie sich die Matratze zu den umliegenden Wänden verhält.

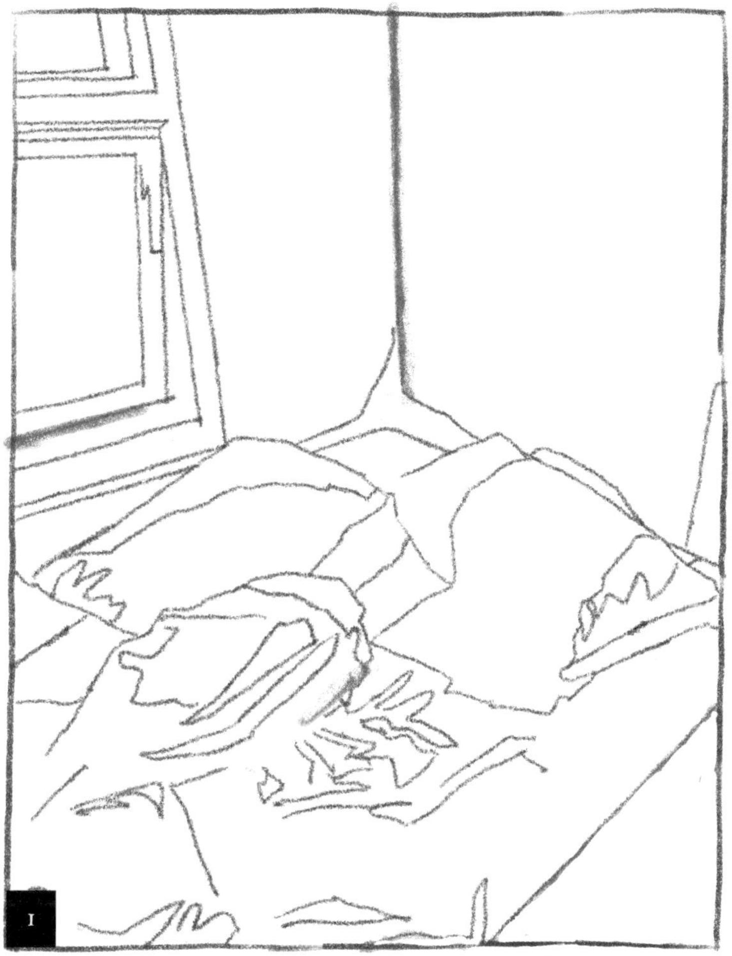

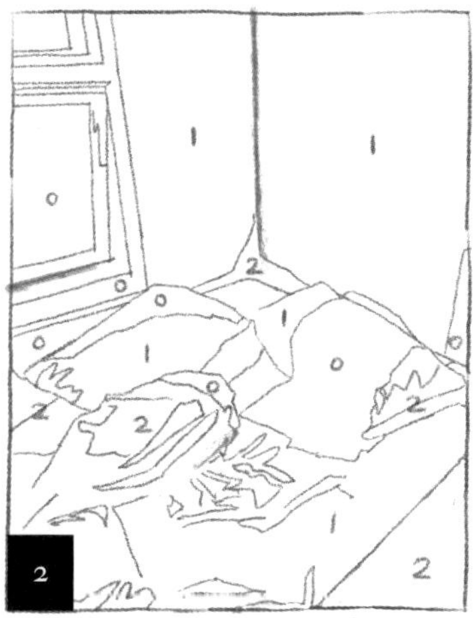

2 — Beschriften Sie die Skizze mit den einzelnen Schraffuren, die sie erhalten soll: weiß bleibenden Schlaglichtern (0), normalen Schraffuren (1) und Kreuzschraffuren (2).

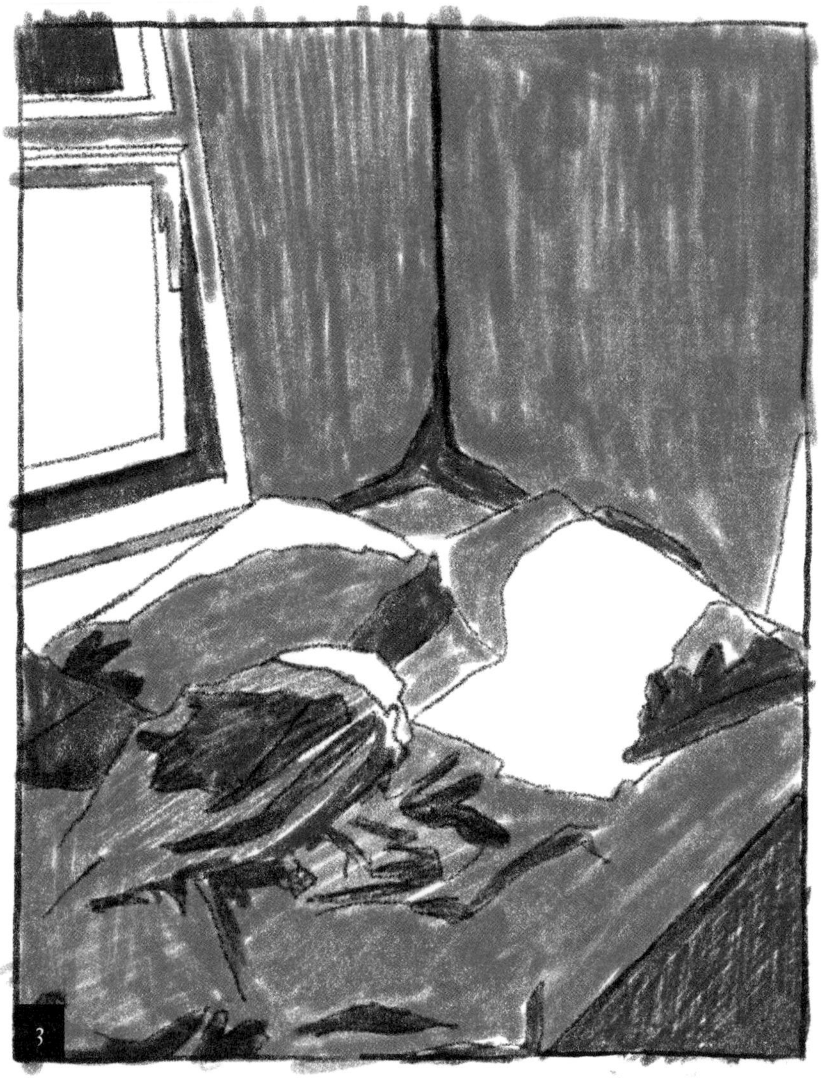

3 — Diese Abbildung dient nur zur Veranschaulichung – Sie sollten Ihre Skizze nicht mit Bleistift ausfüllen! Ich zeige sie hier, damit Sie die Funktion verstehen, die die Schattenzuordnung hat, und um den Denkprozess in Gang zu setzen, der bei Ihrer Arbeit stattfinden sollte. Sollten Sie auf diese Weise die Schatten mit Bleistift auftragen – und später alles wieder ausradieren –, würden Sie nur sich selbst verwirren und Ihr Blatt ruinieren. Die Schwierigkeit, das richtige Gleichgewicht bei dieser Vorbereitung zu halten, besteht darin, hell genug zu skizzieren, um das Gezeichnete leicht ausradieren zu können, aber nicht so hell, dass Sie nicht sehen können, was Sie getan haben.

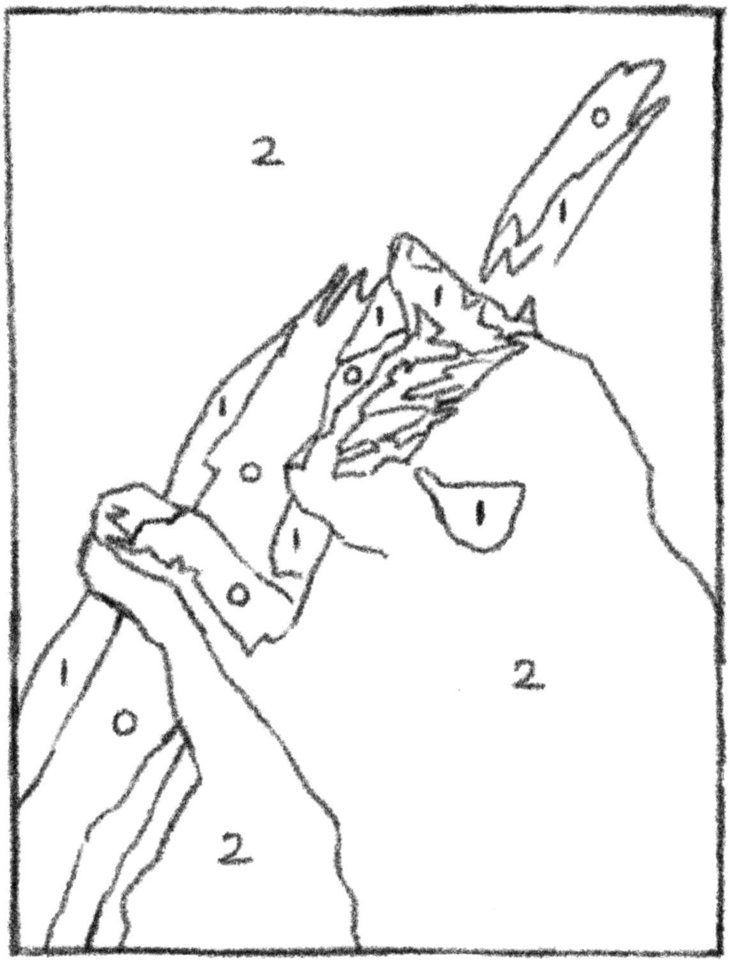

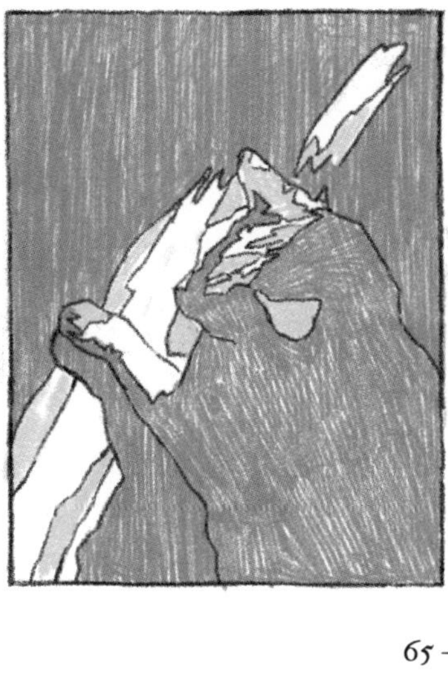

In diesem Beispiel wurde das Bild einer spielenden Katze auf drei Tonwerte reduziert. Alle visuellen Informationen, die dabei verloren gehen, werden in den folgenden, unterschiedlich verlaufenden Schraffuren nachgeliefert.

Orientierungslinien

Konturen verleihen einer zweidimensionalen Zeichnung die Illusion von räumlicher Tiefe. Richtig angewandt, erwecken sie eine Zeichnung zum Leben. Werden sie falsch gesetzt, konterkarieren sie Ihre bisherige Linienführung oder heben sie auf; dann wirken sie falsch. Daher ist die korrekte Darstellung der Konturen das wichtigste Element der Planung. Fehler in den anderen Schritten können der künstlerischen Freiheit angerechnet werden, zum Beispiel verzerrte Proportionen oder eine eingeschränkte Tonpalette. Fehler bei der Konturierung sind jedoch klare Anzeichen für die Ungeduld oder Unerfahrenheit einer Person, die künstlerisch tätig ist. Um diese Fehler zu vermeiden, sollten Sie mit Bleistift einige Orientierungslinien anlegen. Sobald Sie eine geschwungene Linie auf dem Papier sehen, wissen Sie meistens intuitiv, ob sie falsch oder richtig ist. Immer wenn ich beim Inking, also beim Schwärzen mit Tusche, irritiert bin, wechsle ich zurück zum Bleistift und ziehe eine Orientierungslinie, nur um sicherzugehen, dass ich auf dem richtigen Weg bin. Sie können die Konturlinien auch auf separaten Blättern überprüfen (siehe Seite 57), bevor Sie mit Ihrer Skizze fortfahren. Es ist eine Sache, sich vorzustellen, wie eine Kontur aussehen wird, und eine andere, sie auf dem Blatt zu sehen.

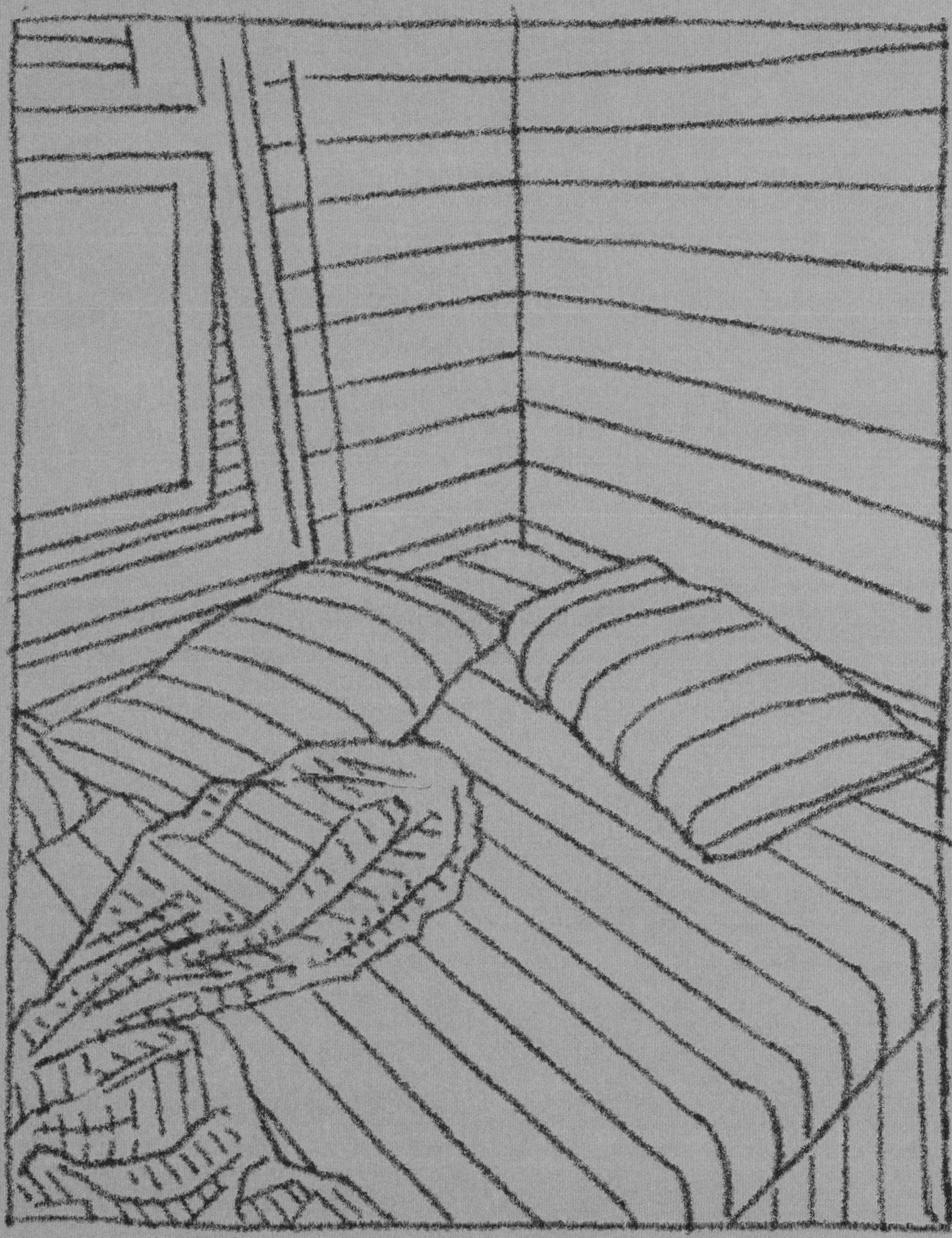

67 — Orientierungslinien

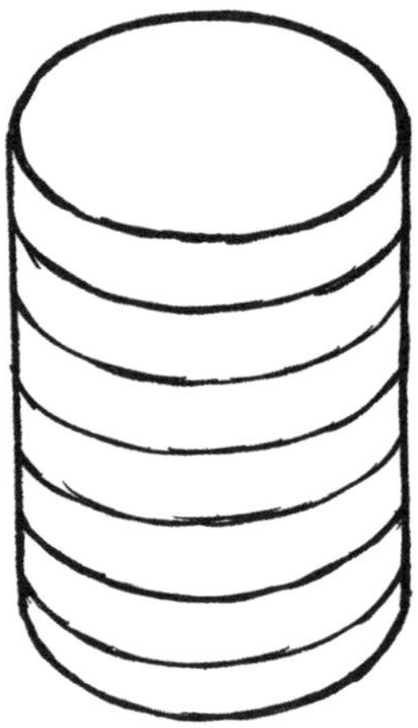

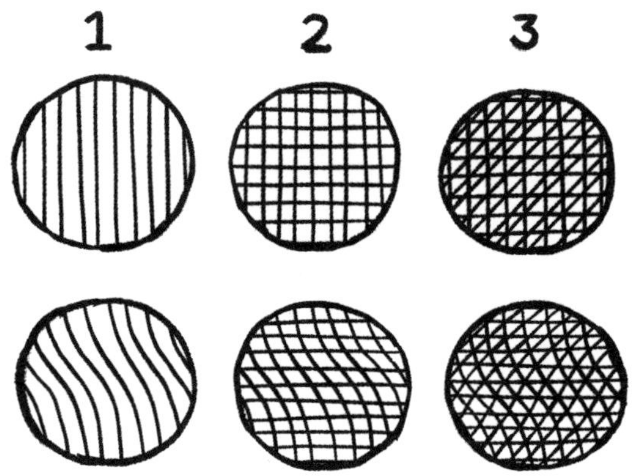

TIPPS

1 — Um Ihre Orientierungslinien zu bestimmen, empfehle ich, das Tastbare mit visuellen Hinweisen und mathematischen Prinzipien zu kombinieren. Die meisten Objekte haben ohnehin Hilfslinien in Form von Kanten. Eine Matratze (wie auf der vorigen Seite abgebildet) kann ganz einfach kreuzschraffiert werden, indem man den Winkel einer Kante auf der Fläche wiederholt, mit leichten Variationen zum Zwecke der Perspektive. Bei zylindrischen Objekten ist es ähnlich. Kugelförmige Objekte, die ich auf der gegenüberliegenden Seite erläutere, sind schwieriger.

2 — Zeichnen Sie zunächst nur in einer Richtung – höchstens zwei –, da die Skizze sonst unübersichtlich und verwirrend werden könnte. Wenn es an der Zeit ist, weitere Schichten einzuschwärzen, können Sie entweder wieder zum Bleistift wechseln, um diese zu skizzieren, oder Sie nutzen die vorherigen Schichten als Vorlage. Im Allgemeinen verläuft die zweite Schicht senkrecht zur ersten, sodass Quadrate mit Negativraum zwischen den Linien entstehen. Die dritte Schicht sollte diagonal zu diesen Quadraten verlaufen, von Ecke zu Ecke.

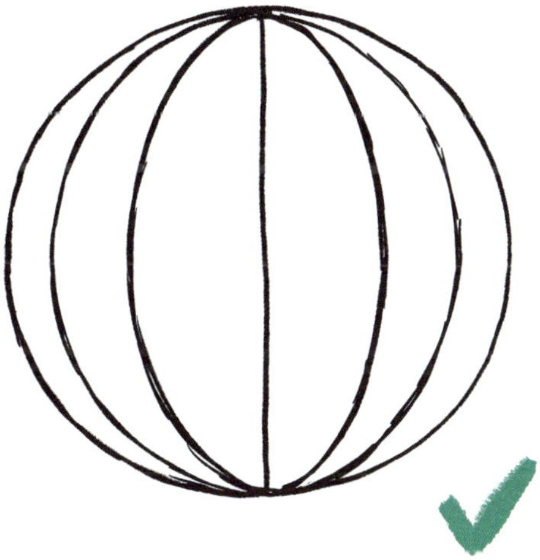

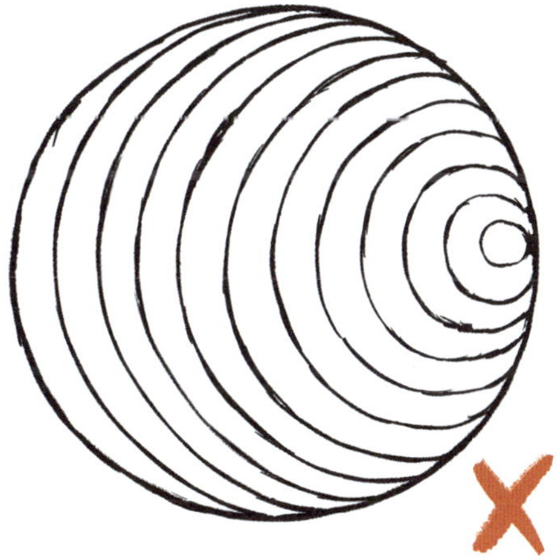

3 — Im Zweifelsfall sollten Sie die Außenkanten Ihres Motivs berücksichtigen. In der Regel gibt es mindestens eine Schraffurschicht, die die Form der Umrisse widerspiegelt, wie bei dem Zylinder auf der gegenüberliegenden Seite, wo die halbkreisförmige Unterkante mehrfach wiederholt wird, um eine abgerundete Oberfläche zu suggerieren. Beachten Sie jedoch, dass sich die Perspektive auf die Richtung der Linien auswirkt: Beispielsweise weitet sich die Schraffur auf der Matratze (Seite 67) von oben nach unten aus. Dieser Effekt ist bei runden Objekten sogar noch ausgeprägter, da eine einzelne Schraffurschicht von einer Seite zur anderen bogenförmig verläuft, in der Mitte einen geraden Strich aufweist und sich an den beiden Kanten spiegelt. Reproduziert man die gleiche Kontur immer und immer wieder auf mechanische Weise, ohne die Perspektive zu berücksichtigen, ist die Schraffur verwirrend und erscheint dem Auge widersprüchlich.

Ein Stillleben ist eine Gelegenheit, all diese skurrilen und faszinierenden kleinen Details zu würdigen.

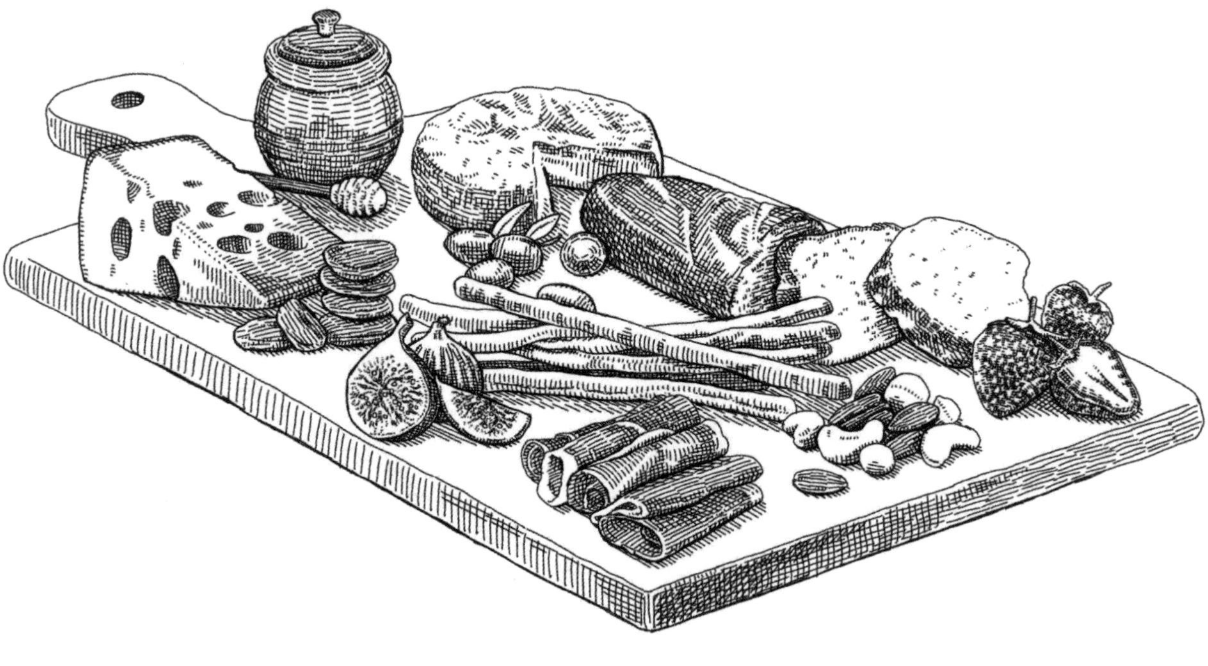

Stillleben

Das Zeichnen eines oder mehrerer Gegenstände ist weniger abschreckend als das Zeichnen einer ganzen Szene. Sie schlüpfen hier eher in eine beobachtende Rolle als in eine gestaltende – Sie können zeichnen, was Sie sehen, statt genau zu überlegen, welche Elemente Sie einbeziehen und wie Sie sie darstellen sollen. Da weniger Muster wiederzugeben sind, lassen sich in angemessener Zeit (in einer einzigen Sitzung) viele Details darstellen. Ein Stillleben bietet die Gelegenheit, all diese skurrilen Feinheiten zu würdigen, die sich nur schwer in eine größere Komposition einfügen lassen.

Auch ein Stillleben bietet viele Möglichkeiten, der eigenen Persönlichkeit Ausdruck zu verleihen; das Experimentieren mit verschiedenen Herangehensweisen hilft Ihnen, den eigenen Stil zu kultivieren. Sie werden noch mehr solcher Möglichkeiten bemerken, wenn Sie eine Zeichnung stufenweise aufbauen, statt immer nur kleine Abschnitte der Zeichnung zu vollenden. Insbesondere der Negativraum spricht Bände und sollte in den frühen Phasen einer Tuschezeichnung großzügig genutzt werden. Diese Leerstellen können später immer noch gefüllt werden, wenn es das Werk erfordert. Sie können oft aber auch leer gelassen werden, solange die sie umgebende Zeichnung korrekt ist.

Stillleben sind die am einfachsten anzuordnenden Motive, da sie fast immer leicht zugänglich sind und keine menschliche Beteiligung erfordern. Ihr Skizzenbuch sollte mit den verschiedensten Alltagsgegenständen gefüllt sein: mit Kaffeetassen, Topfpflanzen, Stühlen, Schuhen und dergleichen. Sie werden viel lernen, wenn Sie diesen alltäglichen und oft übersehenen Dingen Ihre Aufmerksamkeit widmen. Indem Sie immer wieder zu ihnen zurückkehren, können Sie zugleich Ihren Lernfortschritt und Ihre stilistische Entwicklung verfolgen.

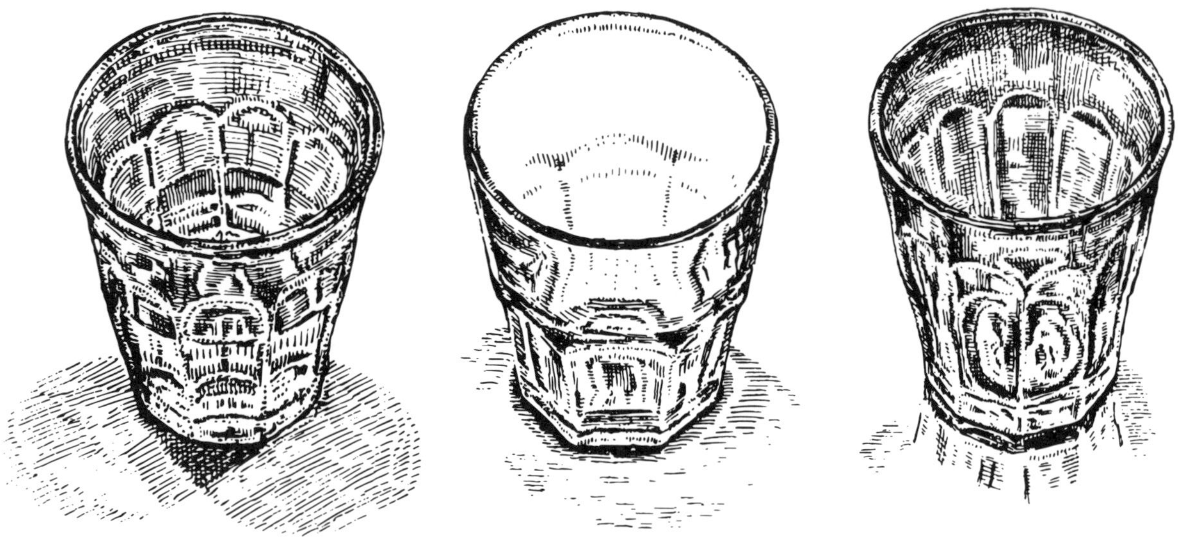

ANNÄHERUNG AN DAS THEMA STILLLEBEN

GLAS:

Glas ist ein besonders verwirrendes Sujet für konturierte Kreuzschraffuren, denn es verkörpert drei verschiedene Dinge auf einmal: Es ist ein physisches Objekt, ein Fenster zum Hintergrund und ein Leiter für Licht. Unsere Linien müssen daher mehrere Zwecke erfüllen, indem sie das Glas selbst, seine zahllosen Funken und Schatten sowie den umgebenden Kontext schildern. In der Stillleben-Übung, der wir uns auf den folgenden Seiten widmen, dient die Schattierung des Kelches mehreren Funktionen. Sie beschreibt die Rundung des Kelches selbst, die Lichtquellen, den Tonwertbereich des Hintergrunds und die verzerrte Form des Blattes. Es mag uns auf den ersten Blick etwas verunsichern, aber Glas ist ein sehr nachsichtiges Motiv. Solange die Konturen präzise gezeichnet sind, ist das genaue Verhältnis von Licht und Schatten weniger bedeutsam.

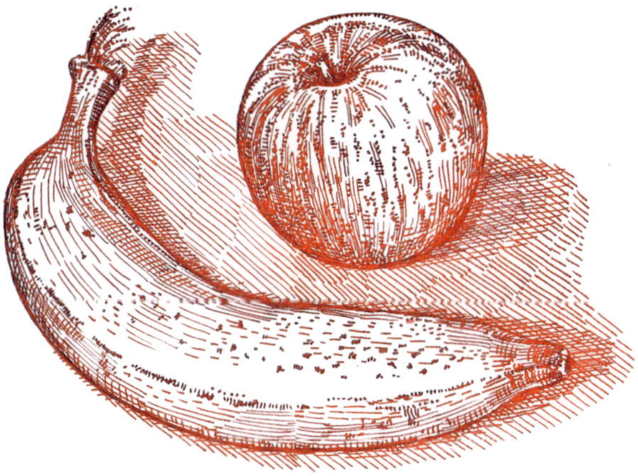

OBST UND GEMÜSE:

Obst und Gemüse zu zeichnen ist eine wahre Freude. Jedes ist eine einmalige, organische Form mit allen möglichen Eigenarten und Details, die Sie je nach Ihrem Geschmack und Ihrer Geduld einbeziehen oder weglassen können. Diese Motive lassen sich im Allgemeinen auf eine Reihe geometrischer Formen reduzieren – ein Apfel zum Beispiel ist recht rund; eine Birne gleicht einer Kugel mit einem Kegel darauf; eine Erdbeere ist ebenfalls konisch, und eine Banane ist ein gebogenes Rohr. Folglich sind sie einfach nachzuvollziehen, ohne dass man streng logisch denken müsste. Denn diese Formen müssen nicht symmetrisch, sondern sollten sogar etwas asymmetrisch sein, um als echte Naturprodukte zu erscheinen.

STOFF:

Einfarbiger, glatter Stoff ist das ultimative Motiv für eine Kreuzschraffur: eine Ansammlung konturierter Flächen in verschiedenen Schattierungsgraden. Die einzigen Umrisslinien, die hier schwarz gefärbt werden, sind die Außenkanten und bestimmte scharfe Falten im Stoff, wo zwei verschiedene Stoffstücke aufeinander treffen. Betrachten Sie das schattierte „Dreieck“ direkt über der Muschel auf Seite 79: Es geht nicht fließend in andere Abschnitte über, sondern stellt ein eigenes Segment dar, das sich deutlich von den beiden umgebenden Falten absetzt, weshalb ich auf beiden Seiten eine klare Trennlinie gezeichnet habe.

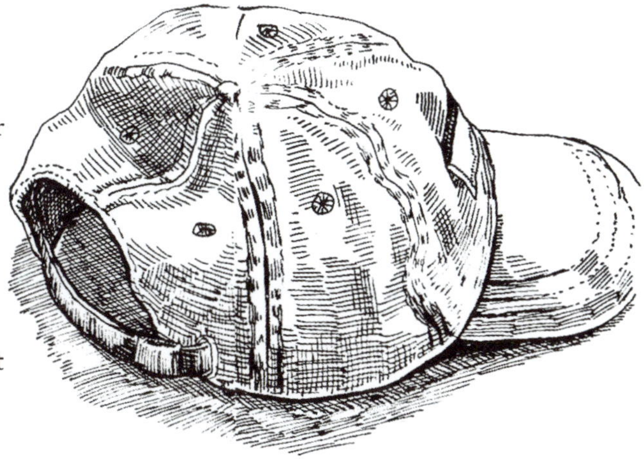

Stillleben: Praktische Übung

Der erste Schritt ist die Komposition des Stilllebens. Hierbei sollten Sie nicht nach einem Foto arbeiten, da es genug Requisiten gibt. Ich habe mit mehreren Kompositionen experimentiert, bevor ich mich für diese entschieden habe. Letztlich kommt es auf die persönliche Vorliebe an: In dieser Szene zum Beispiel fand ich die Gegenüberstellung der spitzen Blätter mit den sanften Rundungen der Glasgefäße und der Zwiebel besonders spannend. Zudem gefiel mir, wie eines der Blätter durch den Kelch hindurch zu sehen war und wie sich die Serviette auf einer Seite der Zeichnung um die Objekte herumwölbte, was eine gewisse Tiefe erzeugte. Ich mag es, möglichst viele Überschneidungen zu schaffen, sodass kein einzelner Gegenstand von der Gesamtkomposition separiert zu sein scheint. Ich möchte, dass der Negativraum – der Raum zwischen den Dingen und um sie herum – an und für sich optisch interessant ist.

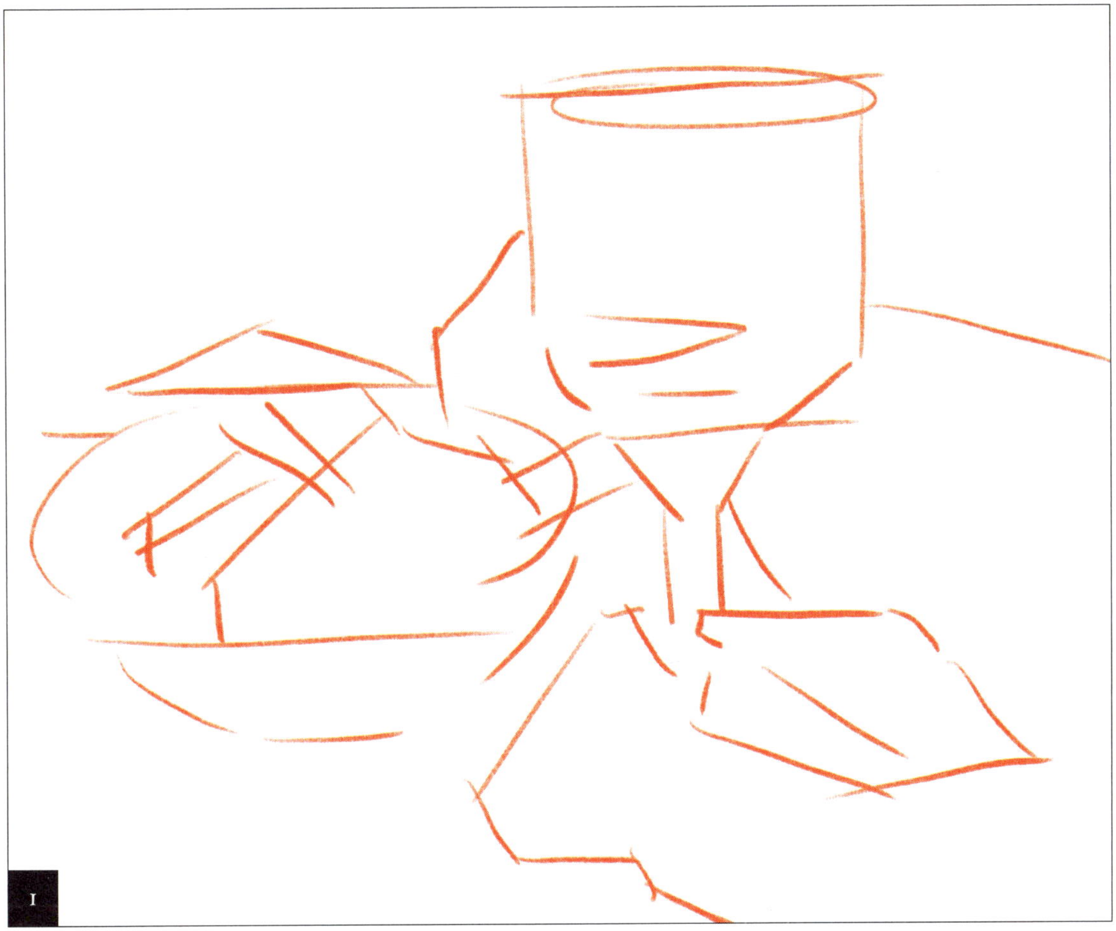

I

BLEISTIFTSKIZZE:

I — Mit einer lockeren Skizze beginnen, um die allgemeinen Proportionen und Relationen festzulegen. Bewegen Sie sich schnell über das Blatt und halten Sie sich nicht zu lange bei einem bestimmten Detail auf. Vergleichen Sie die einzelnen Dinge miteinander, um zu sehen, ob die Skizze richtig ist. In meinem Beispiel hat die Schale etwa die gleiche Höhe wie der Kelchbecher; die Spitze der Muschelschale endet in der Mitte des Kelchfußes; die Serviettenkante berührt rechts den seitlichen Bildrand bei etwa zwei Dritteln über dem unteren Seitenrand. Indem Sie diese Verhältnisse immer wieder überprüfen, gelingt Ihnen allmählich eine grobe, aber genaue Skizze des Arrangements.

2 — Als Nächstes können Sie mehr ins Detail gehen, indem Sie jedes Objekt umreißen, bis die Szene als Stillleben erkennbar ist. Zeichnen Sie die Schatten ein und achten Sie dabei besonders auf die hellen Bereiche (hier durch blaue Linien gekennzeichnet). Sie sollten deutlich zu erkennen sein, damit Sie sie nicht einschwärzen. Schließlich folgen die konturierten Orientierungslinien (hier in Grün). Diese sind besonders nützlich beim Einschwärzen komplex geschwungener Objekte – in meinem Beispiel der Kelch, die Schale und die Zwiebel. Ich verwende Orientierungslinien nur in den Schattenbereichen, und zwar aus zwei Gründen: weil ich hauptsächlich innerhalb dieser Bereiche einschwärzen werde und weil ich die hellen Aussparungen vor unschönen Bleistiftflecken schützen möchte.

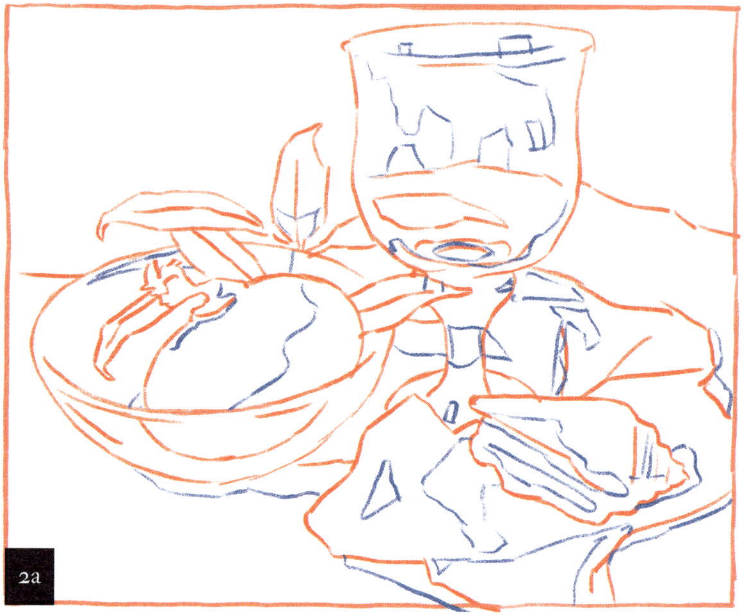

2a

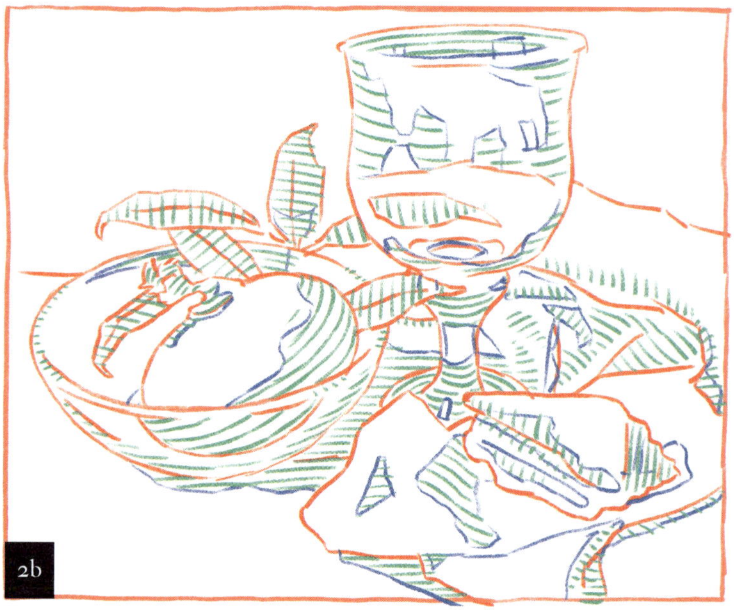

2b

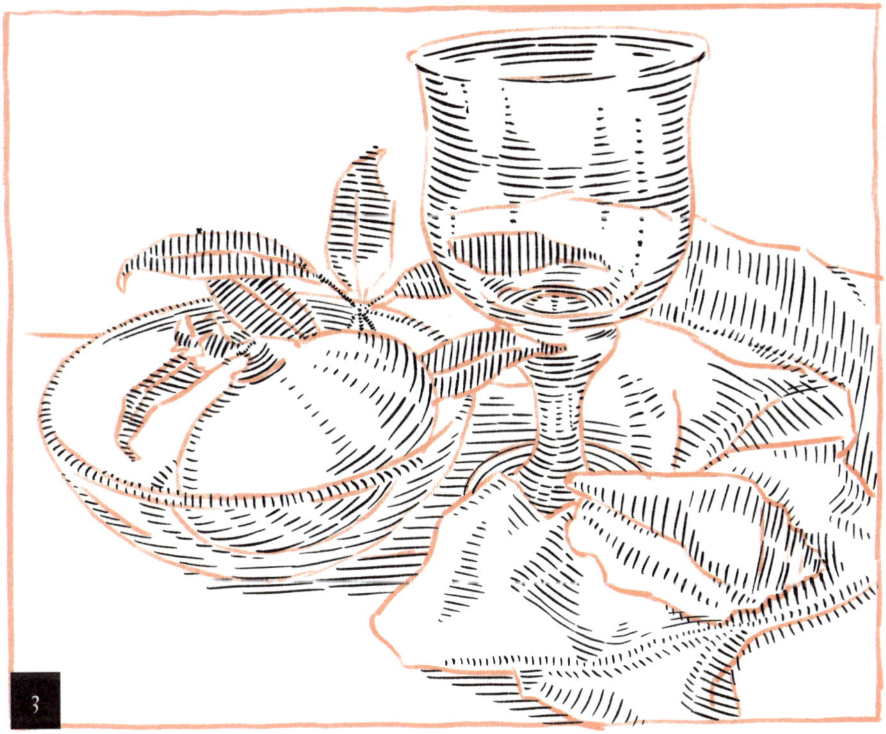

INKING:

3 — Die ersten Schraffuren sind meist horizontal, das heißt die Striche beschreiben die Breite eines Objektes. Problematisch kann es werden, wenn es die Richtung wechselt. Aber keine Sorge: Wählen Sie für jedes Objekt eine bestimmte Richtung, die die Striche nehmen sollen, und bleiben Sie dabei. Diese erste Ebene sollte die wichtigsten Konturen darstellen, denn sie sind dazu da, die formale Szenerie zu verstehen.

Überlegen Sie genau, welche Richtung die Schraffuren nehmen sollen, denn in Bereichen mit Mitteltönen kann es bei einer einzigen Schraffur bleiben, die in der fertigen Zeichnung sichtbar ist. Wenn Sie bei einer bestimmten Kontur hin- und herschwanken, sehen Sie vorerst von ihr ab und kehren Sie später zu ihr zurück – die weitere Ausgestaltung der sie umgebenden Zeichnung mag dazu beitragen, das Problem zu lösen –, oder probieren Sie einige Konturtests aus (siehe Seite 57).

Beachten Sie, wie genau ich bei diesem ersten Schraffieren meiner Schattenzuordnung und meinen Orientierungslinien gefolgt bin, ich habe meine Skizze praktisch Strich für Strich kopiert. Das bedeutet, dass meine Skizze sorgfältig durchdacht war und kaum verändert werden musste. Jetzt kann ich auch die meisten Bleistiftstriche ausradieren, bevor ich eine zweite Schicht hinzufüge.

3 — Diese zweite Schicht deckt die dunkelsten Schatten ab, indem Sie in die entgegengesetzte Richtung schraffieren. Diese Linien sollten immer noch entsprechend der Form des jeweiligen Objekts konturiert sein, statt dass Sie wie ein Blinder quer über die erste Schicht schraffieren, um bestimmte Schatten abzudunkeln. Nach nur zwei Schichten des Schwärzens haben Sie die härteste Arbeit hinter sich.

Die Bleistiftskizze ist jetzt gänzlich hinfällig. Nachdem Sie die Skizze ausradiert haben, können Sie deutlich sehen, was in der Zeichnung fehlt, was noch stärker betont oder detaillierter gezeichnet werden muss. Entscheidend ist hier Zurückhaltung: Wie füge ich gerade genug hinzu, ohne die Zeichnung zu überfrachten? Die Lösung ist, langsam und sparsam zu arbeiten und immer wieder einen Schritt zurückzutreten, um die Zeichnung als Ganzes zu beurteilen. Bestimmte Details, die zwar in der Originalszene vorhanden sind, müssen in der finalen Fassung möglicherweise weggelassen werden. Denn das hier ist kein wissenschaftlicher Bericht, sondern eine künstlerische Interpretation der Szene. Hier sollte Harmonie vor Genauigkeit rangieren.

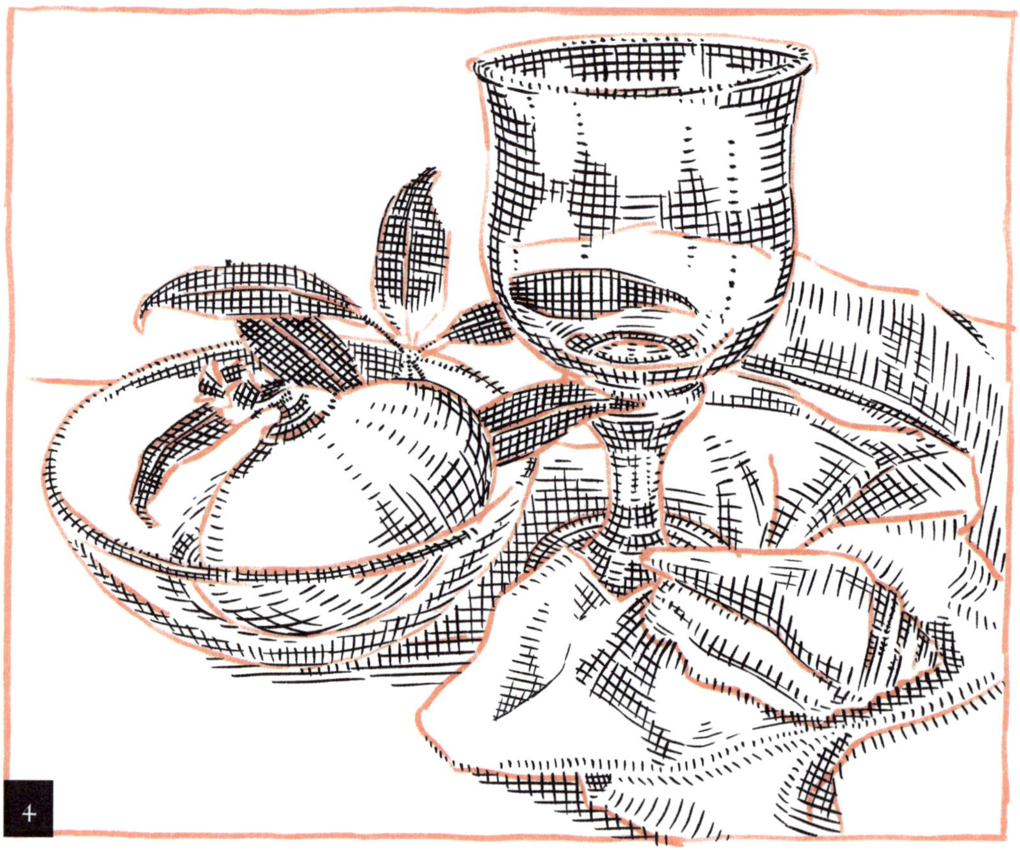

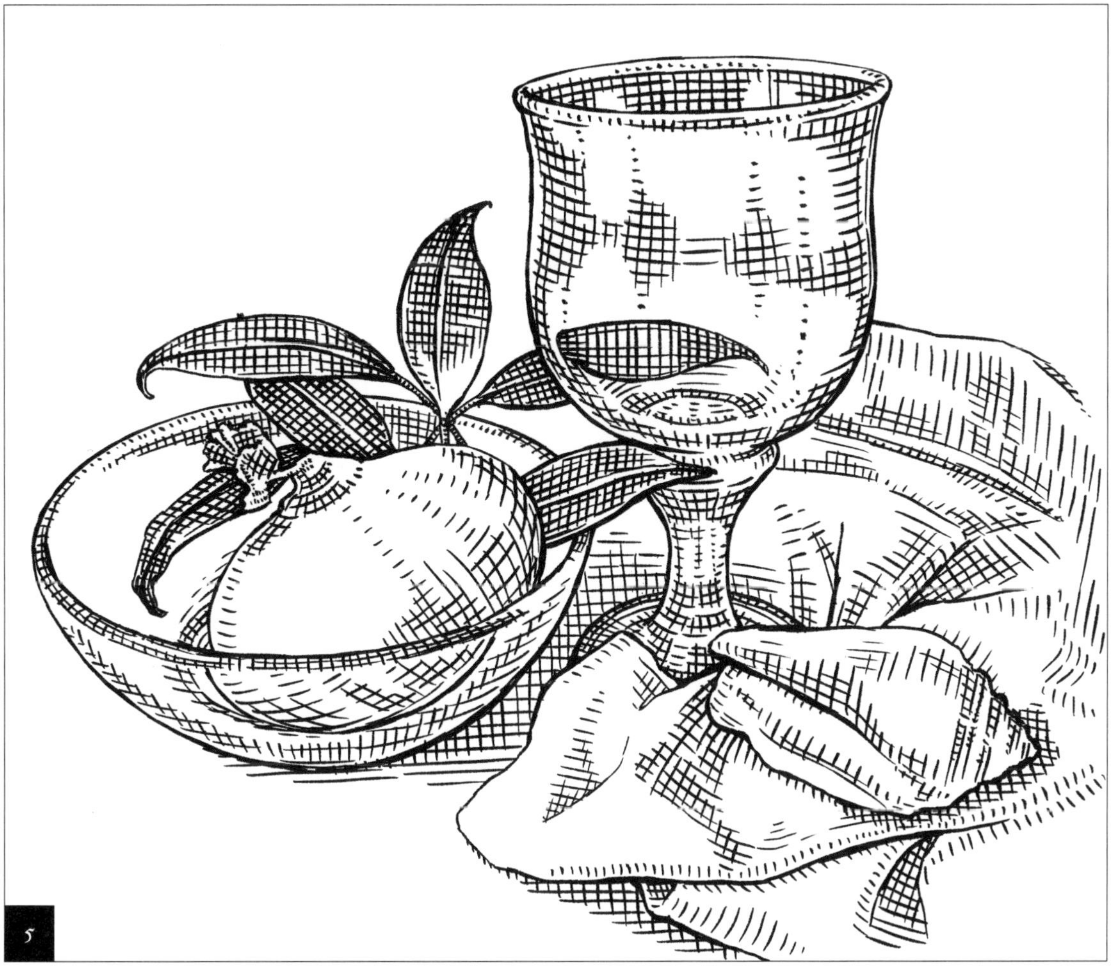

5 — Meine eigene Bearbeitung umfasst: die Verlängerung der Schraffuren, um sie an die umgebenden Umrisse anzupassen; in Bereichen mit Überlappungen und dunklen Schatten die Umrisse dicker zu zeichnen sowie kleinere Reflexionen und Brechungen in der Glasschale und dem Kelch zu schraffieren. Ich wollte zunächst diagonale Schraffuren hinzufügen, um die dunkelsten Schatten noch stärker herauszuarbeiten. Letztlich sah ich davon ab, weil ich meinte, dass die unterschiedlichen Linienabstände – siehe die dicht schraffierten Blätter im Vergleich zu den weiter auseinander liegenden Strichen, die die Mitteltöne der Serviette ergeben – bereits genug verschiedene Tonwerte erzeugt hatten.

Hände

Hände zu zeichnen ist ebenso wichtig – und anspruchsvoll – wie Porträts. Beide Motive weisen genügend Gemeinsamkeiten auf, sodass das Geschick, das für das eine erforderlich ist, in großem Maße auch für das andere gilt. Im Folgenden finden Sie einige dieser Gemeinsamkeiten sowie einige Tipps, wie Sie sich beiden Sujets nähern können:

- Hände und Gesichter profitieren beide von einer minimalistischen Ausführung: Wenn Sie jede kleine Falte schwärzen, überfordert das den Betrachter und lenkt vom wesentlichen Ausdruck des Motivs ab. Andeutungen und Negativraum zeigen eine größere Wirkung als zu viele Details.

- Hände haben eine ähnliche Größe wie Gesichter und liefern daher beim Zeichnen einen hilfreichen Proportionsvergleich. Ein sehr häufiger Anfängerfehler ist, die Hände kleiner zu machen, als sie tatsächlich sind. Strecken Sie Ihre Hand über Ihr Gesicht aus: Sie werden sehen, dass der Abstand zwischen den Fingerspitzen und dem Handgelenk etwa dem zwischen Haaransatz und Kinn entspricht.

- Beide sind ausdrucksstark und können den Ton für ein Werk angeben. Wir sind es gewohnt, Gesichter zu betrachten, um zu sehen, wie die Stimmung ist und welche Richtung das weitere Geschehen nimmt. Auch die Hände können uns das verraten. Betrachten Sie berühmte Kunstwerke: Oft erzählen die Hände eine ganze Geschichte, indem sie die Stimmung und den Beweggrund einer Figur wiedergeben, zusätzlich zu anderen Merkmalen wie Alter oder Gesundheit.

- Hände sind etwas sehr Individuelles. Sie müssen jede Hand, die Sie zeichnen, gut beobachten, ganz gleich, wie fortgeschritten Sie sind – verlassen Sie sich keinesfalls auf eine Patentlösung. Das mag vielleicht gegen die Richtlinie verstoßen, Details wegzulassen. Doch selbst eine lockere, spontane Skizze einer Hand sollte immer noch so genau sein, dass sie ihren individuellen Charakter vermittelt.

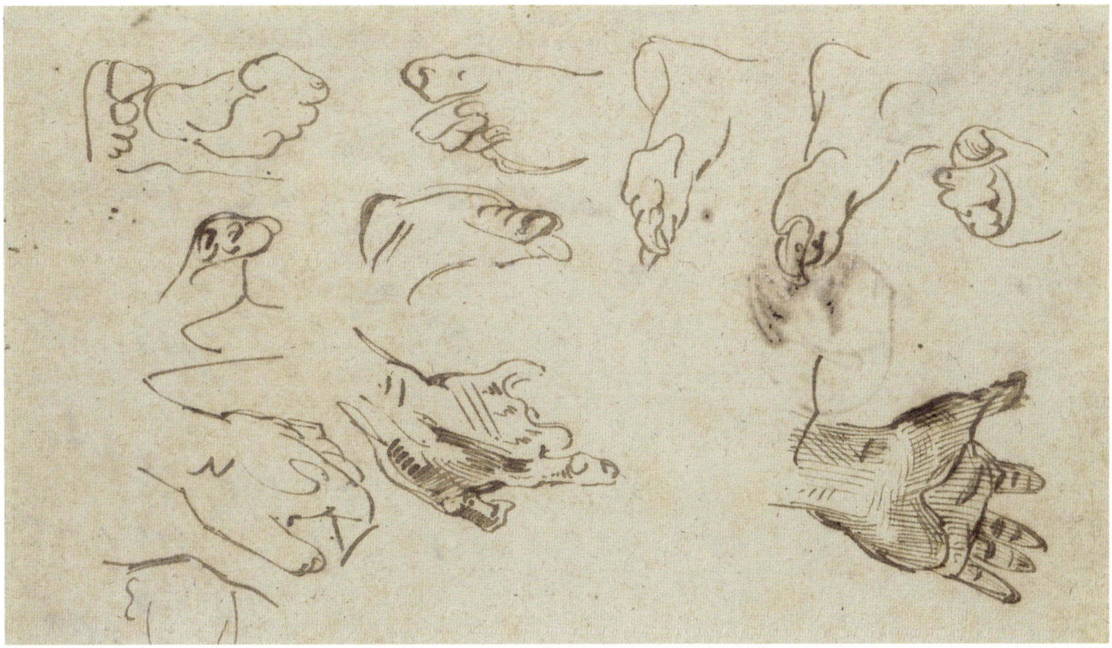

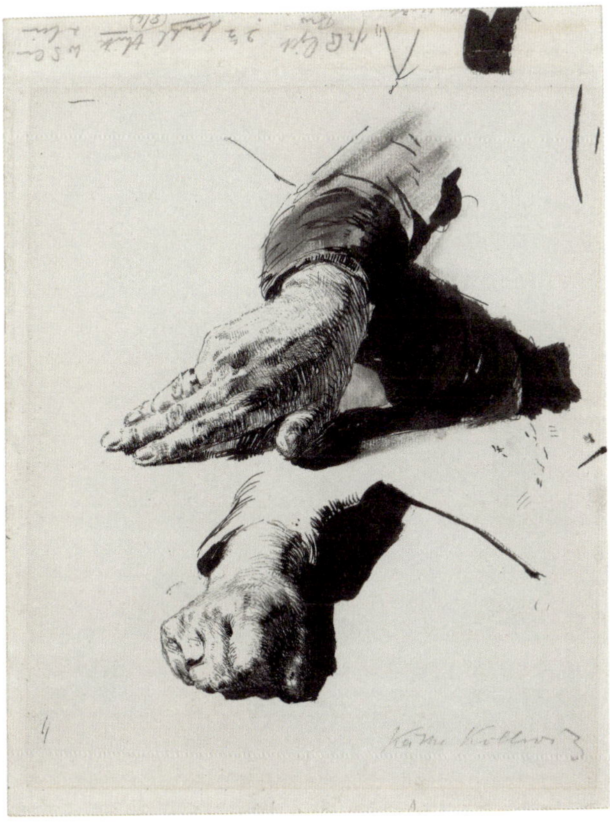

Oben:
Studien zu Pferden, Händen und Füßen (Detail),
Paul Delacroix, 1822–27

Links:
Studien zur linken Hand der Künstlerin; geballt und offen, einen Ring tragend,
Käthe Kollwitz, um 1891

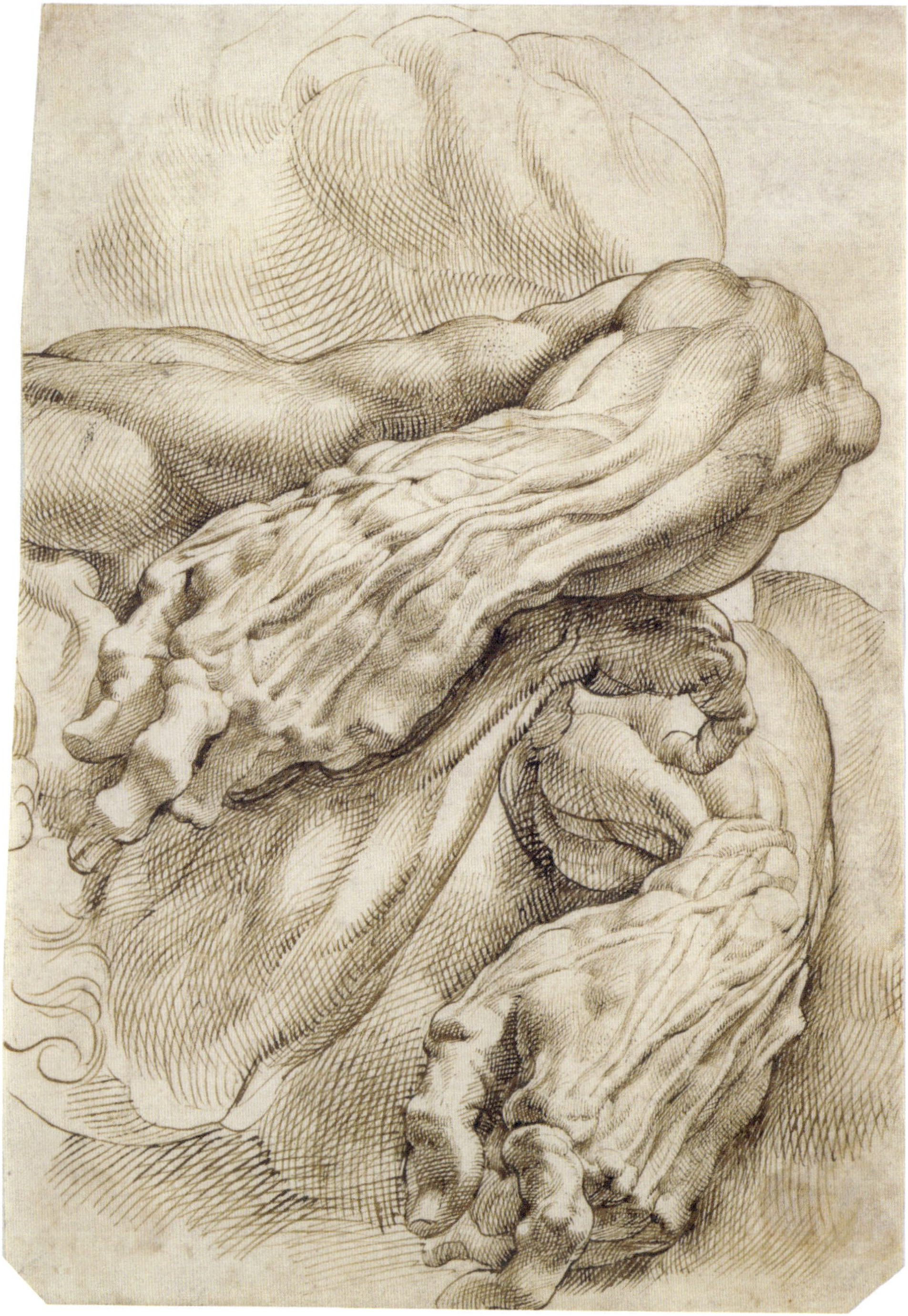

82 — Teil IV: Die Kreuzschraffur – so geht's

Hände sind ein guter Einstieg in die Porträtmalerei. Als künstlerisches Thema sind sie weniger entmutigend für den Lernenden. Gleichwohl vermittelt Ihnen ihre Darstellung das entscheidende Geschick, das Sie für die Wiedergabe von Gesichtern im weiteren Verlauf Ihres Lernvorgangs benötigen (siehe Seite 90).

Ein Handbuch über das Zeichnen* aus dem Jahr 1681 legt die Reihenfolge der Arbeitsschritte für die Darstellung einer Hand fest. Ich könnte es heute selbst nicht besser darstellen. Schließlich haben sich weder das Medium noch das Thema in den vergangenen drei Jahrhunderten stark verändert.

„Deuten Sie die Größe der Hand und die Art, wie sie sich dreht, nur vage an, zeichnen Sie nicht mit harten Strichen; anschließend, wenn das richtig gemacht wurde, unterteilen Sie die Finger gemäß ihrer Anordnung ebenfalls mit sanften Strichen; danach machen Sie die Stelle kenntlich, an der sich ein Finger von den anderen abgrenzt, und zwar ähnlich sachte wie zuvor: Wenn das erledigt ist, fahren Sie fort, die Hand detaillierter zu zeichnen, indem Sie die Beugung der Gelenke, die Handgelenke und andere wichtige Elemente genauer zeichnen; und zuletzt verfeinern Sie alles noch, indem Sie jede kleine Krümmung oder Verdickung der Finger, der Nägel, der Knöchel und der Adern zeichnen, und zwar so viele, wie tatsächlich erscheinen."

Das Handbuch rät auch, „durch gute Drucke die richtigen Proportionen der Hände zu lernen" – eine Lernstrategie, über die Sie auf Seite 80 mehr erfahren. Der Abschnitt über die Hände schließt mit einer Warnung: „So sehr sich [die Hand] von unserem Auge abwendet, so sehr verliert sie an Proportion, ja manchmal geht ein ganzer Finger, gehen zwei oder drei oder gar mehr Finger für unser Auge verloren, was Sie in Ihrer Zeichnung entsprechend berücksichtigen müssen."

Diese Anleitung gilt natürlich nicht nur für Hände, sondern für alle Sujets. So sehr wir auch versucht sein mögen, das zu zeichnen, was wir über einen Gegenstand wissen – am liebsten würden wir einen Katalog mit sachgerechten Informationen über all seine verschiedenen Winkel und Merkmale erstellen –, so müssen wir doch unseren gegenwärtigen Beobachtungen Vorrang vor all dem einräumen, was wir uns bislang an Wissen über diesen bestimmten Gegenstand angeeignet haben. So sind bei der Zeichnung einer Hand selten alle fünf Finger fächerförmig ausgestreckt. Wenn Sie mehrere Handbewegungen zeichnerisch ausprobiert haben, bekommen Sie eine größere Vorstellung davon, wie eine Hand aussieht, und sie wird alle möglichen seltsamen und vermeintlich „falschen" Beschaffenheiten und Ausgestaltungen umfassen.

* *Polygraphice,* William Salmon, London: Gedruckt von M. White für John Crumpe, 1681

Links: *Anatomische Studien: Ein linker Unterarm in zwei Positionen und ein rechter Unterarm,* Peter Paul Rubens, ca. 1600–05

Hände: Praktische Übung

Sie sind Modell und Künstler*in zugleich, das heißt: Sie dürfen den Schwierigkeitsgrad Ihres Sujets bei der Wahl der Pose abstimmen. Versuchen Sie, Ihre Hand und Ihre Finger vor sich hin und her zu bewegen. Achten Sie dabei darauf, was Sie anspricht – und was Sie hinsichtlich der zeichnerischen Darstellung eher entmutigt. Ich persönlich wähle gerne Posen, die etwas Dynamisches haben und die folgenden Elemente aufweisen:

TIPP: Es ist zwar schön und gut, wenn Sie die perfekte Haltung und Ausleuchtung der Hand inszenieren. Es lohnt sich jedoch, sich an schwierigere Posen heranzuwagen, und zwar an solche mit minimalen Glanzlichtern, Überlappungen, Negativraum, Muskelspannungen und dergleichen. Der Versuch, anspruchsvollere Posen einzunehmen, hilft Ihnen nicht nur, Ihr zeichnerisches Geschick zu entwickeln, sondern kann auch recht außergewöhnliche Zeichnungen hervorbringen.

- Ein breites Spektrum an Tonwerten, von hellen Lichtern bis zu dunklen Schatten.

- Schattenformen, die auf die Konturen der Hand anspielen – in diesem Beispiel legt sich der Schatten des Ringfingers um diesen herum und zeigt, wie man ihn schraffiert.

- Überlappungen zur Erzeugung von Tiefe – beachten Sie, wie der Daumen vor den Fingern schwebt.

- Negativraum zwischen den Fingern, um das Sujet dadurch interessanter zu gestalten.

- Spannungen der Hand, die in der Regel durch Falten in der Handfläche oder durch gestraffte Haut über den Fingerknöcheln angezeigt werden.

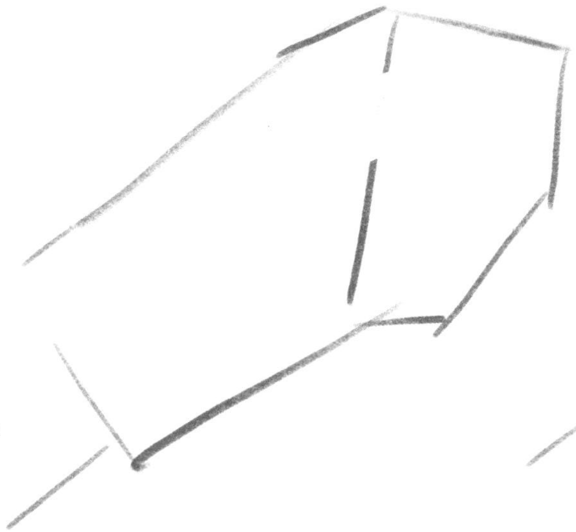

1

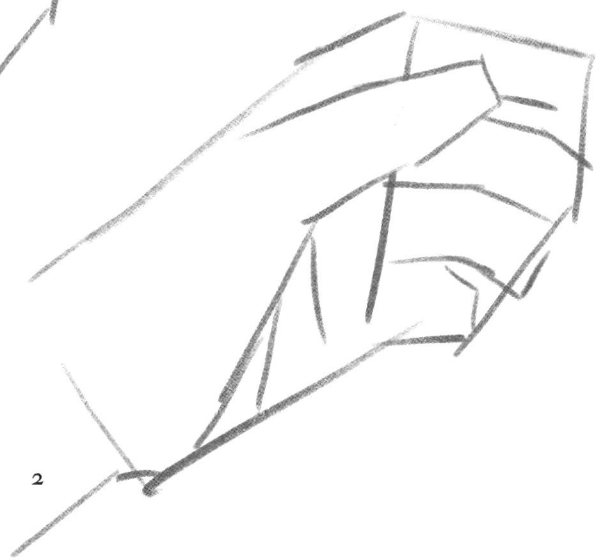

2

1 — Mit einem Bleistift zuerst eine lockere und leichte Umrissskizze der Komposition anfertigen, konzentrieren Sie sich dabei auf die großen Proportionen. Die Augen etwas zusammenkneifen, um die einzelnen Elemente und die Details der Hand zu verwischen. Hier geht es lediglich darum, ein Gefühl für die Winkel und die Größe der Handfläche im Vergleich zum Handgelenk und den Fingern zu bekommen. Die einzigen Binnenlinien, die ich eingefügt habe, markieren die Grenzen zwischen diesen drei Bereichen.

2 — Die Skizze weiter untergliedern, indem Sie die einzelnen Finger und die Hauptfalten einzeichnen. Mitunter werden Sie feststellen, dass die Proportionen Ihrer ersten Skizze nicht ganz stimmen. Vielleicht gibt es nicht genug Platz für die Finger oder der Winkel der Handfläche ist falsch. Radieren Sie ruhig und zeichnen Sie erneut. Betrachten Sie Ihre Skizze als eine Frage, nicht als eine Antwort; sie dient nur als Ausgangspunkt für die eigentliche Zeichnung. Daher ist es auch so wichtig, mit lockeren und leichten Strichen zu skizzieren, denn selbst Ihre akkuratesten Bleistiftstriche werden später beim Schwärzen verschwinden.

3

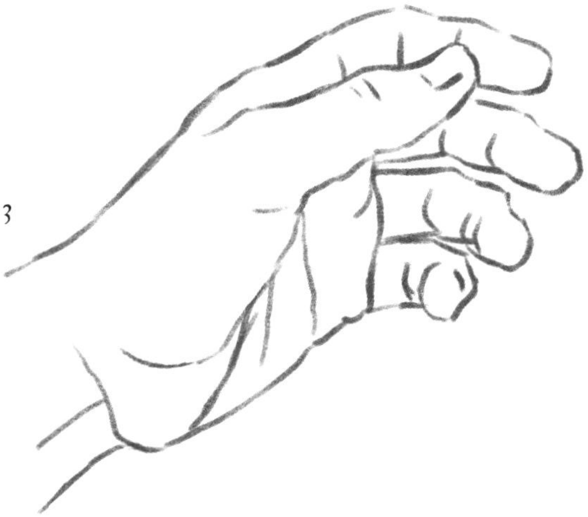

4

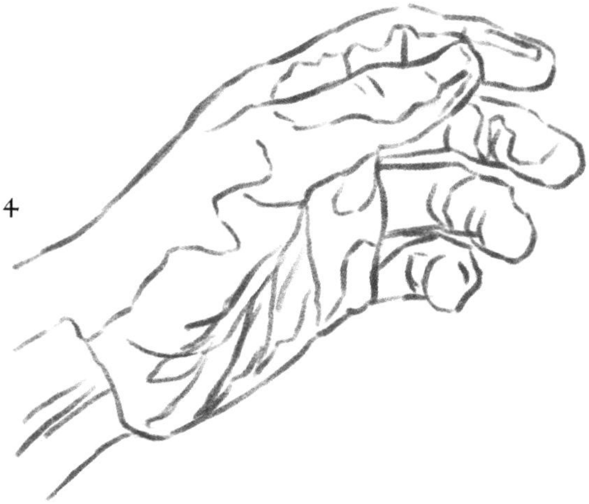

3 — In diesem Stadium, wenn Sie mit den Proportionen zufrieden sind, fügen Sie all die kleinen Rundungen und Details hinzu. Achtung: Je eher Sie das machen, desto mehr riskieren Sie, den Überblick über die Gesamtkomposition zu verlieren. Achten Sie auf konkave und konvexe Wölbungen; heben Sie bestimmte Rundungen hervor, indem Sie sie etwas übertrieben darstellen. Diese Überzeichnungen sind es, die die Kunst von der Realität unterscheiden. Sie offenbaren Ihren eigenen Stil und zeigen, dass Sie sich aktiv mit dem Thema auseinandergesetzt haben, statt es einfach nur mechanisch zu kopieren.

4 — Ordnen Sie die Schatten den entsprechenden Stellen zu (siehe Seite 60), damit umreißen Sie die wichtigsten Grenzen zwischen Hell und Dunkel. Wenn Sie jede kleine Veränderung des Tonwerts berücksichtigen, wird Ihre Skizze unübersichtlich, sodass Sie beim Schwärzen irritiert sind. Konzentrieren Sie sich auf die Stellen, an denen Schlaglichter in Schatten übergehen. Diese hellen Bereiche freizuhalten, ist für eine ausgewogene Zeichnung unerlässlich. Sollten Sie den Fehler machen, sie mit Tusche zu füllen, gibt es kein Zurück mehr.

Sie können auch die Konturlinien (siehe Seite 66) einzeichnen, um das Schwärzen zu erleichtern, indem Sie im Voraus festlegen, wie sich Ihre Schraffuren um jeden Teil der Hand legen sollen.

Ich zeichne solche Konturen nur sparsam ein, weil sie, wie auch die Schattenzuordnung, mehr Verwirrung stiften können, als sie ausräumen. Um sich das zu ersparen, zeichnen Sie lieber eine einzelne Orientierungslinie ein als eine ganze Reihe von Linien.

Schließlich ist es Zeit für das Inking. Es mag zunächst merkwürdig erscheinen, so viel Zeit mit der Vorzeichnung zu verbringen. Je mehr Sie sich jedoch darauf vorbereiten, desto sicherer fühlen Sie sich bei der Ausführung mit Tusche.

5

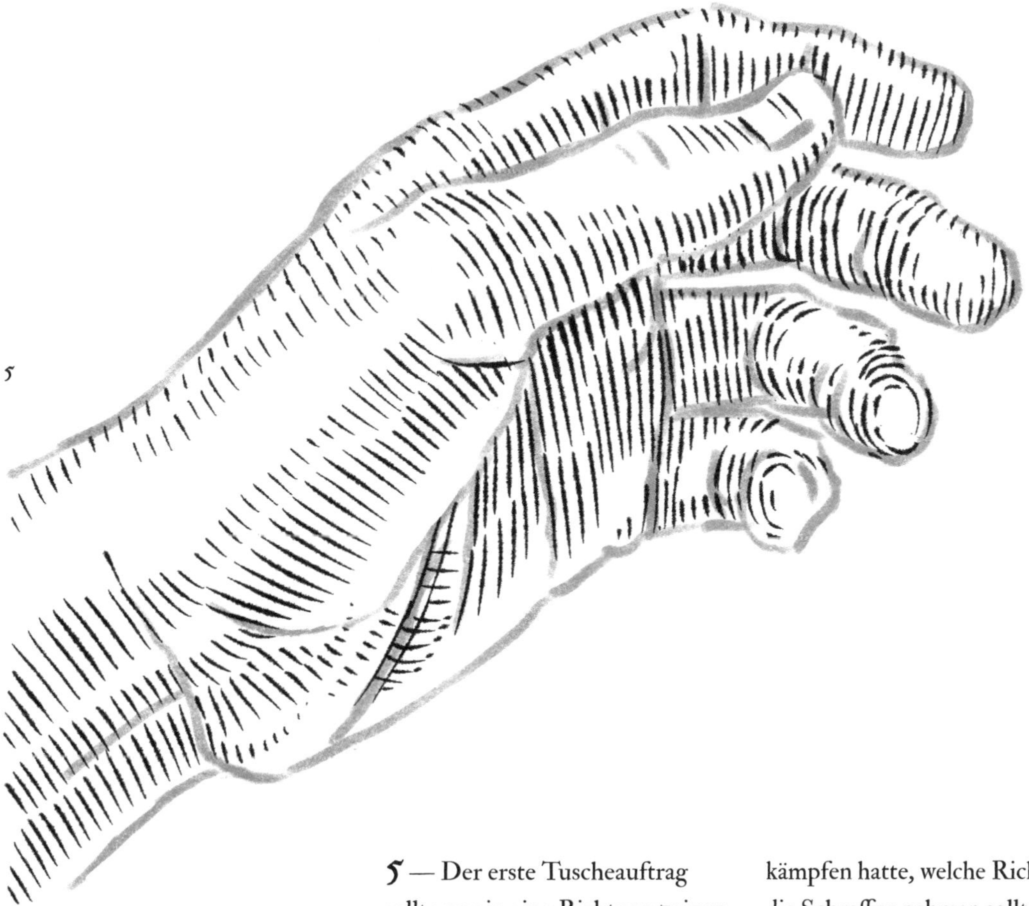

5 — Der erste Tuscheauftrag sollte nur in eine Richtung zeigen, also noch keine Kreuzschraffuren anlegen. Natürlich gibt es bei einer Hand alle möglichen Rundungen und Biegungen, die die gleichlaufenden Schraffuren an ihre Grenzen bringen. Sie können zum Beispiel sehen, dass ich unten an der Handfläche, wo sie auf das Handgelenk trifft, mit mir zu kämpfen hatte, welche Richtung die Schraffur nehmen sollte. Egal, für was Sie sich bei Ihrer Zeichnung entscheiden, bleiben Sie vorerst bei einer einzigen Schicht. So verlockend es auch sein mag, bestimmte Stellen der Zeichnung besser auszuarbeiten, Ihre Kreuzschraffuren werden sauberer und harmonischer sein, wenn Sie hier methodisch vorgehen.

6

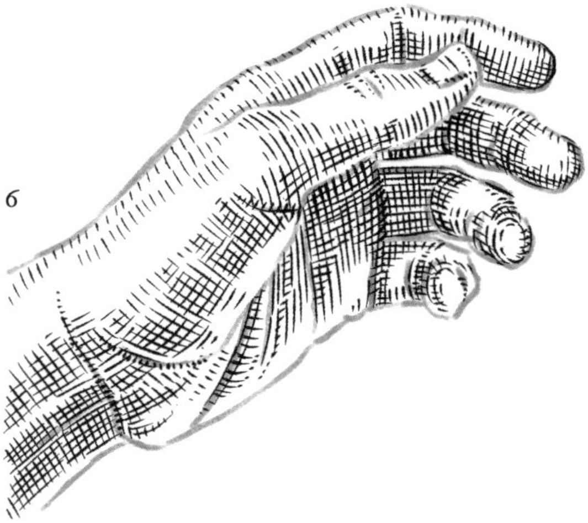

7

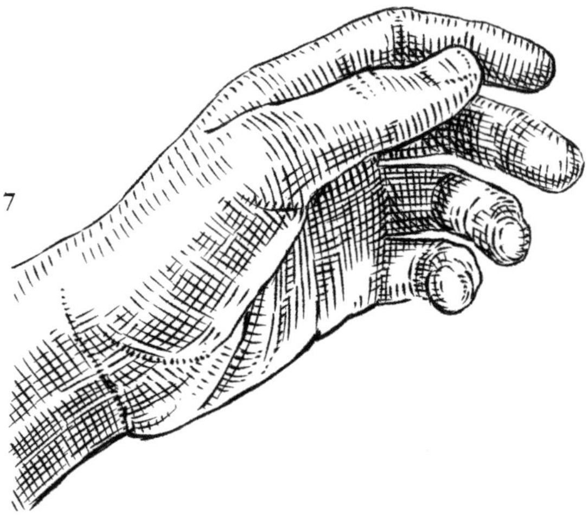

6 — Die zweite Tonwertschicht sollte senkrecht zur ersten verlaufen, sodass eine Kreuzschraffur mit kleinen Quadraten und Negativraum zwischen den Linien entsteht. Mit jeder einzelnen Schicht ist es möglich, die Größendimensionen Ihres Sujets zu verdeutlichen. Stellen Sie also sicher, dass Sie immer noch nach Formen und nicht nur nach Schatten Ausschau halten. Diese zweite Schicht deckt einen kleineren Bereich ab als die vorherige: Sie stellt nur die dunkleren Schatten dar, sodass die erste Schicht als mittlerer Tonwert dienen kann.

7 — Umreißen Sie Ihre Zeichnung vorsichtig mit Tusche, verwenden Sie dabei sowohl Ihre Bleistiftskizze als auch die Kreuzschraffur als Orientierungshilfe. Vielleicht möchten Sie sogar einen Teil der Skizze vor dem Schwärzen ausradieren und überarbeiten, da Sie nun visuell mehr Aufschlüsse über die Hand in Form von Schattierungen haben.

Zu diesem Zeitpunkt sollte Ihre Zeichnung fast fertig aussehen, also hinsichtlich der Tiefe überzeugen, klare Konturen und mehrere Tonwerte aufweisen. Aber es gibt immer noch Stellen, die vage und unvollständig aussehen – in diesem Beispiel würden vor allem die Finger eine weitere Ausarbeitung vertragen. Diese Bereiche müssen mit einer diagonalen Schraffur verstärkt oder mit dunklen Linien hervorgehoben werden. Hier wäre es hilfreich, die Feder einfach von Ecke zu Ecke über die weißen Kästchen zu ziehen. Eine genaue Konturierung ist zwar immer von Bedeutung, aber in dieser Phase ist sie weniger wichtig. Denn es kommen nur ganz wenige Schraffuren hinzu, und die ersten beiden Schichten sind auch so schon überzeugend genug.

8

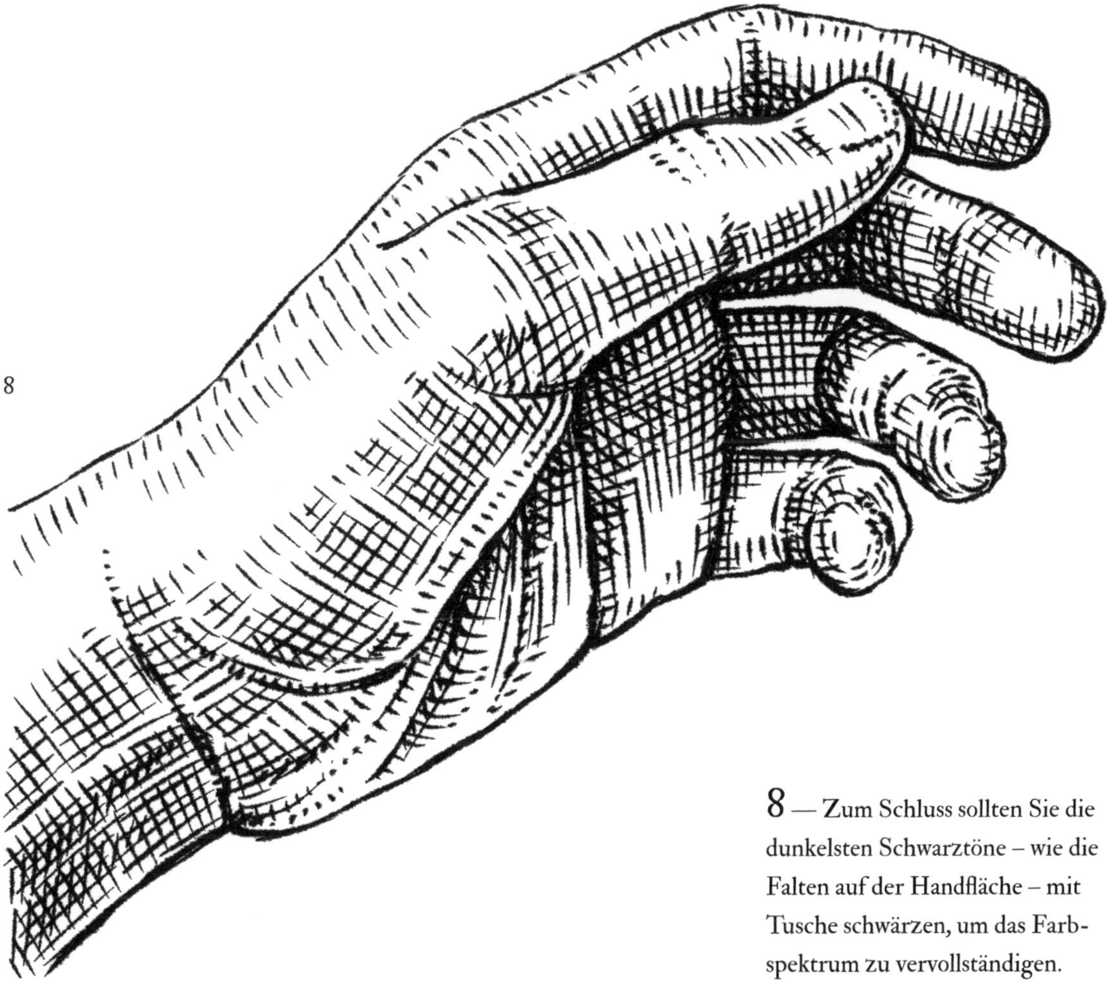

8 — Zum Schluss sollten Sie die dunkelsten Schwarztöne – wie die Falten auf der Handfläche – mit Tusche schwärzen, um das Farbspektrum zu vervollständigen. Dunkeln Sie auch bestimmte Stellen des Umrisses ab, normalerweise die Unterseite und alle Stellen, an denen die Hand angespannt ist und sich einzelne Bereiche überlappen.

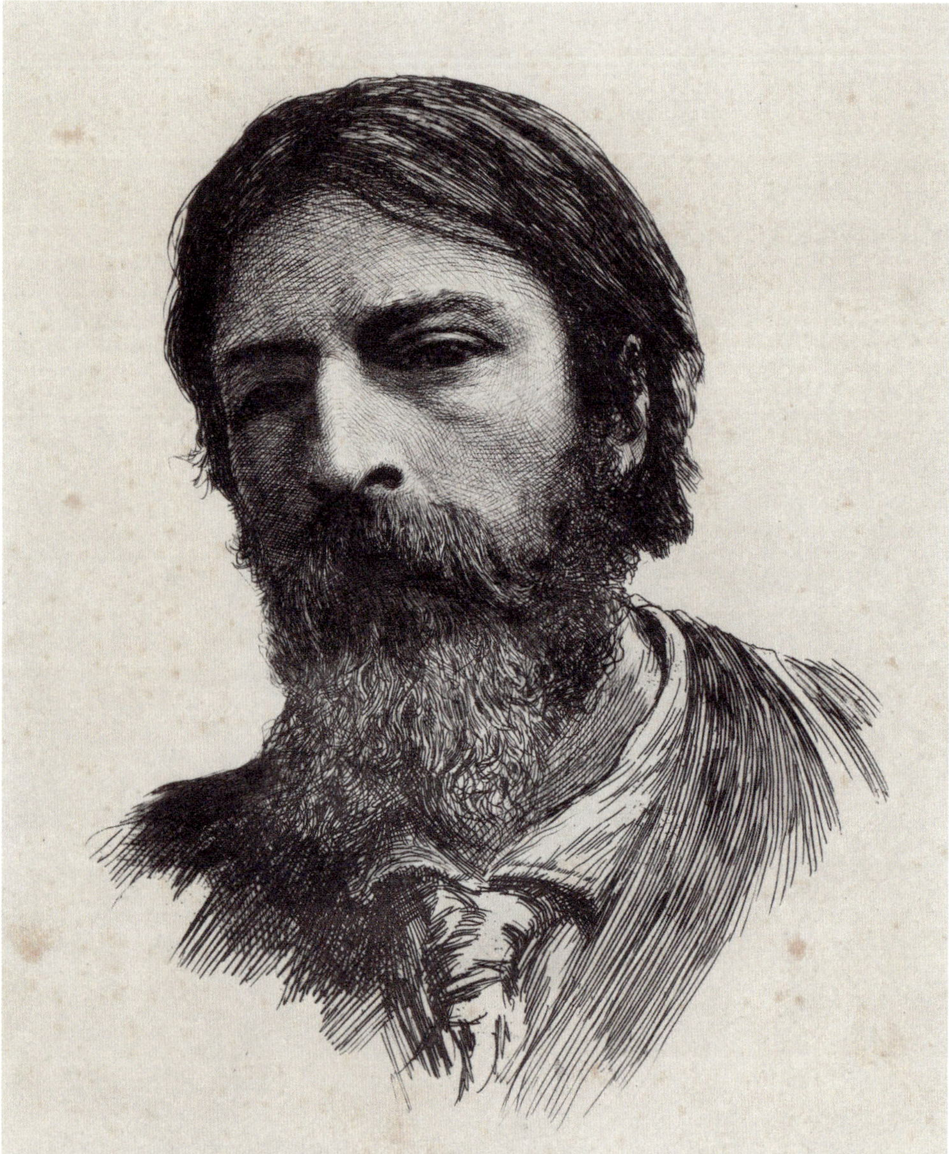

Porträts

Beim Zeichnen eines Porträts ist es von zentraler Bedeutung, sowohl die einzelnen Gesichtsmerkmale als auch die breitere Form des Kopfes zu verstehen. Letzteres ist vielleicht weniger intuitiv zu erlernen. Wir verbringen praktisch unser ganzes Leben damit, Gesichter zu betrachten und wollen darin die feinen Nuancen der Gefühle, des Alters, der Gesundheit und der Schönheit erkennen. Um exakt zeichnen zu können, müssen wir all das ignorieren und Gesichter wie leblose Objekte betrachten. Wir müssen unsere Menschlichkeit gewissermaßen ablegen und Personen mit einer fast klinischen Abgeklärtheit beobachten. Erst wenn wir uns dessen sicher sind, können wir unsere Menschlichkeit wieder mit einfließen lassen.

Links:
Hubert Herkomer A.R.A und seine Kinder (Detail), Sir Hubert von Herkomer, 1879

Um ein Gefühl für die Geometrie des Kopfes zu bekommen, ist es hilfreich, ihn ein wenig herauszuzoomen. Natürlich können Sie auch Ihr Vorlagenbild verkleinern. Sie werden jedoch merken, dass es lohnenswerter ist, nach dem Leben zu zeichnen. Versuchen Sie, Fremde auf der Straße oder in der U-Bahn, in einem Café oder Museum zu skizzieren. Es mag Ihnen zunächst etwas dreist vorkommen, fremde Menschen längere Zeit anzustarren. Aber Sie brauchen bei dieser Übung wirklich nicht mehr als circa eine Minute für jeden Kopf aufzuwenden. Die Köpfe sollten klein und skizzenhaft sein, etwa daumengroß. Wenn Sie sie vergrößern oder sich mehr Zeit zum Zeichnen nehmen, werden Sie versucht sein, Details hinzuzufügen (zu denen wir später noch kommen werden). Zunächst einmal geht es aber nur um die Kopfform – die Proportionen, die Schattenformen und so weiter. Diese Mini-Porträts sollten plastisch und einigermaßen menschlich wirken. Fertigen Sie viele von ihnen an. Füllen Sie zwei Doppelseiten in Ihrem Skizzenbuch damit.

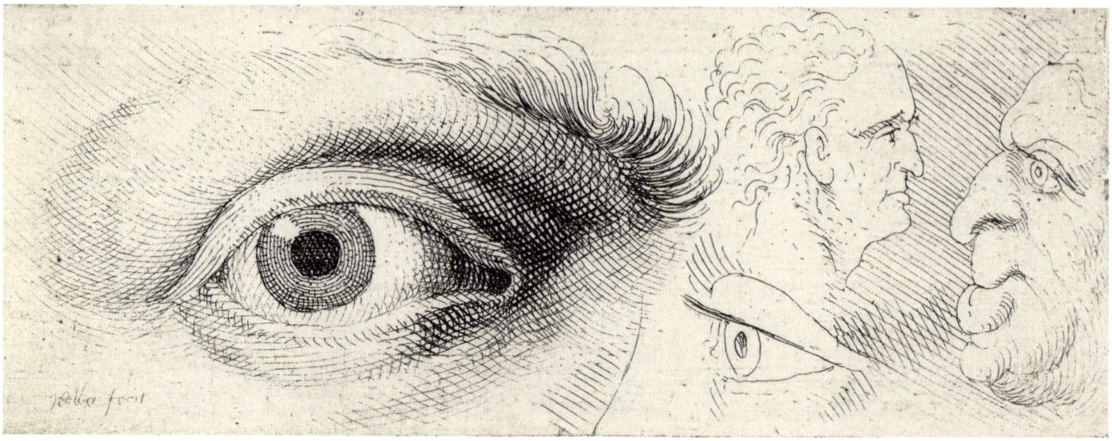

Am anderen Ende der Skala haben wir die individuellen Gesichtspartien. Diese können es uns mitunter wirklich leicht machen. Wenn Sie nur eine zeichnen – zum Beispiel die Nase –, müssen Sie sich keine Gedanken darüber machen, an welche Stelle sie genau hingehört oder in welcher Relation sie zu den anderen Gesichtsteilen steht. Machen Sie sich mit den Augen, den Ohren, der Nase und dem Mund als einzelne Motive vertraut, bevor Sie versuchen, sie zu einem Gesicht zu kombinieren.

Selbst in diesem Maßstab sollte das Abbild noch etwas vereinfacht werden. Sollten Sie jedes einzelne Detail berücksichtigen, entsteht ein verblüffender Effekt, der das realistische Abbild eher verschlechtert als verbessert. Wenn Sie zum Beispiel die Wimpern einzeln zeichnen, wirkt das auf den Betrachter krakelig und falsch. Überzeugender ist, sie zu bündeln, sie durch ein paar vage Schraffuren anzudeuten oder sie ganz wegzulassen. Auch die Augenbrauen sollten aus Strichen bestehen, die eher einen Tonwert erzeugen und weniger ihre Textur betonen. Gehen Sie auch bei den Hautfalten sparsam vor – diese treten in einer Zeichnung stets deutlicher hervor als beabsichtigt, weil schwarze Tusche einen harten Kontrast zum weißen Papier bildet.

Oben:
Zwei Augen und zwei Köpfe,
Wenzel Hollar, 1644–52

Rechts:
Porträt eines sitzenden Mannes mit Schnäuzer,
Edmund Joseph Sullivan,
undatiert (nicht später als 1933)

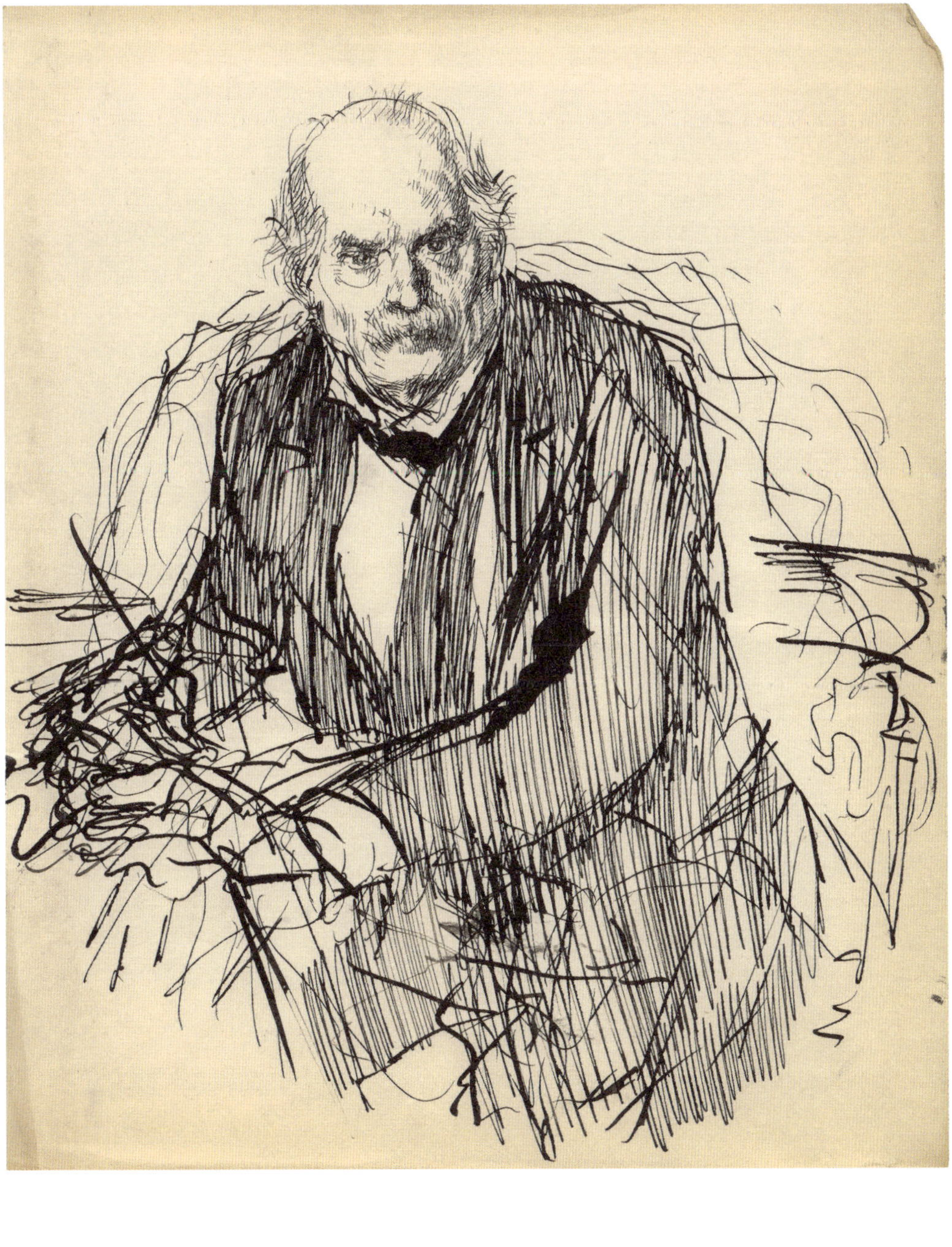

93 — Porträts

Gesichtspartien

Statt ein komplettes Porträt zu zeichnen – ein zu Recht gefürchtetes Thema angesichts seines komplizierten Aufbaus –, lassen Sie uns mit den einzelnen Gesichtspartien beginnen. Dadurch machen Sie sich mit den allgemeinen Grundsätzen vertraut, etwa für die Nase. Diese Prinzipien gelten für jede Form der Nase, wenn Sie Porträts zeichnen. Natürlich ist es bei einem Bildnis nicht so einfach, Nase, Mund und Augen auf dem Blatt zu platzieren. Sie müssen daran arbeiten, die einzelnen Teile in Bezug auf Proportionen, Beleuchtung und so weiter zu integrieren. Dazwischen gibt es auch Bereiche – Teile der Wange, des Kinns und der Stirn –, die schwierig zu schraffieren sind, denn da sie keine erkennbaren Kanten oder Linien haben, sind ihre Konturen auf den ersten Blick vielleicht noch unklar.

Wenden wir nun alles, was wir über das Skizzieren, Schraffieren, Überlagern und Konturieren wissen, auf die einzelnen Gesichtspartien an. Für jede dieser Zeichnungen habe ich einen lockeren Umriss mit den wichtigsten Schatten skizziert; diese haben eine doppelte Funktion, da sie auch die Konturen des Motivs andeuten. Anschließend fügte ich Tuscheschraffuren in einer Richtung hinzu (das Auge ist, wie Sie sehen werden, in dieser Hinsicht komplizierter), dann in entgegengesetzter Richtung. Schließlich habe ich die Zeichnung mit Umrissen und einigen zusätzlichen Schattierungen detaillierter ausgearbeitet.

1a
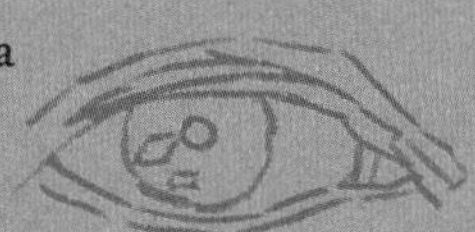

1b
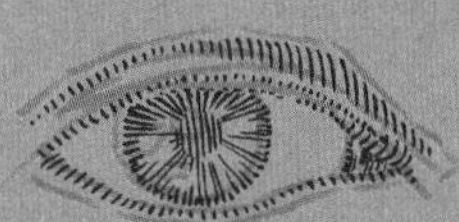

1c
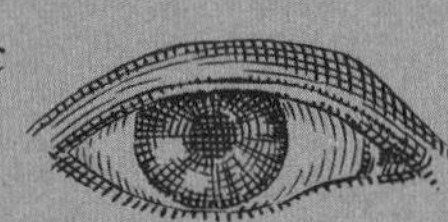

1d
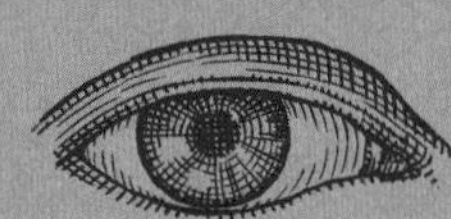

2a

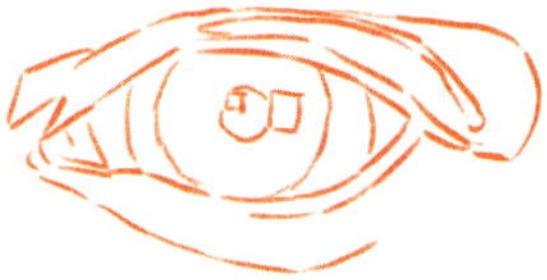

2b

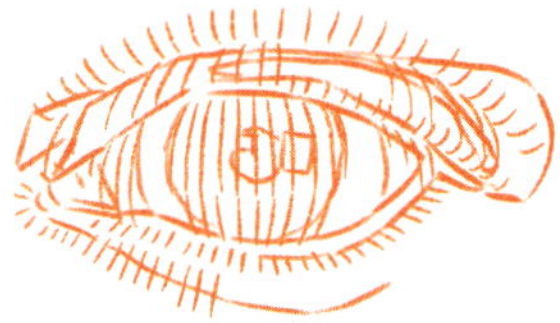

2c

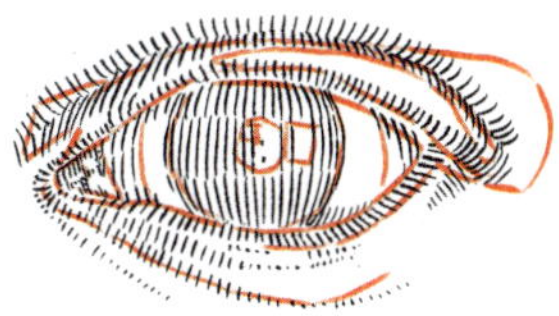

2d

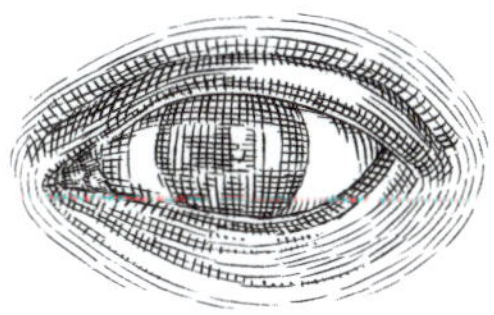

2e

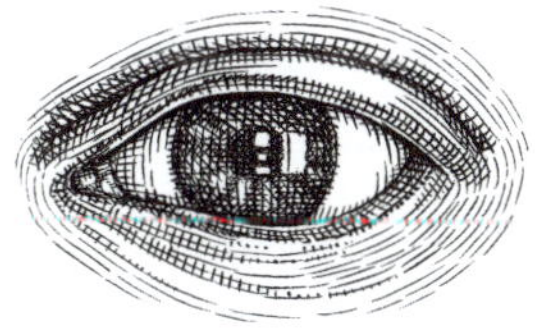

2f

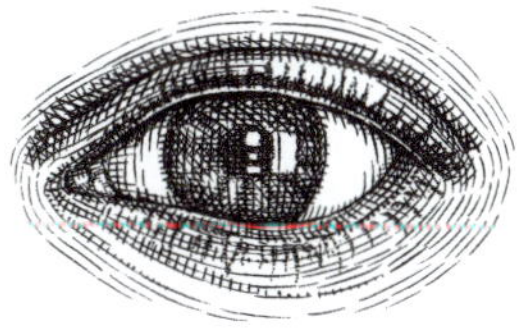

AUGEN:

Das Auge ist nicht nur ein Sinnesorgan, sondern es drückt auch Gefühle aus. Widmen wir ihm daher besondere Aufmerksamkeit. Das Auge ist bei Weitem der komplexeste Teil des Gesichts, da es aus vielen Oberflächen besteht: der gefalteten Haut der Augenlider, dem fleischigen Rosa des inneren Auges, den geschwungenen Wimpern, dem glatten Flüssigkeitsfilm des Augapfels und den Mustern der Iris. Wie lässt sich all das mit einem einzigen Stift festhalten? Eventuell müssen Sie neben dem Kreuzschraffieren alternative Techniken anwenden, zum Beispiel einige Bereiche betupfen oder komplett schwärzen, etwa die Pupille oder die Wimpern.

Da es ein so anspruchsvolles Thema ist – das mir besonders viel Spaß macht –, gebe ich hier einige Beispiele. Zwei Fragen, die Sie beim Zeichnen eines Auges beantworten müssen, ist erstens, wie Sie die Iris schraffieren wollen (sternförmig oder kreuzweise) und ob Sie zweitens die Wimpern darstellen sollen oder nicht. Letzteres mag auf den ersten Blick unlogisch erscheinen – sähe es nicht seltsam aus, ein so sichtbares Detail wegzulassen? –, aber meiner Erfahrung nach sind mit Tusche gezeichnete Wimpern für eine perfekt schöne Zeichnung eher zu viel des Guten. Angesichts der Komplexität des Motivs – auch ohne Wimpern – werden Sie vielleicht feststellen, dass es schlicht am besten aussieht.

3a

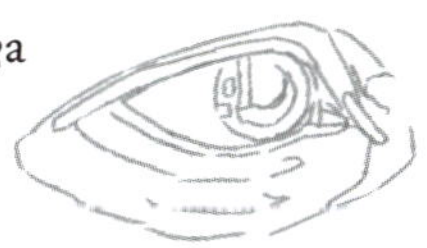

3b

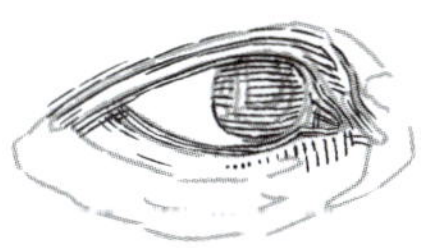

3c

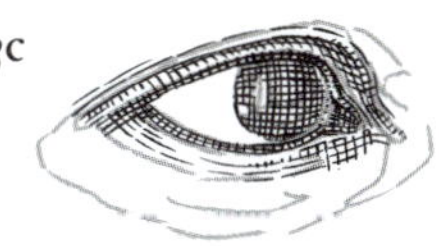

3d

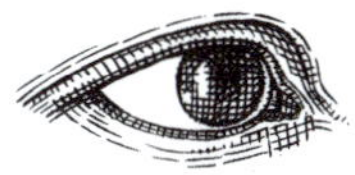

1

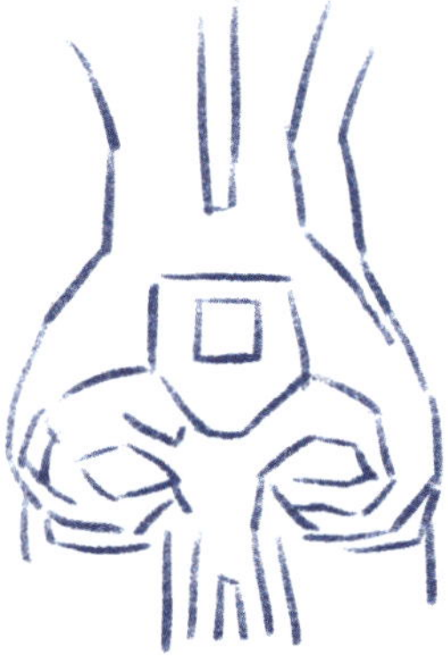

2

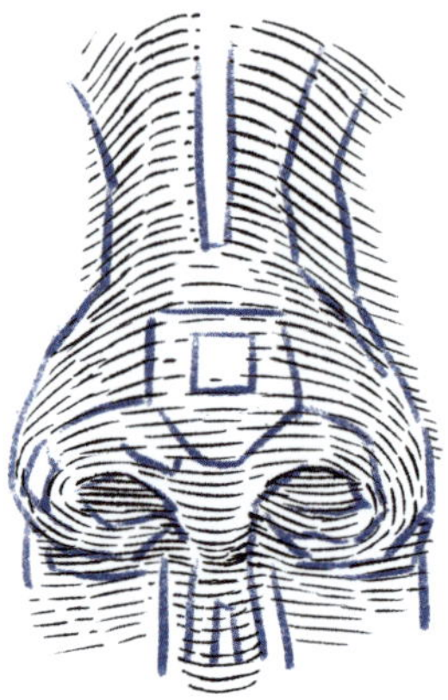

3

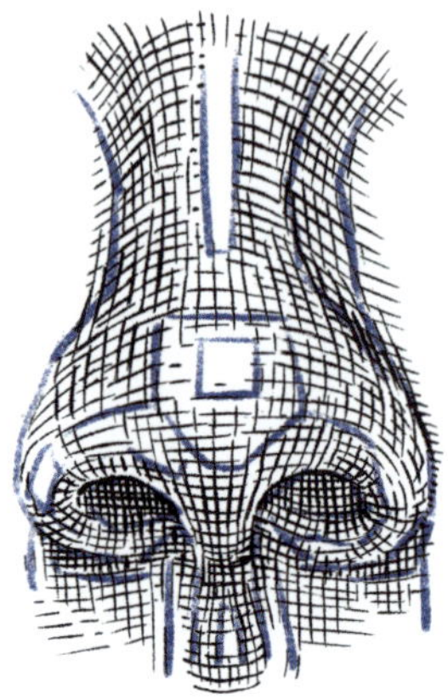

NASE:

Die Nase hat in der Regel eine Linie für den Lichteinfall entlang des Nasenrückens und einen Kreis für das Glanzlicht in der Nähe der Nasenspitze. Wenn diese Stellen bei Ihrem Modell dezenter erscheinen sollen, dann schraffieren Sie sie nicht. Das können Sie später immer noch nachholen, wenn der Kontrast zu stark ist. Die Nasenlöcher sollten am dunkelsten sein, die inneren Konturen sind nicht so wichtig. Zu beiden Seiten der Nase, wo die Nasenlöcher auf die Wange treffen, gibt es normalerweise eine dunkle Schattenlinie. Sie wollen sie womöglich ausgeprägter zeichnen, um zu verdeutlichen, wie sich die Nase vom übrigen Gesicht absetzt, aber tatsächlich ist dieser Schatten oft recht dünn.

4

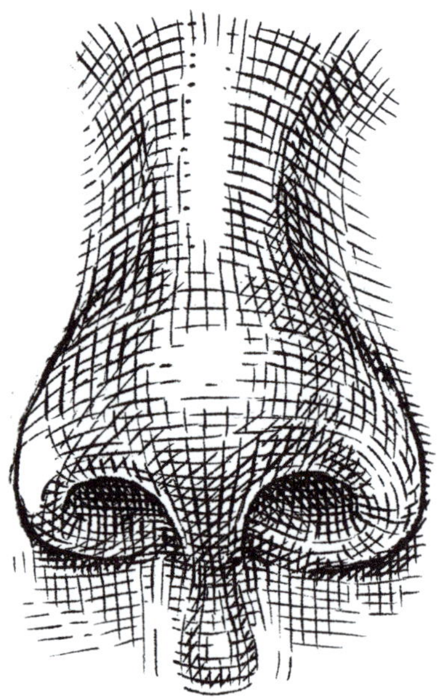

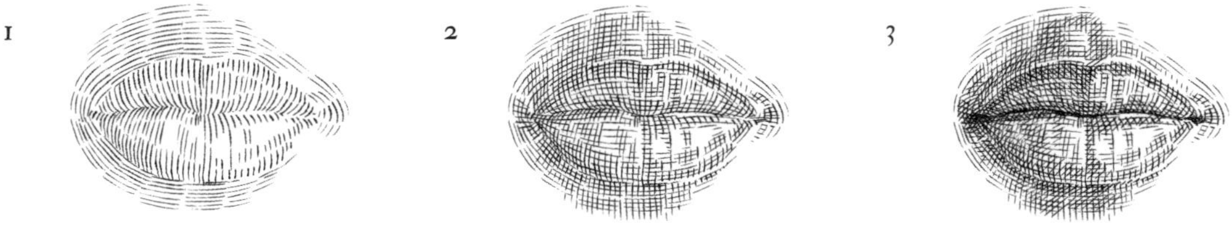

MUND:

Ein Zeichenlehrer sagte mir einmal, die Lippenlinie sei das wichtigste Detail, um die Ähnlichkeit mit dem Modell zu gewährleisten. andere heben mal die Nasenlöcher, mal die Augenbrauen, dann das Weiße der Augen und so weiter hervor. Ich glaube aber immer noch, dass es tatsächlich die Lippenlinie ist. Daher widme ich ihr viel Aufmerksamkeit, und ich rate Ihnen, es ebenso zu tun. Bildet sie eine weiche Kurve oder einen spitzen Winkel? Endet sie abrupt am Lippenrand oder setzt sie sich als Falte entlang der Wange fort? Teilt sie die Lippen in gleich große Hälften oder nimmt eine Lippe mehr Platz ein als die andere? Als Nächstes müssen Sie entscheiden, wie detailliert die Lippen dargestellt sein sollen. Sie können entweder die einzelnen Falten einzeichnen oder sie allgemein als Schatten zusammenfassen, um sie etwas zu glätten.

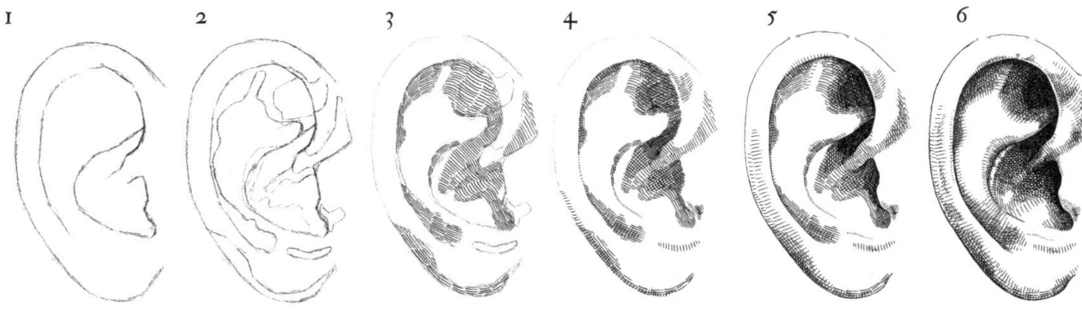

OHREN:

Ich habe immer gerne Ohren gezeichnet, weil sie im täglichen Leben oft nicht wahrgenommen werden, sodass es nicht nötig ist, sie mit perfekter Genauigkeit zu zeichnen. Sie sind im Grunde nur starre Knorpelfalten, und daher ähnelt das Zeichnen von Ohren dem einer Stoffserviette: eine Reihe von Falten und Konturen und ab und zu ein scharfer Knick. Solange Ihr gezeichnetes Ohr auch wie ein echtes aussieht, es gut platziert ist und die Proportionen stimmen, sollte es nicht stören, wenn es etwas schmaler oder runder als im Original ist. Ich bin mir gar nicht sicher, ob ich ein Foto meines eigenen Ohrs in einer Gegenüberstellung wiedererkennen würde, obwohl ich es schon hunderte Male gezeichnet habe.

Porträts: Praktische Übung

Jetzt folgt die schwierige Aufgabe, die grobe Bildhauerskizze des Kopfes mit der detaillierten Darstellung der Gesichtspartien zu einem kompletten Porträt zu verknüpfen. Lassen wir die einzelnen Teile zunächst beiseite und konzentrieren uns darauf, in größerem Maßstab zu skizzieren. Wie können wir ein wirklichkeitsgetreues Abbild liefern, wenn wir es mit den Größenverhältnissen eines Menschen zu tun haben? Es hilft, die Augen zusammenzukneifen, den Stift etwas lockerer zu halten und schnelle, vage Linien zu ziehen, um die gesamte Form des Kopfes in möglichst kurzer Zeit festzuhalten. Je länger Sie verweilen, desto mehr Details fügen Sie hinzu, aber zu diesem Zeitpunkt wollen wir überhaupt keine Feinheiten, sondern nur die prinzipielle Geometrie des Motivs verstehen.

In der ersten Übung zeige ich Ihnen, wie Sie mit der richtigen Planung die technischen und emotionalen Herausforderungen beim Zeichnen des menschlichen Gesichts fast (wenn auch nicht ganz) ausblenden können. In der zweiten Übung (siehe Seite 106) gehe ich über das Gesicht hinaus und demonstriere, wie ein fast fertig komponiertes Porträt aussieht.

TIPP: Das Skizzieren eines Porträts wird wahrscheinlich länger dauern als bei jedem anderen Motiv. Bleiben Sie am Ball, auch wenn Sie immer wieder radieren, neu zeichnen oder auf einem leeren Blatt neu beginnen müssen. Ausgehend von meinen eigenen Erfahrungen mit Porträts kann ich sagen: Es ist nach wie vor die Art des Zeichnens, die mich am meisten entmutigt und frustriert, zugleich ist es aber auch die aufregendste und lohnendste Art.

PORTRÄTS: PRAKTISCHE ÜBUNG NR. 1

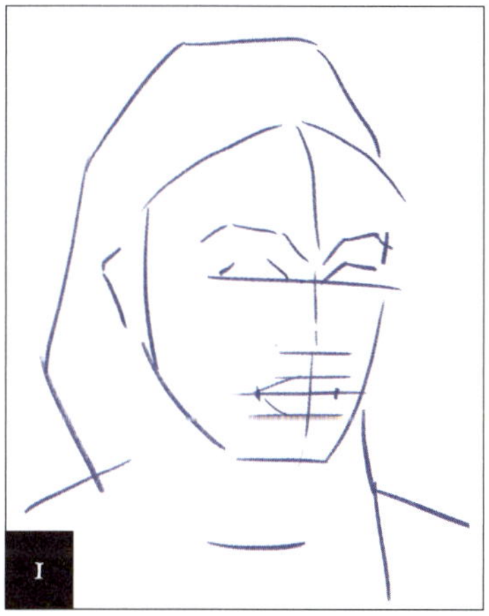

1

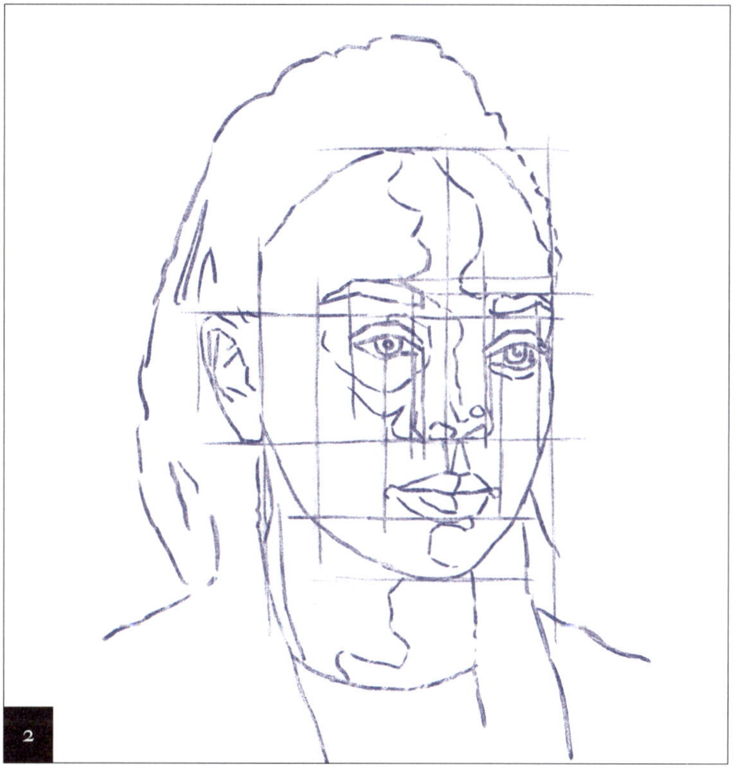

2

1 — Zunächst eine grobe Skizze mit den Proportionen des Kopfes anlegen. Stellen Sie sich folgende Fragen: In welche Richtung zeigt der Kopf? Ist er nach oben oder nach unten geneigt? In welchem Maßverhältnis steht seine Höhe zu seiner Breite? Wie sieht es mit den Haaren aus – wie weit stehen sie vom Kopf ab? Wie groß ist der Abstand zwischen Kinn und Schultern?

2 — Verwenden Sie Orientierungslinien, um abzuschätzen, wo die Gesichtsteile hingehören. Die Augen befinden sich etwa in der Mitte zwischen dem Kinn und dem oberen Teil des Schädels. Auch wenn letzterer nicht immer zu sehen ist – in meiner Zeichnung ist der Scheitel durch Haare verdeckt –, sollten Sie seine ungefähre Position bestimmen können.

Während Sie die Skizze weiter ausführen, wird es einfacher, die einzelnen Teile zu platzieren. Wenn Sie etwa die Nase einzeichnen, lässt sich besser erkennen, wo die Augen hingehören. Legen Sie Gitternetzlinien an, um diese Relationen auszuarbeiten. Wechseln Sie sprunghaft von einer Partie zur anderen, legen Sie in einem Zug die ganze Zeichnung fest und überprüfen Sie dabei, in welchen Relationen die einzelnen Teile zueinander stehen. An diesem Punkt sollten Sie auch die wichtigsten Lichter und Schatten umreißen und zuordnen.

3 — Sobald die Skizze Ihrem Motiv ähnelt, denken Sie darüber nach, wie Sie das Gesicht maßgerecht durch Hilfslinien zum Leben erwecken können. Wir stellen uns das menschliche Gesicht fälschlicherweise oft als eine plane Fläche vor, unterbrochen von Augen, Nase und Mund. Aber nicht nur die Gesichtsteile selbst sind gewölbt, sondern auch ihr Umfeld.

Konzentrieren Sie sich nicht nur auf die hervorstehenden Partien wie Nase und Ohren, sondern auch auf die eher flachen Bereiche wie Stirn, Wangen und Kinn, die eigentlich den Großteil des Porträts ausmachen und die Dimensionen des Gesichts bestimmen. Da der Kopf annähernd rund ist, sollten Sie ihn mit einer für diese Form angemessenen Schraffur bearbeiten. Die ersten Schraffuren können Sie, unabhängig von der Pose oder der Person, kranzförmig um das Gesicht legen. Vergleichen Sie die Konturen auf der Stirn mit denen des Kinns oder jenen, die über und unter den Augen liegen. In meinem Beispiel vervollständigt jedes dieser Paare einen angedeuteten Kreis aus Schraffuren.

Achten Sie beim Zeichnen Ihrer Hilfslinien auf Stellen, an denen die Schraffuren krass die Richtung wechseln oder diese nicht ganz klar ist – etwa an den Mundwinkeln oder den Augen.

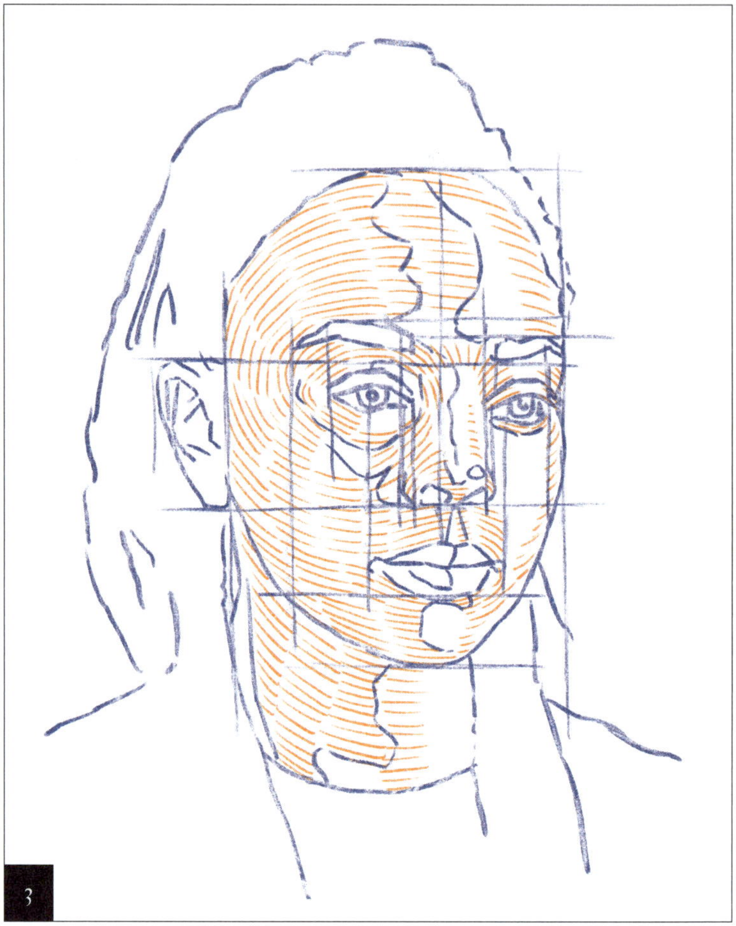

3

Versuchen Sie es mit verschiedenen Ausgestaltungen oder machen Sie einige Tests, um herauszufinden, was richtig aussieht. Eine leichte Hand und ein Radiergummi sind hierbei hilfreich.

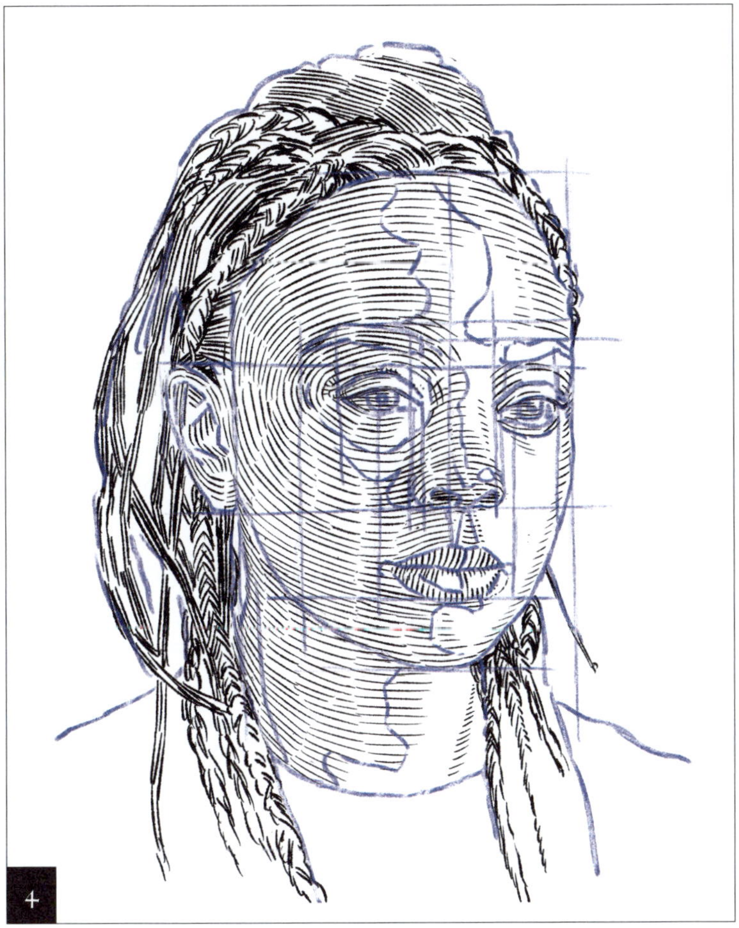

4

4 — Jetzt, da die Umrisse, Schatten und Hilfslinien angelegt sind, können Sie mit der Tusche loslegen. Für den ersten Auftrag müssen Sie nur den von Ihnen festgelegten Konturen folgen. Werfen Sie stets einen Kontrollblick auf das Modell, damit es Ihrer Skizze nicht an Genauigkeit mangelt und Sie notfalls Korrekturen vornehmen. Sie müssen nicht an Ihren Zuordnungslinien (Licht, Schatten etc.) festhalten; sie sind nur der erste Schritt beim Zeichnen. Nehmen Sie Änderungen mit Tusche vor oder radieren Sie sie aus und zeichnen Sie mit dem Bleistift neue ein, bevor Sie fortfahren.

Wie Sie wahrscheinlich schon in Schritt 3 festgestellt haben, wird es Momente geben, in denen die Schraffur in zwei Richtungen gleichzeitig zu führen scheint. Auch wenn dies gegen die Richtlinien verstößt – nach denen jede Schraffurschicht auf eine Richtung beschränkt ist –, ist das beim Schraffieren eines aufwendig konturierten Motivs ganz normal. Im menschlichen Gesicht gibt es konvexe und konkave Rundungen, die in jeder erdenklichen Kombination nebeneinander existieren. Zum Teil werden zwei verschiedene Schraffurbereiche aufeinandertreffen, sodass ein weicher Übergang unmöglich zu sein scheint. In meinem Beispiel ist das der Fall, wo die Augenbraue auf den Nasenrücken trifft. Das weist nicht auf eine schlechte künstlerische Vorbereitung hin, sondern erleichtert Ihnen vielmehr den Übergang von der Schraffur zur Kreuzschraffur in der zweiten Schicht: Sie müssen lediglich die „gegensätzlichen“ Schraffuren auf beiden Seiten verlängern.

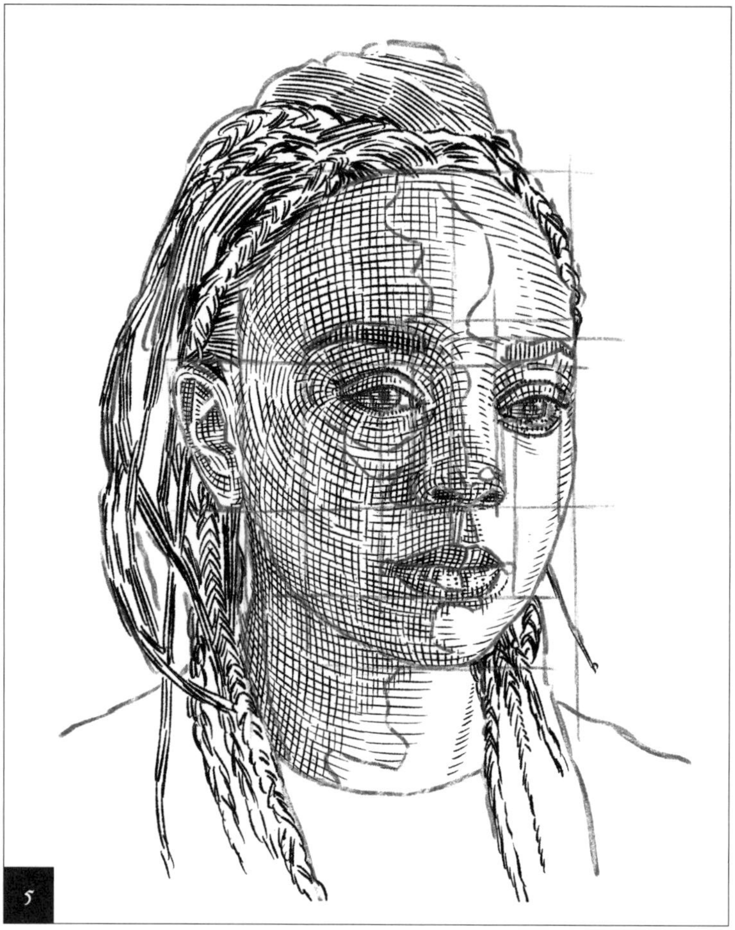

5

5 — Betonen Sie mit der zweiten Schraffurschicht die Formen, die Sie mit der ersten angedeutet haben. Der Zweck jeder zusätzlichen Schicht ist es, die Schatten stärker abzudunkeln und dadurch für mehr Tonwerte zu sorgen. Sollte Ihnen später auffallen, dass mehr Mitteltöne vonnöten sind, ergänzen Sie diese, indem Sie in die Richtung der ersten Schicht schraffieren. So lässt sich die Zeichnung verfeinern, und Sie können Details hinzufügen, ohne von dem ursprünglichen Schraffursystem abzuweichen.

Dieser Schritt mag Sie optisch etwas verwirren. Am Ende haben Sie eine Bleistiftskizze (hier in Blau), zwei Tuscheschichten und die ausgeführten Details – Pupillen, Nasenlöcher, Augenbrauen, Haare.

Dies ist ein entscheidender Moment, denn jetzt können Sie sich der Bleistiftskizze, die Ihnen als Leitfaden diente, entledigen. Dies sollte schrittweise geschehen, um das Papier nicht zu beschädigen, die Tusche nicht zu verschmieren und keine wichtigen Angaben zu beseitigen, die Sie für die Fertigstellung benötigen.

Radieren Sie von innen nach außen, benutzen Sie den skizzierten Umriss als Orientierungshilfe. Nachdem Sie die nicht mehr benötigten Abschnitte ausradiert haben, sehen Sie sich den Umriss genau an und prüfen, ob er noch geändert werden muss, bevor Sie ihn mit Tusche übermalen. Vielleicht stellen Sie fest, dass die Schattierung, die Sie nach Ihrer Vorbereitungsskizze angelegt haben, die Form des Gesichts in einem neuen Licht erscheinen lässt.

Daher rate ich dringend davon ab, in den ersten Phasen die Umrisse mit Tusche zu zeichnen, bevor die Zeichnung so weit gediehen ist, dass sie ihre eigenen Grenzen bestimmt. Wenn Sie die Umrisse vor dem Abdunkeln einzeichnen, müssen Sie es notgedrungen an diese Umrisse anpassen, statt dass die Zeichnung durch Ihre genaue Beobachtung auf natürliche Weise Gestalt annimmt.

Nachdem Sie die Umrisse hinzugefügt und die darunter liegende Bleistiftskizze ausradiert haben, sollten Sie Ihre Zeichnung jetzt klarer vor Augen haben, um eventuelle Schwachstellen zu erkennen. Bevor Sie zu den letzten Phasen übergehen, versichern Sie sich, dass Ihnen die ersten beiden Schichten bestmöglich gelungen sind. Alle neuen Linien sollten in Übereinstimmung mit den vorhandenen Konturen gezeichnet werden.

HAAR:

Sie können das Haar mit mehreren Schraffurschichten darstellen oder nicht. Ich persönlich ziehe es vor, die Haare gestisch zu schraffieren und die Richtung der Strähnen mit kräftigen, schnellen Strichen wiederzugeben. Nur selten trage ich für das Haar mehrere Schichten mit Kreuzschraffuren auf. Kreuzschraffuren veranschaulichen Festigkeit, aber Haare sind empfindlich und verändern sich, sobald sich der Lichteinfall oder die Luft ändert. Mit schnellen Bewegungen des Stifts können Sie beides festhalten, sodass es trotz fehlender Details realistischer wirkt und sich das Haar von dem detaillierter gezeichneten Gesicht unterscheidet. Für diesen Effekt sollten Sie zu einer breiteren Feder wechseln. Folgen Sie der Richtung der Haare und schraffieren Sie alle Bereiche, in denen die Haartextur sichtbar ist, sparsam aus. Wenden Sie sich dann wieder den Stellen mit den dunkelsten Schatten zu. Fahren Sie mit dem Schattieren fort, bis Sie genügend Abwechslung ins Haar gebracht haben und es deutlich zu erkennen ist. An welchem Punkt Sie aufhören, ist wie immer eine Frage der persönlichen Vorliebe und der künstlerischen Vorstellung. In diesem Porträt habe ich die Haare besonders minimalistisch gestaltet, indem ich gerade so viel schraffiert habe, dass das Gewicht und die Beschaffenheit deutlich werden, und nicht mehr.

Einige der Zeichnungen, die Sie als unvollendet betrachten – schnell gezeichnete Skizzen und verworfene Ideen – sind vielleicht genau so fertig, wie sie sein sollten.

6 — In diesem Stadium sollte die Zeichnung so deutlich und ansehnlich sein, das sie für sich selbst spricht. Eine dritte Schicht und ein paar zusätzliche Details unterstreichen ihre Vollendung aber noch: Diese dunkelsten Schatten komplettieren letztlich das Farbspektrum. Jetzt können Sie die Ähnlichkeit mit dem Modell noch durch kleine Änderungen verbessern. In meinem Beispiel habe ich die Lippenlinie etwas bearbeitet, um das leichte Lächeln der Porträtierten wiederzugeben. Ebenso habe ich die Augenlider und die Augenbrauen schattiert, um ihr mehr Ausdruck zu verleihen. Die Wangen und die Stirn habe ich mit schräg verlaufenden Schraffuren ausgearbeitet, sodass die Kopfform deutlicher wird. Beachten Sie, dass diese schrägen Linien genau wie bei der ersten Schicht um den Kopf herum verlaufen, allerdings in einem leichten Winkel. Nichts in dieser Schicht verläuft regelmäßig; sie lässt sich nicht mechanisch in einer ordentlichen Reihe auftragen, denn sie muss sowohl auf das Motiv als auch auf die zugrunde liegende Zeichnung reagieren. Deswegen und weil Ihre Zeichnung sich der Fertigstellung nähert, sollten Sie diese Phase besonders sorgfältig und wohlüberlegt angehen.

Auf der vorigen Seite ging es um die Darstellung des Haars, und ich erwähnte, dass ein gewisses Maß an Unvollständigkeit es lebendiger erscheinen lässt. Das Gleiche gilt für das Porträt als Ganzes. Wird es bis zur Perfektion verfeinert, wirkt die dargestellte Person womöglich nicht wirklich lebendig, doch genau das ist es, was ein Porträt so fesselnd macht. Es sollte stets auch eine Portion Menschlichkeit enthalten und Spuren des künstlerischen Prozesses sowie Fehler und Ungereimtheiten aufweisen.

Damit ich einer Zeichnung nicht ihrer Lebendigkeit beraube, lasse ich sie in Ruhe und rede mir ein, nur eine Pause einzulegen und dass sich sie später noch bearbeiten kann. Das mache ich dann aber eigentlich nie, weil ich lieber etwas Neues anfange, als mich um ältere Arbeiten zu kümmern. Einige der Zeichnungen, die Sie als unvollendet betrachten – schnell gezeichnete Skizzen und verworfene Ideen – sind vielleicht genau so fertig, wie sie sein sollten.

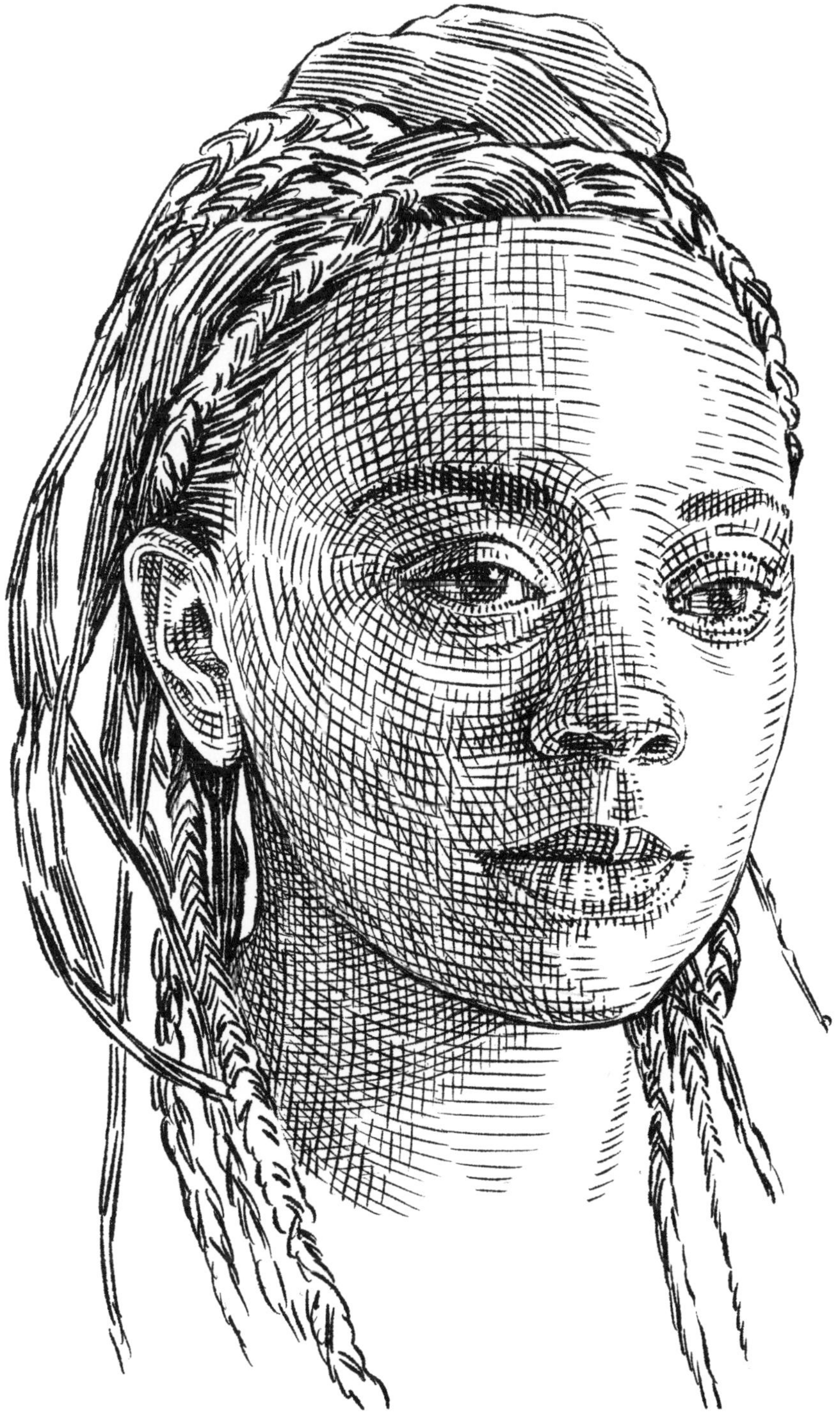

PORTRÄTS: PRAKTISCHE ÜBUNG NR. 2

Dieses Halbporträt umfasst das Gesicht und die Hände und stellt hinsichtlich der Proportionen eine Herausforderung dar: Beide Körperteile müssen überzeugend in Relation zueinander stehen.

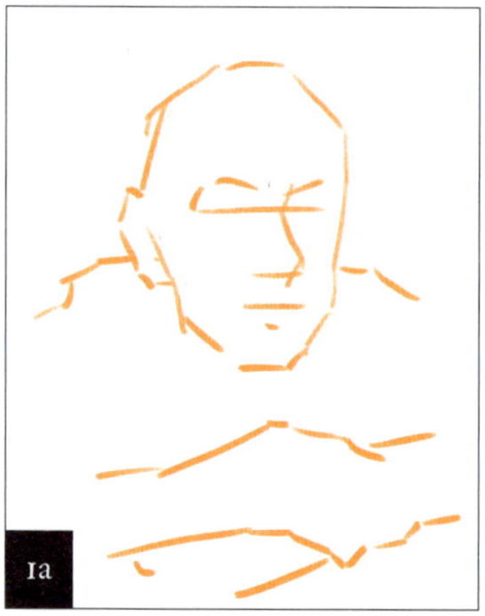

1a

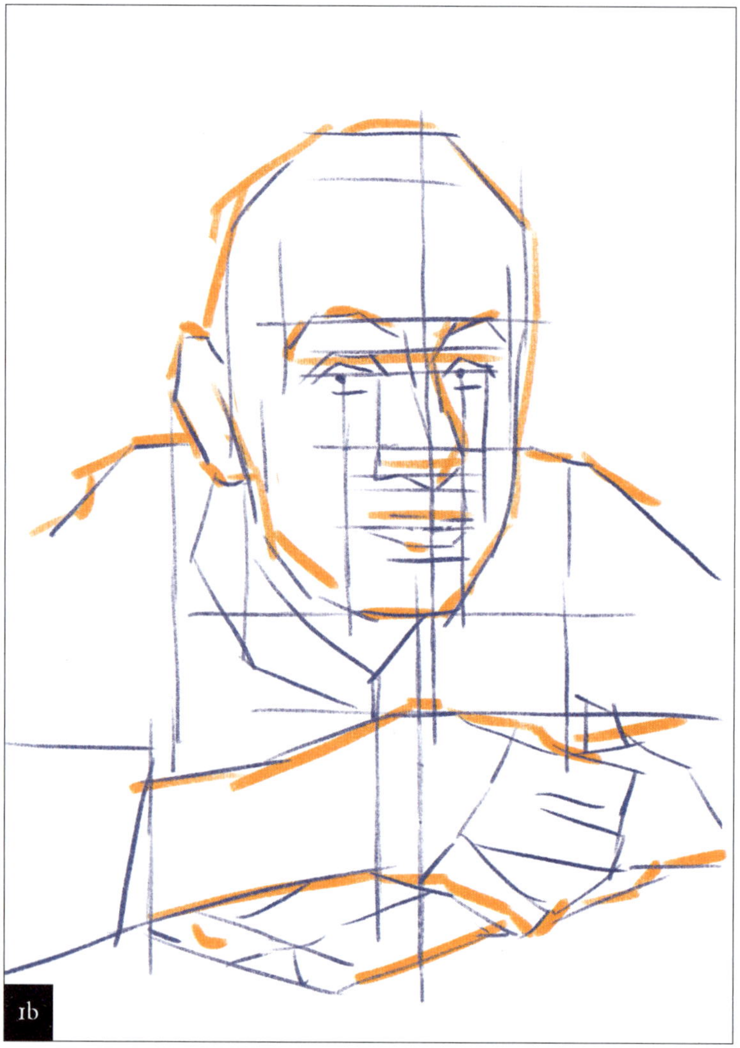

1b

1 — Mithilfe eines Rasters aus Orientierungslinien zunächst den allgemeinen Umriss anlegen, bevor Sie die besonderen Merkmale einfügen. Um dieses Raster zu erstellen, suchen Sie nach Stellen, in denen die Rundungen und Ränder der einzelnen Körperteile übereinstimmen. Der Künstler Antony Williams verfährt in seinen Werken so (siehe Seite 18). Er lässt die Linien in der endgültigen Zeichnung oft sichtbar, um zu zeigen, wie sie sich entwickelt hat. Wenn Sie Ihre Hilfslinien jedoch ausradieren wollen, dann sollten Sie sie so dünn wie möglich auftragen.

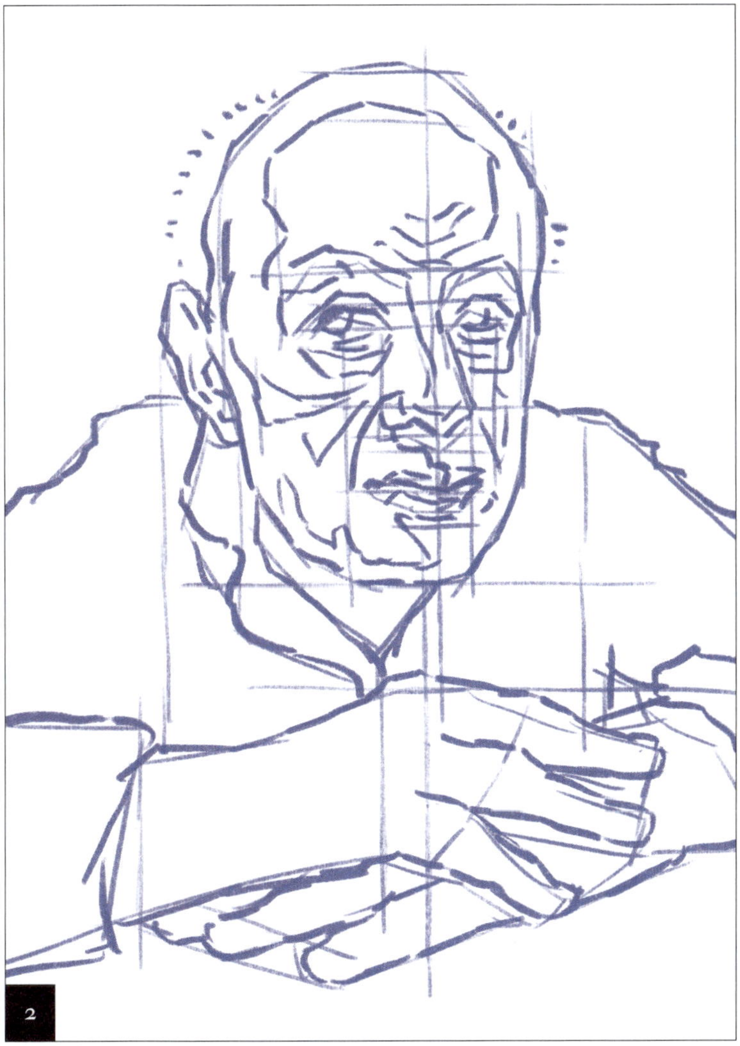

TIPP: Ein älteres Gesicht kann viele Schatten, Linien und andere Details aufweisen, die Ihnen beim Skizzieren und Schwärzen helfen. Im Vergleich dazu kann das Gesicht einer jüngeren Person verblüffend leer wirken, seine glatte Oberfläche verrät nichts über die darunter liegende Hautstruktur.

2 — Nachdem Sie die Ausrichtung der einzelnen Teile überprüft haben, verwandeln Sie Ihre grobe Geometrieskizze in eine feiner ausgearbeitete Zeichnung mit genaueren Konturen. Jetzt sind Sie an dem Punkt, an dem die Skizze den Charakter ihres Modells annimmt. Vielleicht ist das auch der richtige Moment, um festzulegen, wohin die Schattierungen sollen – ich persönlich kann nicht widerstehen, ein Schlaglicht zu umreißen. Dann sollten Sie die abzuschattenden Bereiche markieren. In diesem Beispiel habe ich die Orientierungslinien für die Konturen weggelassen, weil die Zuordnung der zu schattierenden Stellen allein schon genug Hinweise auf die Richtung der Linien liefert.

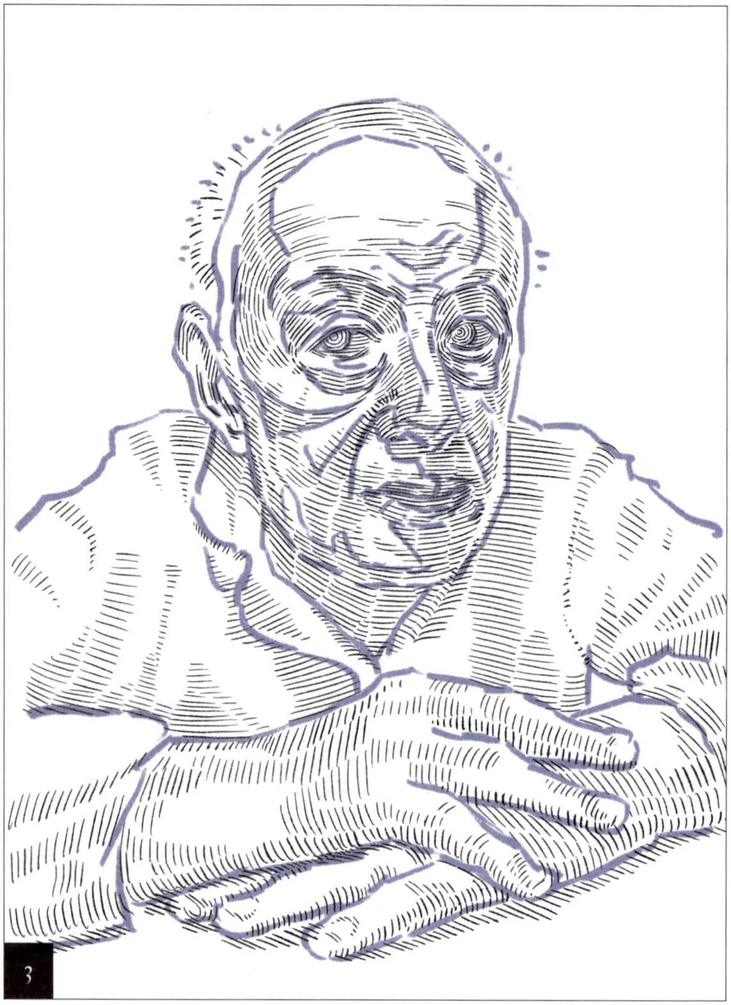

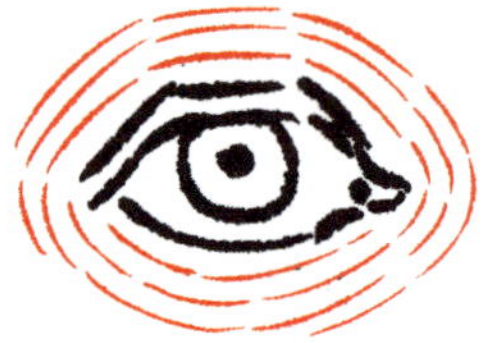

3 — Tragen Sie die erste Schraffurschicht auf und bewegen Sie sich mit dem Stift über die Zeichnung. Ich schraffiere gerne sternförmig und umkreise dabei die Gesichtsteile. Durch das Schraffieren entlang der vorhandenen Hilfslinien (in Form von Falten und Schatten) eines zu zeichnenden Gesichts entsteht oft ein Kreis von Schraffuren, ohne dass ich das überhaupt vorhatte. Dieser Effekt ist um die Augen herum am stärksten ausgeprägt (siehe oben rechts), er kann aber auch am Mund oder an der Nasenspitze auftauchen. Der größere Schädel ist selbst rund und kann, wenn die Rundungen deutlich zu sehen sind, entsprechend schattiert werden.

Die Hände hier sind relativ fleischig (und nicht knochig), dementsprechend habe ich sie als etwas abgeflachte zylindrische Formen schraffiert, wobei die Handgelenke in die Handflächen und diese wiederum in die Finger übergehen.

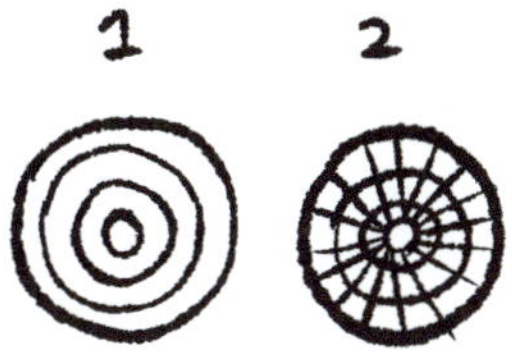

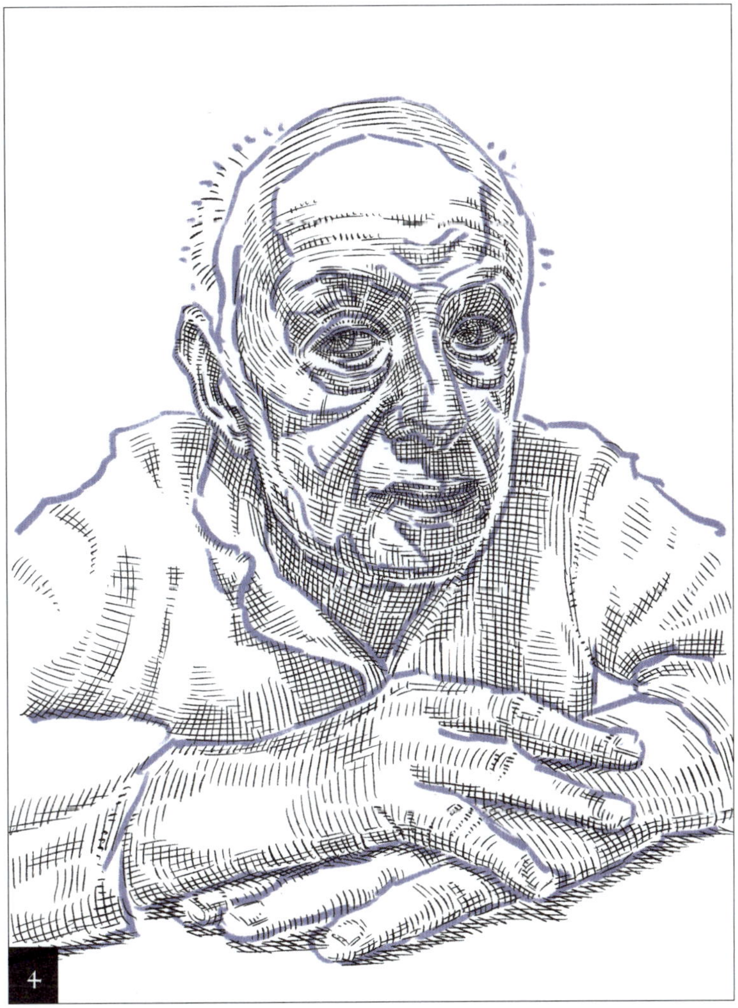

4 — Die zweite Schraffurschicht umfasst zwei verschiedene Vorgehensweisen. Die erste ist die normale konturierte Kreuzschraffur und die zweite eine Erweiterung der sternförmigen Schraffur der ersten Schicht. Damit die zweite Lage mit der ersten harmoniert, muss sie sich an die Rundungen eines Kreises anpassen. Die Linien sollten also nicht parallel verlaufen, sondern wie Uhrzeiger oder Radspeichen nach außen führen (siehe oben links).

Der Rest der Komposition – der Stoff, die Hände, die Tischfläche – ist relativ einfach und kann daher wie üblich mit konturierten, senkrechten Linien kreuzschraffiert werden.

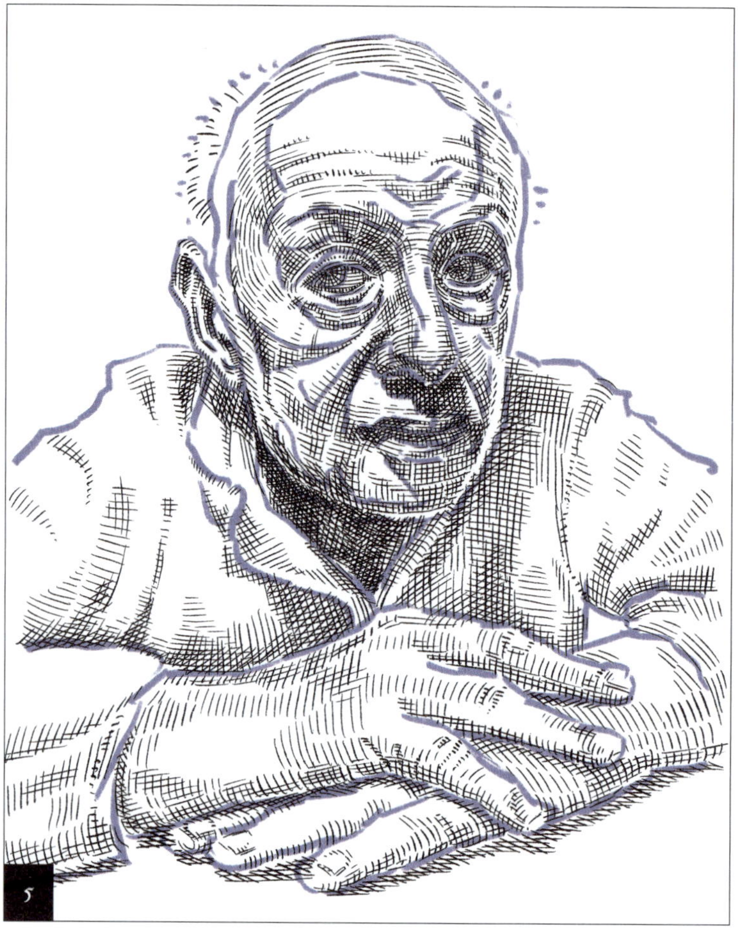

5 — Die Zeichnung ist zu diesem Zeitpunkt schon recht weit entwickelt, auch wenn es vielleicht schwierig ist, die Fortschritte in dem Durcheinander von Bleistiftstrichen und Schraffuren zu erkennen. Jetzt kann die Skizze allmählich ausradiert und die Umrisse können nach und nach durch Tusche ersetzt werden. Die meisten Umrisse beschränken sich auf die äußeren Ränder, wo das Motiv auf den Hintergrund trifft. Da das Gesicht jedoch aus verschiedenen Teilen besteht, sollten diese auch mit eigenen Konturen voneinander abgegrenzt werden. Seien Sie vorsichtig dabei, denn eine zu dunkle Linie kann ein Gesicht altern lassen oder entstellen. Wenn Sie unsicher sind, lassen Sie sie weg. Sie können die Tusche auch testen, indem Sie eine Reihe leichter Tupfen auftragen, die Sie später, falls nötig, zu einer kompletten Linie vervollständigen können. Die wichtigsten Ergänzungen sind in diesem Stadium die Lippenlinie und der Nasenrücken. Ohne sie würden die Gesichtsteile sich zu einer undurchsichtigen Masse von Schatten vermischen.

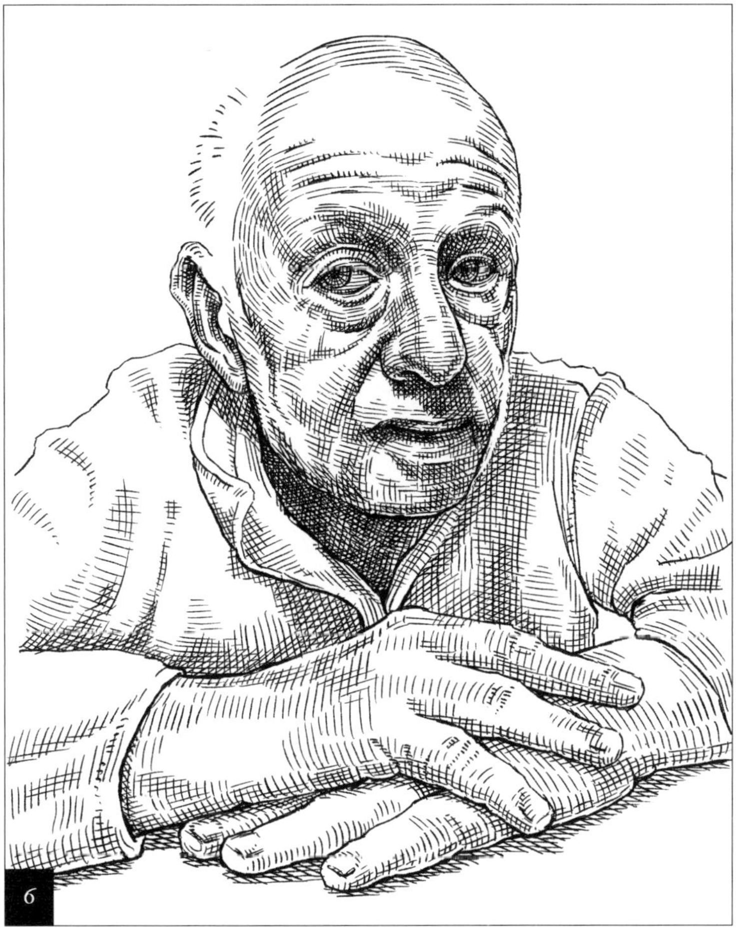

6

6 — Bei diesem Beispiel wurde mir erst nach dem Ausradieren der Bleistiftskizze klar, dass ich einen Hintergrund einfügen wollte. Das Licht auf dem Porträtierten war so intensiv, dass es einen dunklen Raum vermuten ließ, also entschied ich mich für schwarze Tuschelavierung. So konnte ich auch den Negativraum erforschen und das Problem, nämlich flaumiges weißes Haar mit schwarzer Tusche wiederzugeben, lösen.

Es gibt mehrere Möglichkeiten, einen Hintergrund hinzuzufügen. Wenn Sie mit flüssiger Tusche arbeiten, müssen Sie zunächst Ihre Arbeit schützen. Und zwar am besten mithilfe von Abdeckflüssigkeit, die verhindert, dass versehentlich Tusche Ihr Werk verschmutzt. Tragen Sie die Flüssigkeit gemäß den Anweisungen auf der Flasche auf Ihre Zeichnung auf, füllen Sie den Hintergrund mit Tusche – mit einem Stift oder Pinsel – aus und entfernen Sie dann die Flüssigkeit, um Ihre perfekt erhaltene Zeichnung zu sehen (siehe umseitig).

Selbst bei Tusche, die eigentlich nicht zulässt, dass man etwas Falsches rückgängig macht, gibt es immer Möglichkeiten, Fehler zu korrigieren.

7 — Eine einfachere, wenn auch risikantere Lösung ist es, ohne Vorsichtsmaßnahmen direkt loszulegen: Bewahren Sie eine ruhige Hand, konzentrieren Sie sich und hoffen Sie das Beste. Da ich stets ungeduldig bin, habe ich das immer so gemacht. Das hat in der Vergangenheit nur zu einigen wenigen Desastern geführt, die ich alle durch künstlerische Überarbeitung lösen konnte – oder, wenn alles andere danebenging, mit einem Mülleimer und einem neuen Blatt Papier.

Bei diesem Porträt habe ich besonders darauf geachtet, dass die Haare nicht geschwärzt werden, da sie papierweiß bleiben sollten. Falls ich dennoch versehentlich Tusche über diese Stellen auftrage, kann ich, nachdem sie getrocknet ist, immer noch mit weißer Farbe nacharbeiten.

Der Effekt des schwarzen Hintergrunds besteht darin, dass Gewicht eher auf das dunkle Ende der Tonwertskala zu verlagern, sodass der Porträtierte letztlich heller erscheint als zuvor. Dementsprechend habe ich bestimmte Umrisse hervorgehoben und eine dritte Schicht mit schräg verlaufenden Schraffuren hinzugefügt. Diese Schattierungen sorgen dafür, dass Figur und Hintergrund im selben Bereich zu existieren scheinen.

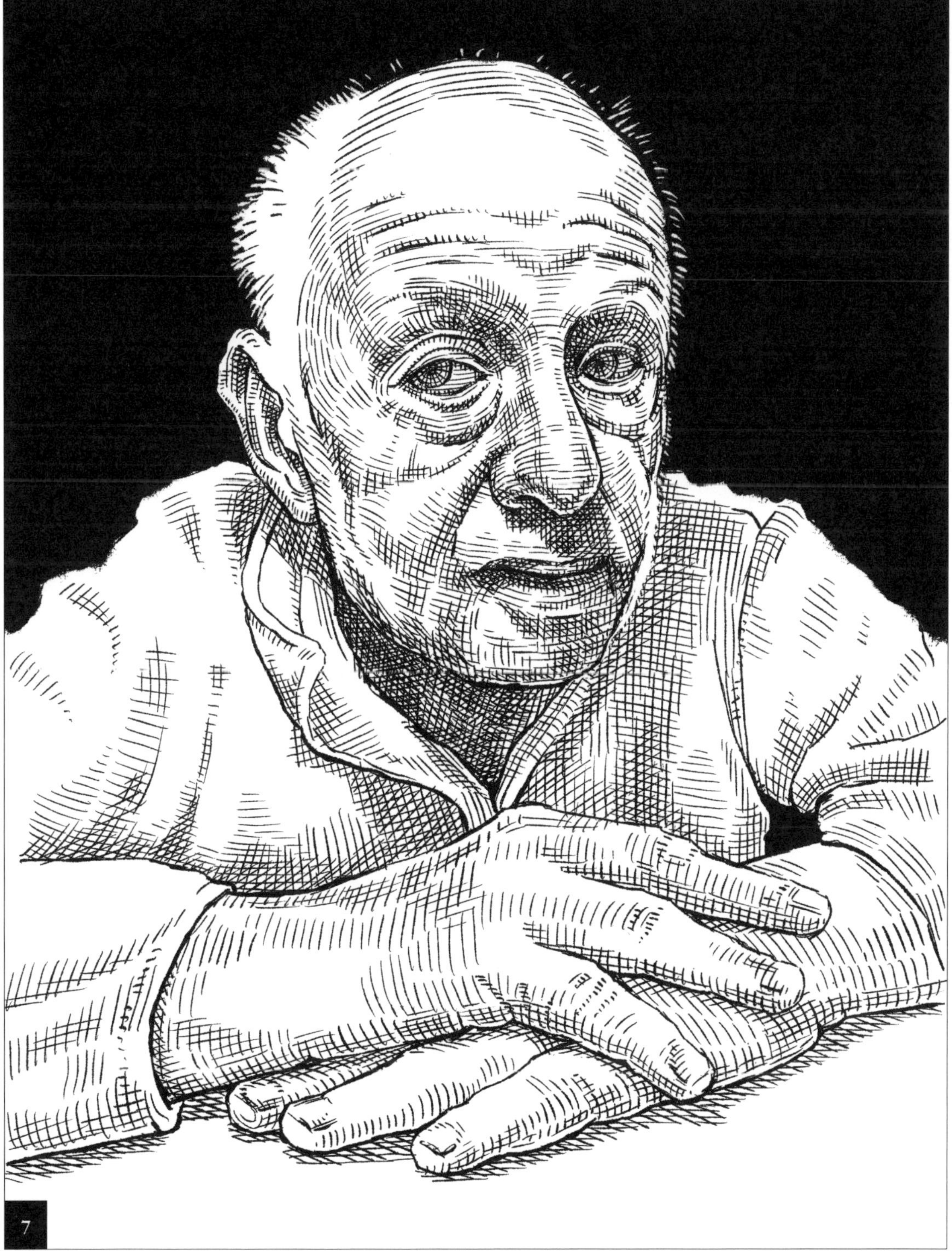

7

113 — Porträts: Praktische Übung

Aktzeichnen

Selbst in der heutigen Zeit, in der die Konzeptkunst überwiegt, sollte eine formale Kunstausbildung auf dem Aktzeichnen basieren. Die menschliche Gestalt ist ein anspruchsvolles Thema, für dessen Darstellung Sie all Ihr Wahrnehmungsgeschick aufbringen müssen. In der Regel beginnen die Studierenden mit einem Programm, in dem sie streng nach einem Aktmodell zeichnen. Die Modelle nehmen zunächst ein paar kurze, dann längere Posen ein, damit die Lernenden ihre Hände und Augen „aufwärmen" und sich mit den Proportionen des jeweiligen Modells vertraut machen können.

Sollten Sie, so wie ich, keine akademische Kunstausbildung haben, werden Sie viel gewinnen, wenn Sie nach Kursen oder Gruppen zum Aktzeichnen suchen. Nur nach Fotos zu arbeiten, reicht nicht. Beim Aktzeichnen lernen Sie unter anderem, wie Sie mit dem Stress umgehen, Seite an Seite mit anderen zu arbeiten und dabei ein Zeitlimit einzuhalten – eine Erfahrung, die man allein nicht machen kann. Ganz abgesehen von dem Vorteil, dass jemand da ist, der Ihnen Tipps gibt oder Ihnen die Kohle aus den Fingern nimmt, um aus Ihrer misslungenen Zeichnung ein gelungenes Werk zu machen.

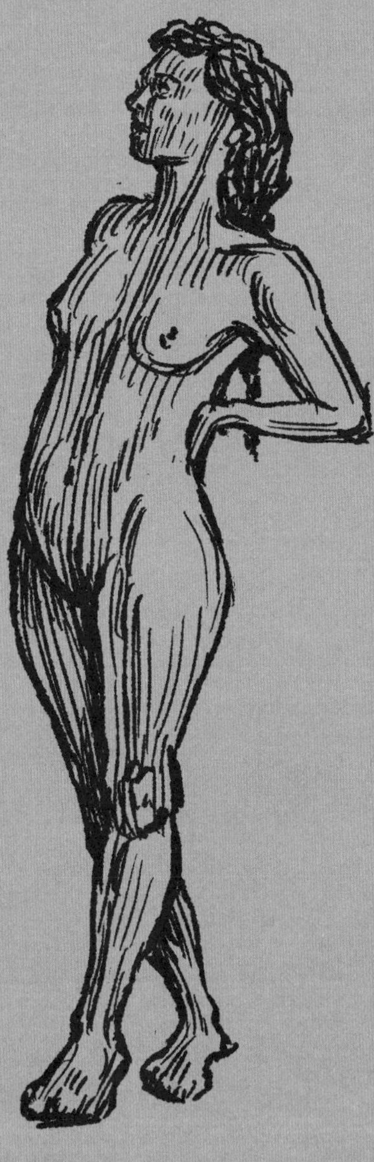

Wenn es Ihnen ernst damit ist, gut zeichnen zu lernen, dann ist ein Raum voller Menschen, die dasselbe Ziel verfolgen, das Beste für Sie. Sollten Sie in Ihrer Nähe nichts finden, gibt es Zeichenschulen, die Onlinekurse anbieten, obwohl ich immer noch dringend empfehle, persönlich zu erscheinen, falls möglich.

Ob online oder im Kursraum, man wird Sie wahrscheinlich auffordern, mit etwas anderem als Feder und Tusche zu arbeiten. Das ist okay, denn das richtige Beobachten, das Sie beim Aktzeichnen erlernen, wird Ihnen in jedem Medium von Nutzen sein.

Auf den nächsten Seiten werde ich praktische Übungen im Aktzeichnen vorstellen, damit Sie Ihr Geschick darin verbessern.

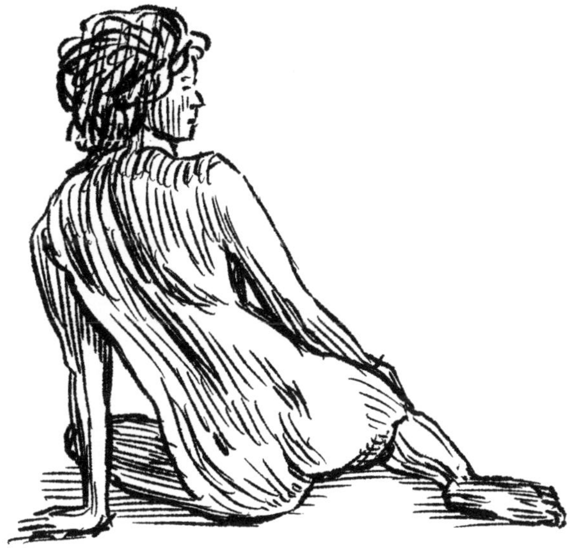

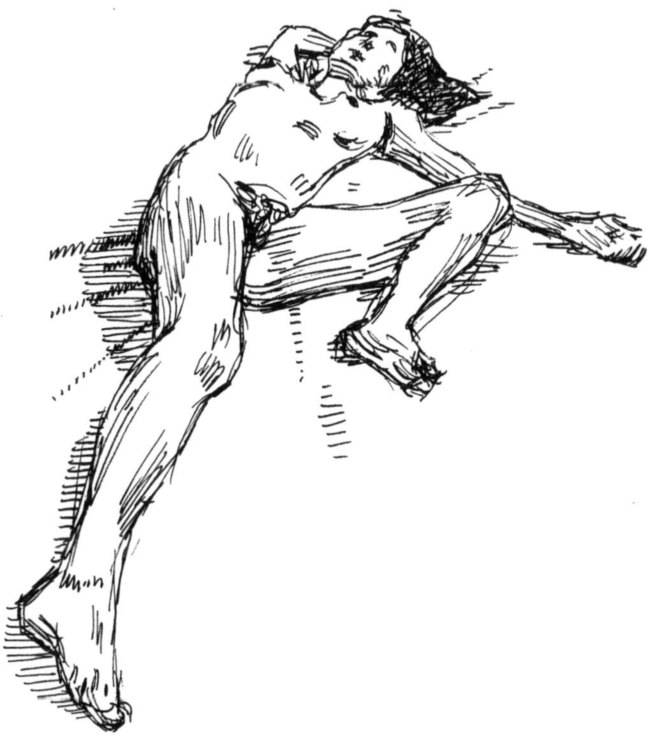

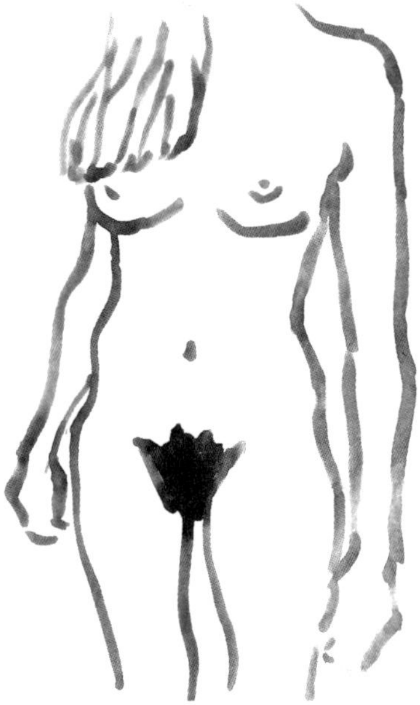

AUFWÄRMÜBUNGEN

Die menschliche Gestalt besitzt einen Rhythmus, den Sie jedes Mal aufs Neue verstehen müssen, wenn Sie sie zeichnen. Sie sollten niemals einen Akt zeichnen, wenn das Modell in längerer Pose verweilt, ohne vorher einige schnelle und lockere Zeichnungen anzufertigen. In einer Kunstakademie können Sie diese auf großformatigem Papier mit Kohle oder Conté-Stift anfertigen. Ansonsten sind ein Skizzenbuch und ein Stift ein sinnvollerer Anfang.

In dieser Aufwärmphase geht es darum, die Form des Körpers durch Beobachtung und eine Reihe schneller und intuitiv gezeichneter Linien zu verinnerlichen, die sich im Idealfall zu einer erkennbaren Figur zusammenfügen. Ihre ersten Versuche – das heißt sowohl die ersten Ihrer Karriere wie auch die ersten Ihres Tages – werden nicht Ihr volles Potenzial widerspiegeln. Man nennt das Aufwärmen, weil es ein Übergangsprozess ist, nicht ein Ziel.

Ich habe jede Zeichnung in diesem Abschnitt mit einem einfachen Tuscheumriss begonnen, und ich empfehle Ihnen, das Gleiche zu tun. Das direkte Schwärzen ist ebenso anstrengend wie spaßig. Die sich daraus ergebenden Linien, die Sie mal zaghafter, mal beherzter auftragen, dienen als Aufzeichnung Ihrer Überlegungen während der wenigen Sekunden, die Sie für die Umrisse des Akts gebraucht haben. Eine gelungene, gestisch angefertigte Zeichnung enthält Elemente, die objektiv „falsch“ sind – die unschön, schief oder unverhältnismäßig aussehen –, und dennoch schaffen es diese Elemente im Idealfall, miteinander zu harmonieren wie ein dissonanter Akkord.

Meine Tuschezeichnung beginnt stets mit einer einzelnen runden Linie, die mein Interesse weckt, sei es die Kurve einer Hüfte oder die Länge eines Arms. Dann nehme ich mir einen Moment Zeit, um die restlichen Proportionen gedanklich auszurichten: Wenn ich zum Beispiel den Arm in dieser Länge gezeichnet habe, wie viel Platz könnte dann der ganze Akt auf dem Blatt einnehmen?

Die hier gezeigten Strichzeichnungen wurden mit einem Pinselstift in weniger als einer Minute angefertigt. Vielleicht hilft Ihnen ein Timer, falls Sie Probleme haben, den Stift aus der Hand zu legen. Die Versuchung ist groß, so lange an einer Zeichnung zu arbeiten, bis sie Ihnen gefällt. Das Problem dabei ist, dass Sie einen Bogen darum machen wollen, das Skizzieren zu üben. Und Sie beginnen eine komplizierte Zeichnung ohne jegliche Vorarbeit, was in der Regel keine gute Idee ist, insbesondere wenn es sich um dauerhafte Tusche handelt.

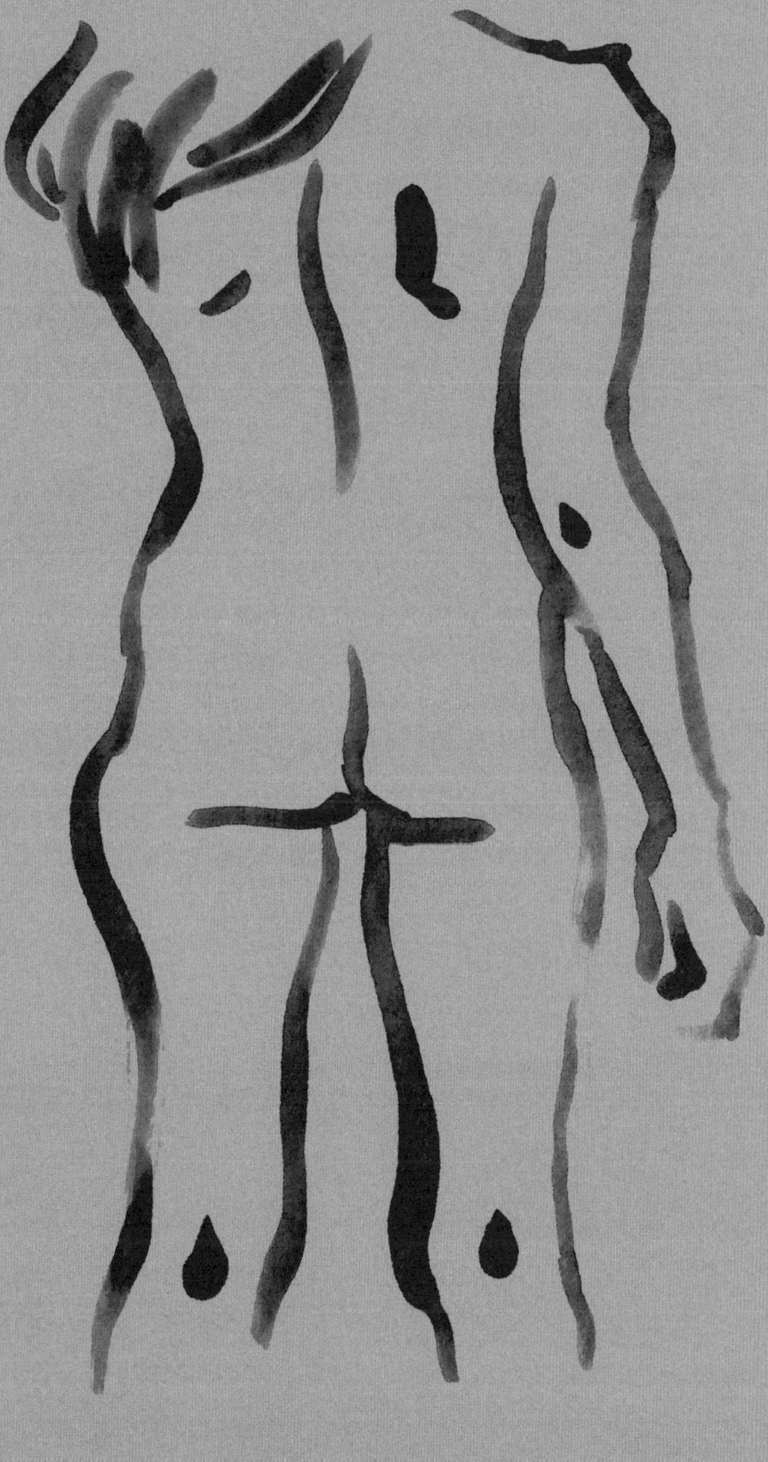

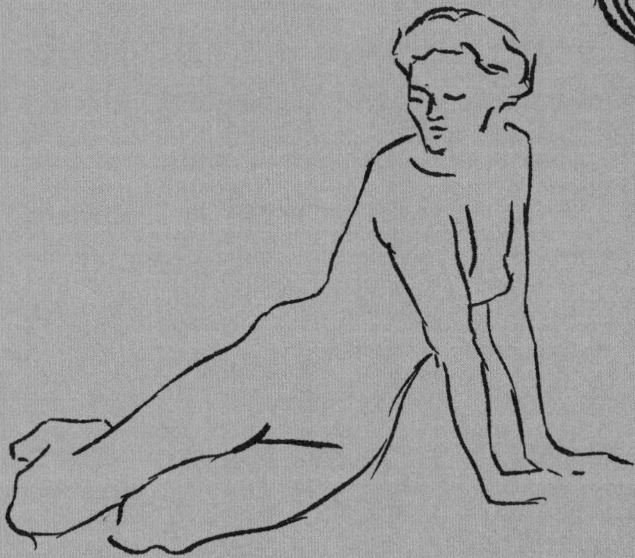

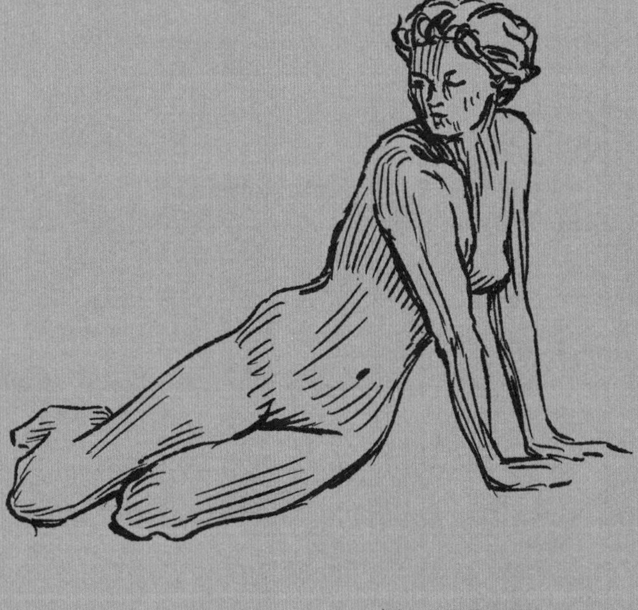

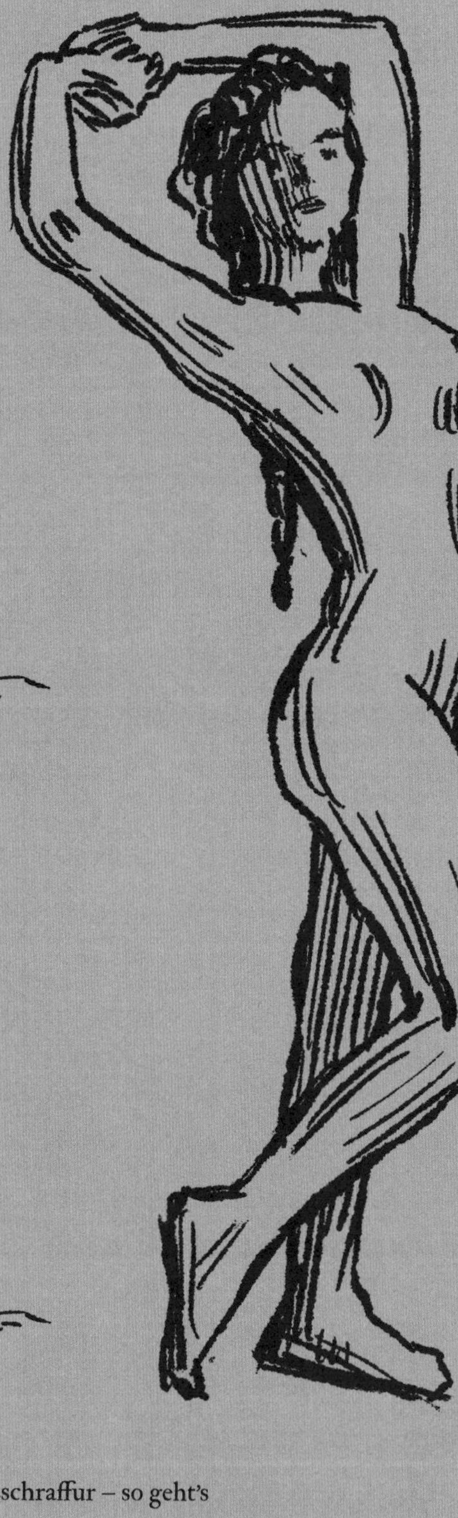

Die nächste Phase des Aufwärmens besteht darin, ein paar Skizzen mit einfachen Schattierungen anzufertigen. Damit diese Skizzen locker und gestisch bleiben, schraffiere ich nur in eine Richtung, normalerweise der Länge der Figur nach von oben nach unten.

Schraffieren Sie dabei eher sparsam, sodass die Schlaglichter viel Platz haben, um für sich selbst zu sprechen. Diese Skizzen werden so schnell angefertigt, dass es keine Tragödie ist, wenn Sie eine davon verwerfen müssen, aus welchem Grund auch immer – sei es eine falsch gesetzte Linie, ein eigenartiger Gesichtsausdruck oder ein zu stark geschwärzter Schatten: Einigen Aktzeichnungen fehlt einfach der zündende Funke, der ihnen Leben einhaucht. Nehmen Sie das von vornherein in Kauf und zeichnen Sie trotzdem weiter.

LÄNGER ANHALTENDE POSEN

Eine schnell hingeworfene Skizze eines Akts besticht durch ihre Unvollkommenheit. Es ist unmöglich, einen ganzen Körper in ein paar Sekunden zu zeichnen, ohne Fehler dabei zu machen. Wird die Skizze jedoch mit genügend Geschick und Zuversicht ausgeführt, kann sie trotz unsauberer Linienführung und schlimmer Proportionsfehler gelingen. Bei einem Modell jedoch, das länger in einer Pose verharrt, kann man sich bei solchen Fehlern weder mit Zeitmangel noch mit dem „Reiz der Unvollkommenheit" herausreden.

Daher sollten Sie bei der Vorbereitungsskizze für ein länger stehendes Modell anders vorgehen als bei gestisch angefertigten Zeichnungen. Statt bei einem Aktmodell von außen nach innen zu arbeiten – den Kurven des Körpers folgend –, gehen Sie beim Skizzieren von innen nach außen vor, indem Sie zuerst das innere Gerüst des Körpers festlegen, bevor Sie sich dem äußeren Aussehen widmen. Das Ergebnis sieht aus wie ein besser gezeichnetes Strichmännchen, mit einer einzigen Linie für jeden Körperteil. So simpel diese Skizze auf den ersten Blick auch erscheinen mag, so liefert sie doch viele Aufschlüsse: über die Proportionen, die Winkel und die Ausbalancierung des Körpers. Wenn auch nur eines dieser Elemente nicht stimmt, helfen alle Schraffuren der Welt nicht weiter.

Es mag anfangs schwierig sein, ein so komplexes Thema wie den menschlichen Körper mit ein paar Bleistiftstrichen auf Papier zu bringen. Doch mit genügend Übung werden Sie die Fähigkeit entwickeln, ein solches Strichmännchen zu betrachten und wissen sofort, ob es überarbeitet werden muss oder nicht.

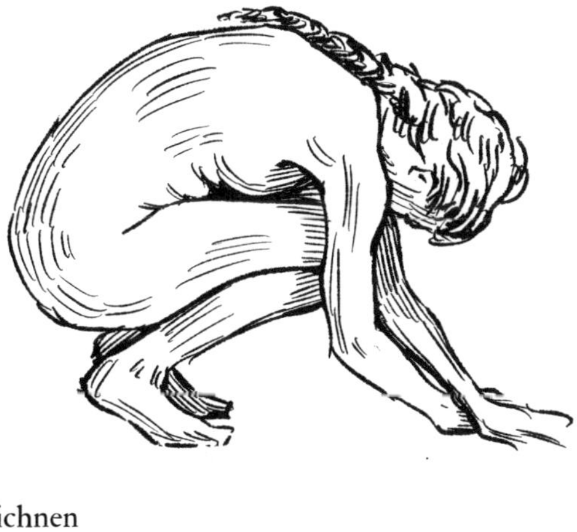

ANNÄHERUNG AN DEN AKT

Wenn Sie sich an Modelle heranwagen, die länger für Sie posieren, finden Sie hier einige Tipps, wie Sie eine Strichmännchen-Skizze anfertigen, die als Grundlage für Ihre Tuschezeichnung dient:

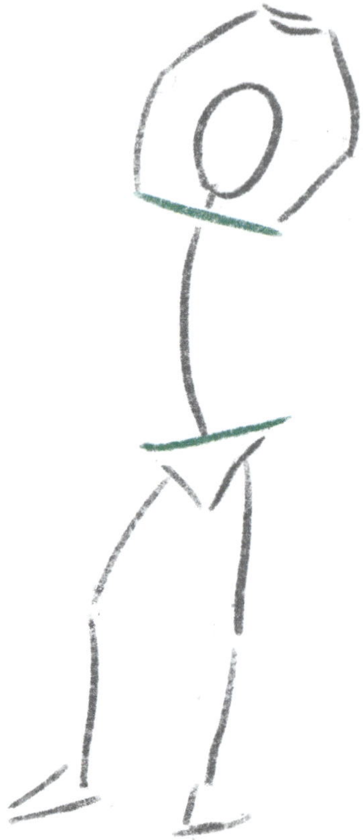

- Beginnen Sie mit der Krümmung der Wirbelsäule. Zeichnen Sie sie in einem fließenden Strich vom Hals bis zum Becken nach. Dies ist das Zentrum der Pose, das die restliche Körperhaltung bestimmt. Die Wirbelsäule kann fast jede beliebige Krümmung haben, und es ist die Aufgabe der Gliedmaßen, ihre Verrenkungen auszugleichen und das Gleichgewicht wiederherzustellen. In der Skizze rechts ist die Wirbelsäule beispielsweise so stark nach hinten gebogen, dass die Beine diese Krümmung ausgleichen müssen, indem sie sie spiegeln. Wären sie gerade, würde die Figur umfallen.

- Ebenso kippen die Schultern und das Becken fast immer in entgegengesetzte Richtungen. Probieren Sie es am eigenen Körper aus: Neigen sich Schultern und Becken beide zur selben Seite, können Sie das Gleichgewicht verlieren; zeigt aber einer dieser Körperteile in die entgegengesetzte Richtung, bleibt Ihre Haltung stabil.

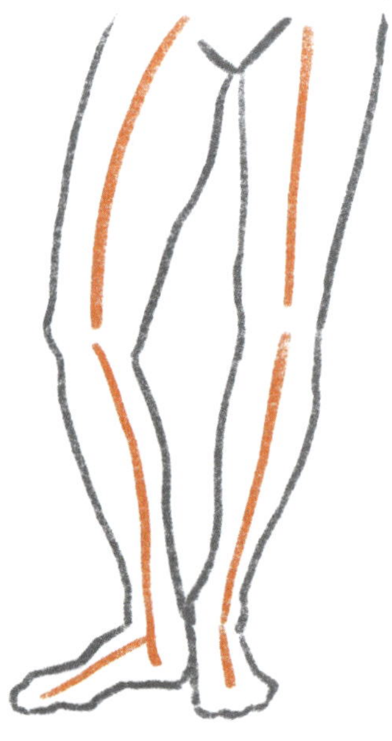

- Jedes Bein kann in drei Segmente unterteilt werden: Oberschenkel, Unterschenkel und Fuß. Der Oberschenkel sollte vom Becken aus nach vorn gewölbt sein, der Unterschenkel nach hinten. Jeder Arm kann in ähnlicher Weise in zwei Abschnitte unterteilt werden –

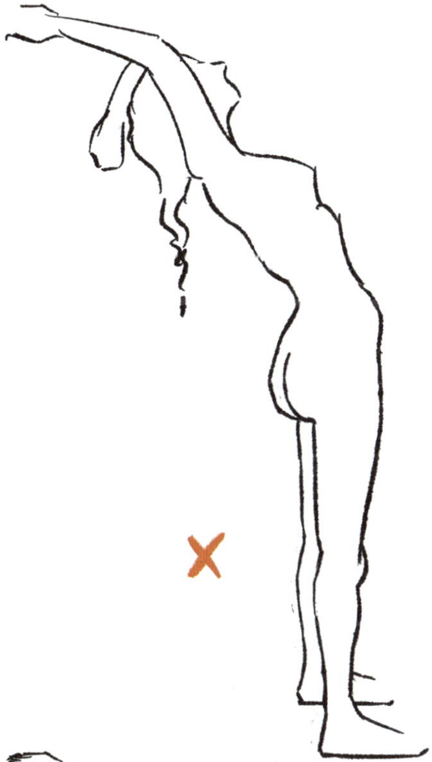

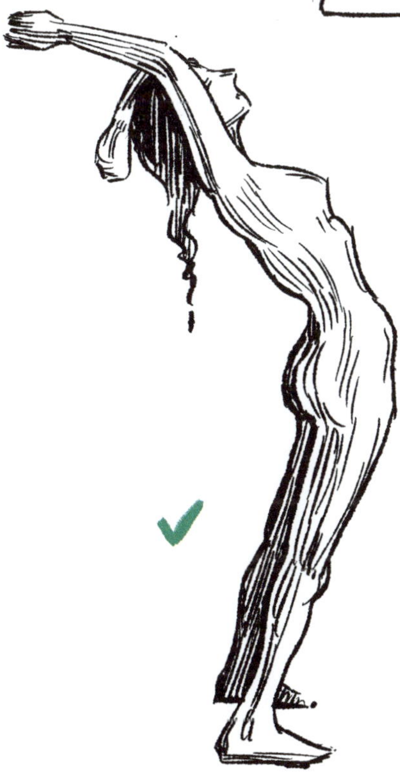

Oberarm und Unterarm –, aber diese Segmente sollten sich in dieselbe Richtung (zum Körper hin) wölben.

- Der Kopf kann als ein Oval dargestellt werden, das am Kinn spitz zuläuft. Der Hals biegt sich nach außen und trifft auf die Schulterlinie.

Ist Ihr Strichmännchen korrekt angelegt, wird Ihnen der Rest der Skizze leichtfallen. Wenn nicht, werden Sie viel Zeit damit verbringen, zu radieren und neu zu zeichnen. Und Sie werden sich fragen, warum der Akt trotz Ihrer sorgfältigen und präzisen Umrisse immer noch so unbeholfen und unausgewogen aussieht. Nichts kann einen groben Fehler im Aufbau der Proportionen ausgleichen. Arbeiten Sie in dieser Phase sehr sorgfältig, dann sparen Sie später Zeit und Stress.

Ergänzen Sie die Skizze mit Linien, die die Taille, die Brust, die Gesichtsteile und andere Verbindungspunkte kennzeichnen. Umreißen Sie die Figur mit lockeren Konturen und konzentrieren Sie sich dabei auf den Rhythmus der Kurven. Fügen Sie Details und Schattierungen hinzu. Denn jetzt können Sie die kleinen Rundungen – die Fußwölbung, den abgerundeten Knubbel des Ellbogens –, die eine vage Skizze in die Zeichnung einer bestimmten Person verwandeln, etwas heranzoomen und ausarbeiten.

Die Ausführung mit Tusche unterscheidet sich dann nicht mehr wesentlich von jeder anderen Zeichnung mit Kreuzschraffuren, die Sie angefertigt haben. Die menschliche Gestalt ist auch nur ein Objekt im Raum, das denselben Gesetzen des Lichts und der Tiefe unterliegt wie jedes andere Ding auch. Und es ist am besten, sie als solches zu betrachten, damit Sie nicht zu viel über Ihre Zeichnung nachdenken.

Aktzeichnen: Praktische Übung

Für diese Übung ist eine wesentlich länger währende Pose nötig, sie sollte daher nur durchgeführt werden, wenn Sie sich vorher aufwärmen konnten. Zeichnen Sie zunächst ein menschliches Gerüst als Strichmännchen mit lockeren und schnell hingeworfenen Linien, um mit wenigen Strichen das Gleichgewicht und die Bewegung der Gestalt zu erfassen. Im einfachsten Fall lässt sich die Figur auf eine Reihe von Bögen reduzieren. Ihre Aufgabe ist es, die Position und die Richtung jedes Bogens zu bestimmen, und das erfordert Ihre ganze Beobachtungsgabe.

Wenn Sie mit einer bestimmten Rundung Probleme haben, greifen Sie zu einem Bleistift und experimentieren Sie: Skizzieren Sie die Rundung etwas, Sie sollten dann sofort erkennen, ob sie korrekt ist oder nicht. Falls Sie immer noch irritiert sind, lassen Sie diesen Abschnitt aus und kommen später darauf zurück, wenn Sie mehr von dem Akt ausgefüllt haben.

Das Wichtigste in dieser Phase ist die Ausgewogenheit der Figur. Jede andere proportionale Abweichung kann als künstlerische Entscheidung abgetan werden, aber wenn die Pose ein unausgewogenes Aussehen hat, wirkt die gesamte Zeichnung falsch, auch wenn alle anderen Elemente perfekt wiedergegeben sind.

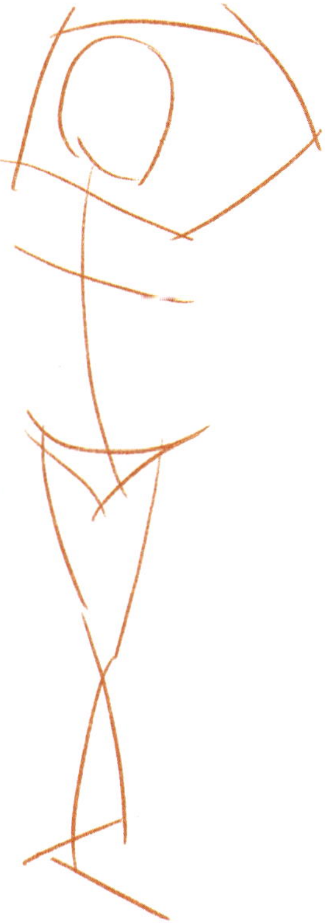

1a

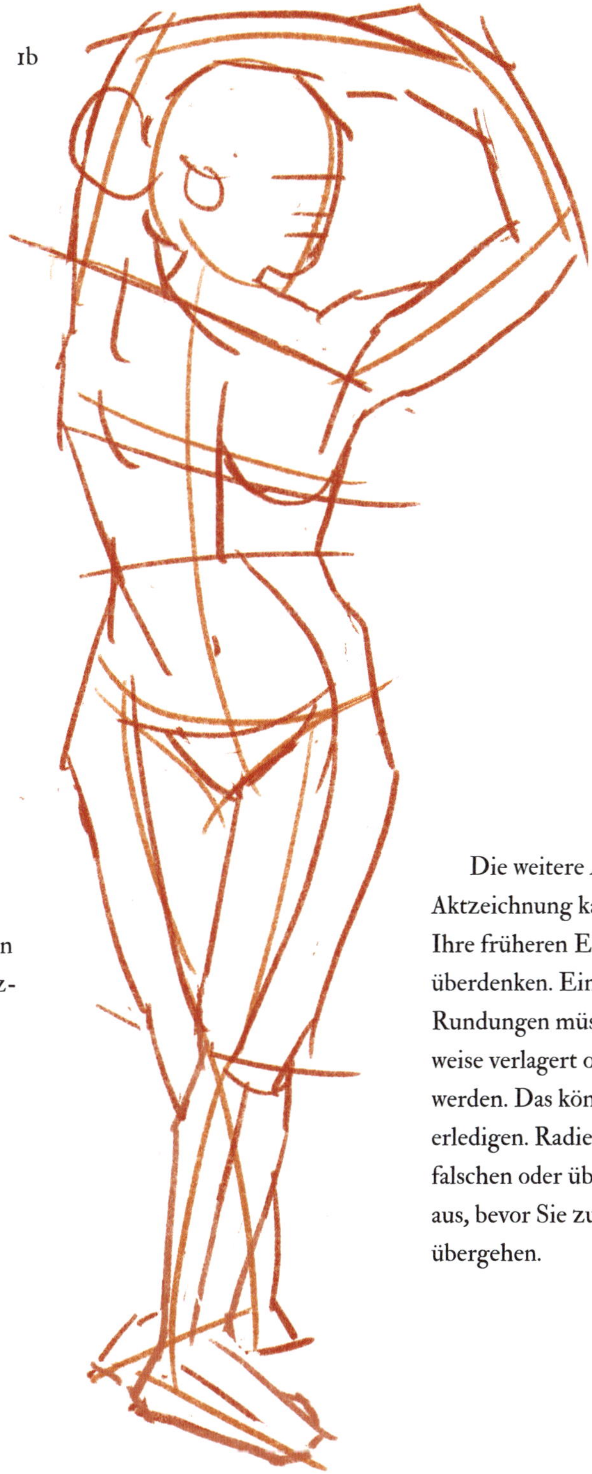

1b

I — Zeichnen Sie Ihr Strichmännchen, indem Sie zunächst die Pose und die Proportionen von innen heraus festlegen. Dann skizzieren Sie die äußere Geometrie des Körpers, wobei Sie sich mit leichten Bleistiftstrichen schnell über die Seite bewegen.

Die weitere Ausführung der Aktzeichnung kann dazu führen, Ihre früheren Entscheidungen zu überdenken. Einige grundlegende Rundungen müssen möglicherweise verlagert oder überarbeitet werden. Das können Sie jetzt erledigen. Radieren Sie alle falschen oder übermäßigen Linien aus, bevor Sie zur nächsten Phase übergehen.

2 — Anders als in den früheren Phasen sollte die letzte Bleistiftskizze langsam und sorgfältig ausgeführt werden, da diese Linien später mit Tusche nachgezeichnet werden. Die Linien sollten die kleineren Details des Modells – das Gesicht, die Haare, die Finger und dergleichen – wiedergeben, die Sie in Ihrer lockeren Skizze unberücksichtigt ließen. Sobald die Bleistiftskizze fertig ist, radieren Sie die innere Skizze, die Ihnen als Gerüst diente, aus und legen die Schattierungen (hier in Grün) fest. Achten Sie dabei besonders auf die Schlaglichter, die klar abgegrenzt sein sollten, damit Sie sie später nicht versehentlich schattieren.

3 — Zeichnen Sie nun die ersten Schraffuren ein, wobei Sie noch keine Stellen mit Tusche ausarbeiten, bei denen Sie sich noch nicht sicher sind. Diese erste Schicht sollte sich wie ein Gürtel um den Torso und die Gliedmaßen legen. Wenn Sie sich einer Linienführung nicht sicher sind, zeichnen Sie zunächst mit einem Bleistift und fahren dann mit Tusche fort.

2

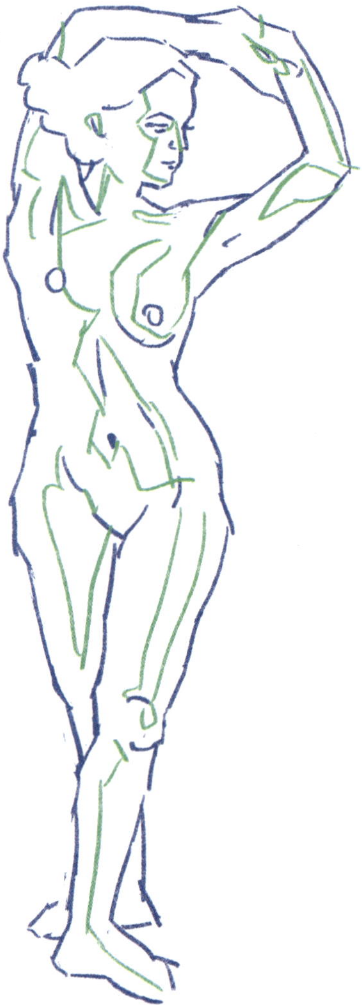

3

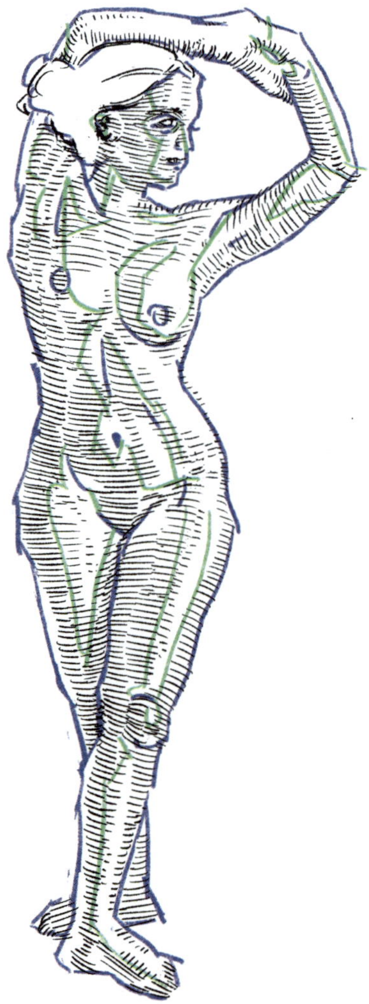

4 — Schraffieren Sie kleine Abschnitte und schauen Sie oft zu Ihrem Modell. Der Körper ist ein so komplexes und vielfältiges Motiv, dass die Linienführung während des Zeichnens oft einen anderen Verlauf nehmen sollte. Das Beobachten ist daher beim Schraffieren genauso wichtig wie bei der Bleistiftskizze: Jede Linie sollte eine wohlüberlegte Entscheidung sein, die auf Erkenntnissen und Erfahrungen beruht.

Die zweite Schicht sollte die erste überschneiden, sodass in den Bereichen mit mittlerem bis dunklem Tonwert ein nahezu perfektes Kreuzgitter entsteht. Ist Ihre erste Schicht gut ausgeführt, sollte Ihnen die zweite leichtfallen. Das bedeutet jedoch nicht, dass Sie sich ganz auf die Zeichnung und nicht mehr auf das Modell konzentrieren. Sie sollten immer noch die Richtung jeder einzelnen Linie überprüfen.

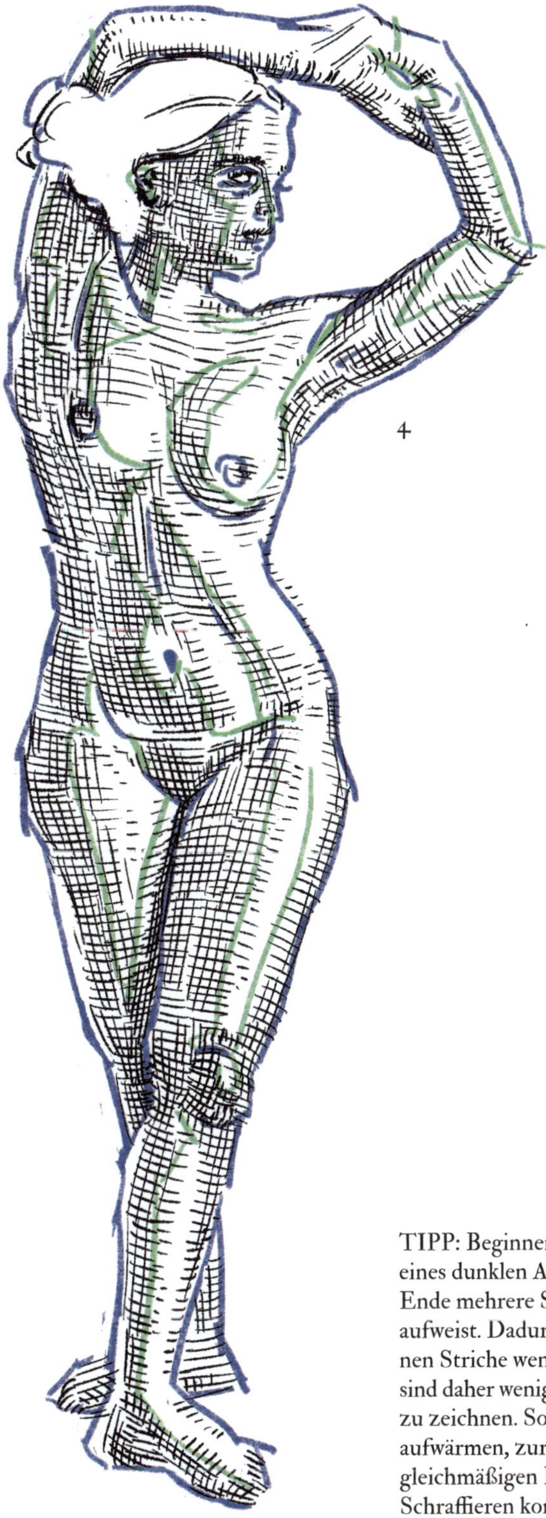

4

TIPP: Beginnen Sie mit dem Inking eines dunklen Abschnitts, der am Ende mehrere Schraffurschichten aufweist. Dadurch sind die einzelnen Striche weniger sichtbar – und sind daher weniger nervenaufreibend zu zeichnen. So können Sie sich aufwärmen, zur Ruhe und in einen gleichmäßigen Rhythmus beim Schraffieren kommen.

5 — In diesem Stadium ist die Zeichnung so weit fertig, dass Sie die Umrisse mit Tusche nachzeichnen können. Das sollten Sie erst tun, wenn die Schattierung weitgehend abgeschlossen ist. Andernfalls riskieren Sie, sich zu früh auf eine Form festzulegen, die möglicherweise nicht exakt ist. Falls Sie es noch nicht getan haben, beginnen Sie mit der Gestaltung des Kopfes. Damit Sie das Gesicht deutlicher sehen und sicherer sind, wie es dargestellt werden soll, radieren Sie zuerst den Bleistift aus. Bauen Sie das Gesicht allmählich mit kleinen, sachten Strichen auf. Die Haare füllen Sie mit kräftig gesetzten Strichen aus; auch hier können Sie mit Kreuzschraffuren arbeiten.

5

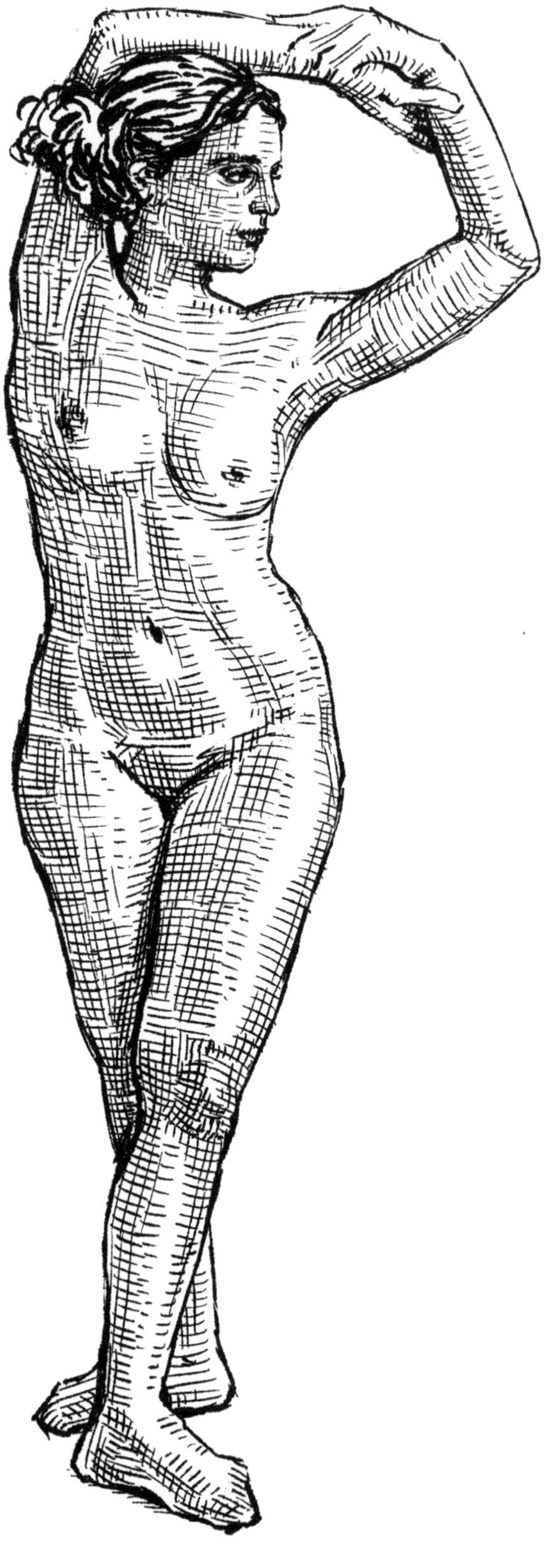

6

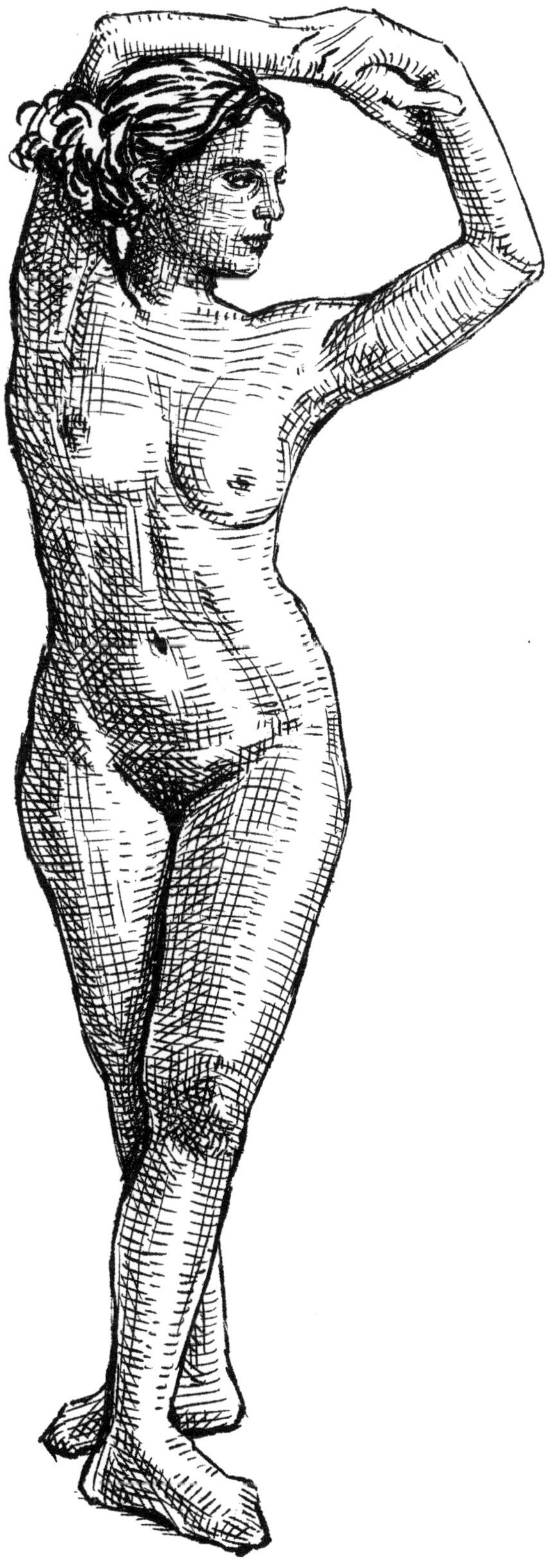

6 — Zum Schluss des Inkings können Sie einige schräg verlaufende Schraffuren einfügen, um bestimmte Schatten weiter abzudunkeln. Oder Sie entscheiden sich für eine einfache Schraffur mit nur zwei Schichten. Diese beiden Vorgehensweisen erzeugen unterschiedliche Effekte – die erste sorgt für eine dichtere und glänzende Wirkung, die zweite bringt ein helleres und skizzenhafteres Aussehen hervor –, beides ist okay. Vielleicht möchten Sie das Schwärzen sogar schon früher beenden oder die Zeichnung weiter entwickeln, indem Sie sie mit zusätzlichen Details und Tonwertschichten realistischer gestalten.

Landschaften

Entscheidend für die Landschaftszeichnung ist die Vereinfachung. Man kann nicht jedes Blatt oder jeden Grashalm darstellen: Sie müssen festlegen, was Sie weglassen und wie Sie all das, was Sie drin gelassen haben, zusammenfassen. Denn jedes zusätzliche Detail in einer Tuschezeichnung verdrängt den weißen Raum, der uns beim Betrachten eine optische Ruhepause verschafft. Wenn Sie jedes Detail in einer Landschaft festhalten, erhalten Sie am Ende eine undurchsichtige schwarze Silhouette vor einem leeren Himmel. Der Trick besteht darin, unendlich viele Details vorzugaukeln, indem man viel weniger davon liefert.

Dies ist ein Buch über Kreuzschraffuren, aber ich wäre nachlässig, wenn ich Sie nicht auf die Fälle hinweisen würde, in denen Kreuzschraffuren nicht angemessen sind. Kreuzschraffuren verleihen einem Objekt eine gewisse Festigkeit und Genauigkeit. Wie Breiten- und Längengrade haben sie den Effekt, ein Objekt im Raum zu verankern. Bestimmte Dinge der Natur hingegen sind ruhelos, schwerelos und trügerisch. Stellen Sie sich ein Maisfeld vor: Mit seinen Millionen von Stängeln und Blättern, die sich hin und her bewegen, hat es kaum ein einheitliches Aussehen. Stattdessen ist das, was wir für sein Aussehen halten, in Wirklichkeit ein Durchschnittswert all der verschiedenen Eindrücke, die wir mit der Zeit von dem Feld sehen.

Um ein solches Motiv in einer zweidimensionalen Zeichnung festzuhalten, müssen Sie seine Bewegung beim Zeichnen imitieren. Ihre Linien sollten also aussagekräftig und lebendig sein; für langsame, mühsam gezeichnete kleine Linien ist hier kein Platz.

Kreuzschraffuren bieten sich jedoch immer noch an, um feste Formen wie Klippen und Baumstämme darzustellen, die keinen besonderen Veränderungen unterliegen. Diese herkömmlichen Kreuzschraffuren bilden einen starken Kontrast zu helleren Motiven wie Laub und Wasser, die viel Negativraum aufweisen.

Rechts: *Waldige Gegend (Pagus Nemorosus)* aus *Die großen Landschaften*, Johan und Lucas van Doetichum, nach Pieter Brueghel d. Ä., 1555/56

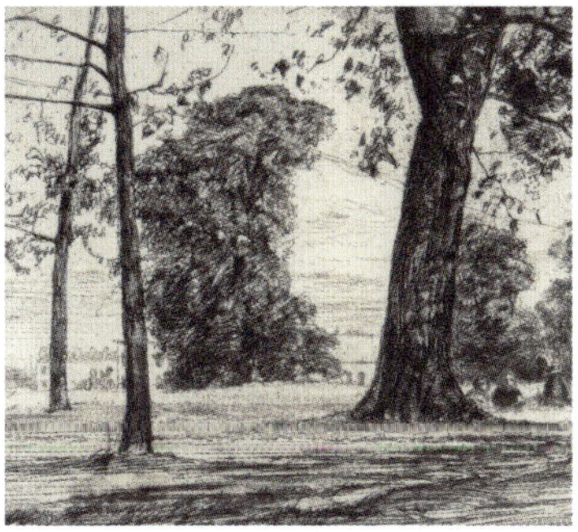

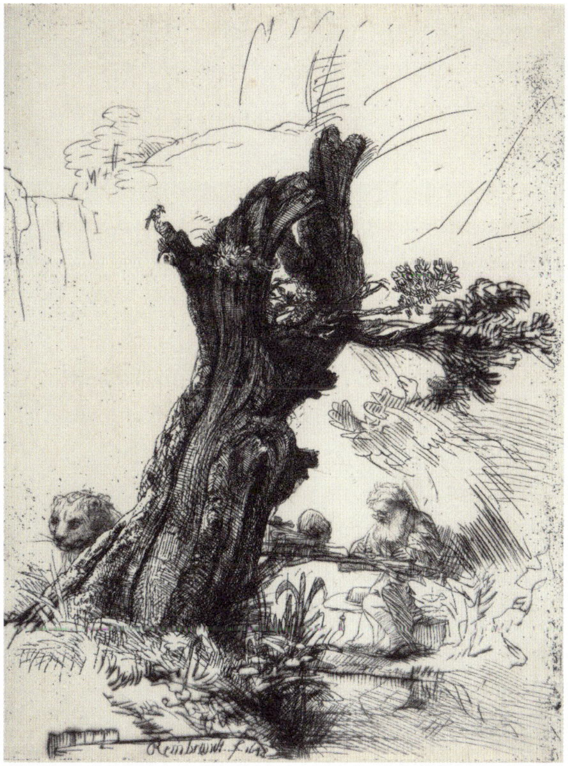

Oben:
Greenwich Park (Detail),
James Abbott McNeill Whistler,
1859

Rechts:
Der hl. Hieronymus neben einer Kopfweide,
Rembrandt van Rijn, 1648

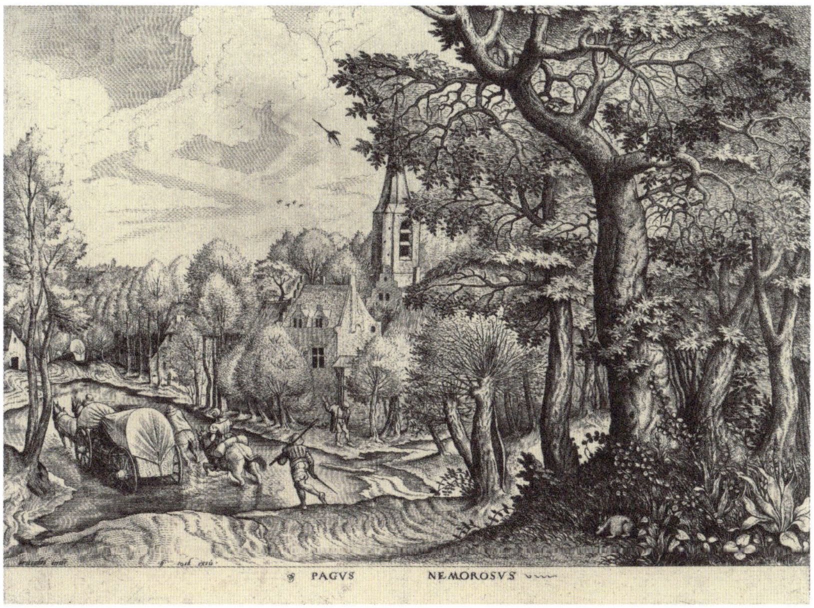

REMBRANDT UND DIE LANDSCHAFTSZEICHNUNG

Es liegt an Ihnen, wie detailreich Ihre Landschaftszeichnungen sind. Ich rate Ihnen, mit zwei Extremen zu experimentieren, um einen für Sie passenden Stil zu finden. Entweder Sie zeichnen sehr detailliert und verwenden viel Tusche, oder Sie verzichten auf Details und begnügen sich mit Schraffuren.

Betrachten Sie die beiden Drucke von Rembrandt (Seiten 131 und 133). Sie wurden im Abstand von zehn Jahren hergestellt und zeigen die große Vielfalt an Techniken, die Ihnen zur Verfügung stehen, wenn Sie mit Feder und Tusche zeichnen. Statt die Arbeiten mehrerer Künstler miteinander zu vergleichen, zeige ich die Zeichnungen von ein und demselben Künstler, der unterschiedliche Stile ausprobiert hat, und ich hoffe, dass Sie das auch tun. Das Bild rechts ist vielleicht Rembrandts berühmtestes Landschaftsbild, das sich durch seine dramatische, fast erzählerische Qualität auszeichnet. Hier geht Rembrandt über die rein objektive Beobachtung hinaus und fängt eine subjektive Emotionalität ein: Dichter Nebel wird von Lichtstrahlen durchbrochen; an den Bildrändern türmen sich bedrohlich Sturmwolken auf, die im Zentrum zu einem (papierweißen) Himmel verblassen. Drei vom Wetter mitgenommene, eng beieinander stehende Bäume erwarten die Ankunft des Sturms. Im Vordergrund ist ein Fischer, dessen Gesicht kaum zu erkennen ist, und der diesige Hintergrund wird von locker gezeichneten Details unterbrochen – zu sehen sind Pferde, Karren, Windmühlen, ein Künstler bei der Arbeit, ein Vogel im Flug. Überall kämpfen Dunkelheit und Licht gegeneinander; das eine versucht das andere zu beherrschen, wodurch der Konflikt noch verschärft wird.

Rembrandt erreicht diese Dramatik mit unterschiedlich starken Schattierungen. Er arbeitet einerseits mit zarten, krakeligen grauen Linien und andererseits fast dunklen Flecken, die so dicht schraffiert sind, dass die Schichten nicht mehr zu unterscheiden sind und nur ein paar Nadelstiche auf dem Papier übrig bleiben. Der Künstler vereint hier so viele verschiedene Ansätze für die Kreuzschraffur, dass allein dieses Bild als ein Lexikon dieser Technik dienen könnte. Hier nur einige der vielen Details, die es wert sind, studiert zu werden:

Gegenüber: *Die drei Bäume*,
Rembrandt van Rijn, 1643

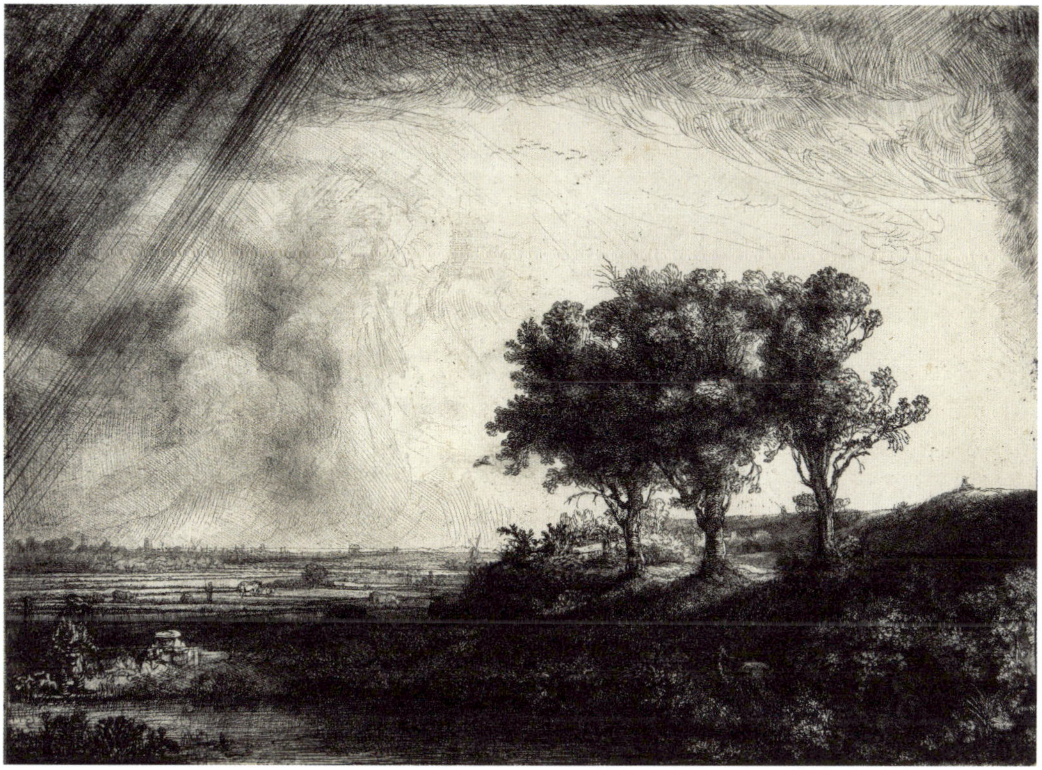

HIMMEL:

Einen Himmel mit Tusche darzustellen, ist eine Herausforderung. Es ist ein Motiv ohne klar erkennbare Konturen oder Umrisse. Daher zeigen die meisten mit Tusche gezeichneten Landschaften einen völlig leeren Himmel. In dieser Landschaft spielt das Wetter jedoch eine wichtige Rolle, um Stimmung und Atmosphäre zu erzeugen. Stellen Sie sich vor, wie dieses Motiv aussehen würde, wenn die Bäume nicht von bedrohlichen Wolken, sondern von einem hellen, sonnigen Himmel umgeben wären – eine solche Szene würde im Vergleich dazu angenehm friedlich wirken.

Um die Stimmung einzufangen, die ein Sturm mit sich bringt, kombiniert Rembrandt zarte Wolkenumrisse und zwei bis drei Schichten dünne Kreuzschraffuren mit dynamischen Konturlinien, die die Kraft des Windes vermitteln. Die äußersten Ränder des Himmels sind ausgefüllt mit dichten Kreuzschraffuren, um die obere und untere Hälfte der Komposition visuell zu vereinheitlichen und zugleich auf eine bedrückende Dunkelheit jenseits des Bildes anzuspielen – als wollte das Aufziehen des Sturms auch noch das letzte Stück des klaren Himmels rasch verdüstern.

BLATTWERK:

Der starke Hell-Dunkel-Kontrast in Rembrandts Radierung ist das Ergebnis einer kühnen Technik, nämlich die Gegenüberstellung von reinen Umrissen und stark getuschten Kreuzschraffuren mit einem minimalen Zwischenton. So weisen die rechten und die obersten Blätter überhaupt keine Schattierung auf. Die Linien dienen in erster Linie dazu, Bewegung zu vermitteln: Der Wind kommt eindeutig von rechts und drückt die dünnen Blätter und Zweige nach links. Die Zerbrechlichkeit des Astwerks kontrastiert mit der starren und undurchdringlichen Stabilität, die jeweils den mittleren Teil der Bäume auszeichnet.

WASSER:

Um Wasser glaubwürdig darzustellen – insbesondere stehendes Wasser, wie hier zu sehen –, beginnt man am besten mit breiten horizontalen Schraffuren. Fügen Sie dann, falls nötig, mittels zusätzlicher Schraffuren Schatten oder Spiegelungen hinzu.

HINTERGRUND:

Je weiter die Landschaft in die Ferne rückt, desto undeutlicher werden die Details, bis schließlich nur noch reine Umrisse und eine einzige Schraffurschicht zu sehen sind. Dieser Kontrast grenzt die einzelnen Besonderheiten der Natur deutlich voneinander ab und suggeriert zugleich eine große Tiefenwirkung; das weist darauf hin, dass sich die Szene in weite Entfernungen jenseits des Horizonts erstreckt.

Betrachten wir zum Vergleich eine weitere Radierung von Rembrandt. Zeichnete sich das vorherige Bild noch durch seinen Detailreichtum und seine die Dramaturgie steigernden Schattierungen aus, so ist hier die Szene mit leichten Strichen und der Beschränkung aufs Wesentliche wiedergegeben, ohne das Bild emotional aufzuladen. Es scheint nur einen Eindruck einzufangen, einen flüchtigen Blick und nicht eine längere Betrachtung. Rembrandt verwendet mehrere grafische Elemente, um die Textur und Bewegung seiner Motive festzuhalten: vertikale Schraffuren für Gras, gewellte Linien für Blätter, feine geometrische Schraffuren für Architektur, unterbrochene Linien, die in stakkatoartig gesetzten Strichen auslaufen, für Spurrillen auf dem Weg. Der Himmel hingegen ist völlig leer – hier zieht kein Sturm am Horizont auf.

Die Zeichnung besteht hauptsächlich aus Umrissen und Schraffuren in dieselbe Richtung. Mehrschichtige Kreuzschraffuren finden sich in der zentralen Figur, die mit einer Detailgenauigkeit und Dunkelheit wiedergegeben ist, die der restlichen Zeichnung fehlt. Diese Figur wird von zwei ähnlich detailliert gezeichneten Schafen flankiert. Rechts von ihnen fällt ihr Schatten, ein dunkler Fleck auf einem ansonsten leeren Weg.

Gegenüber:
Landschaft mit Schäfer und Hund,
Rembrandt van Rijn, ca. 1653

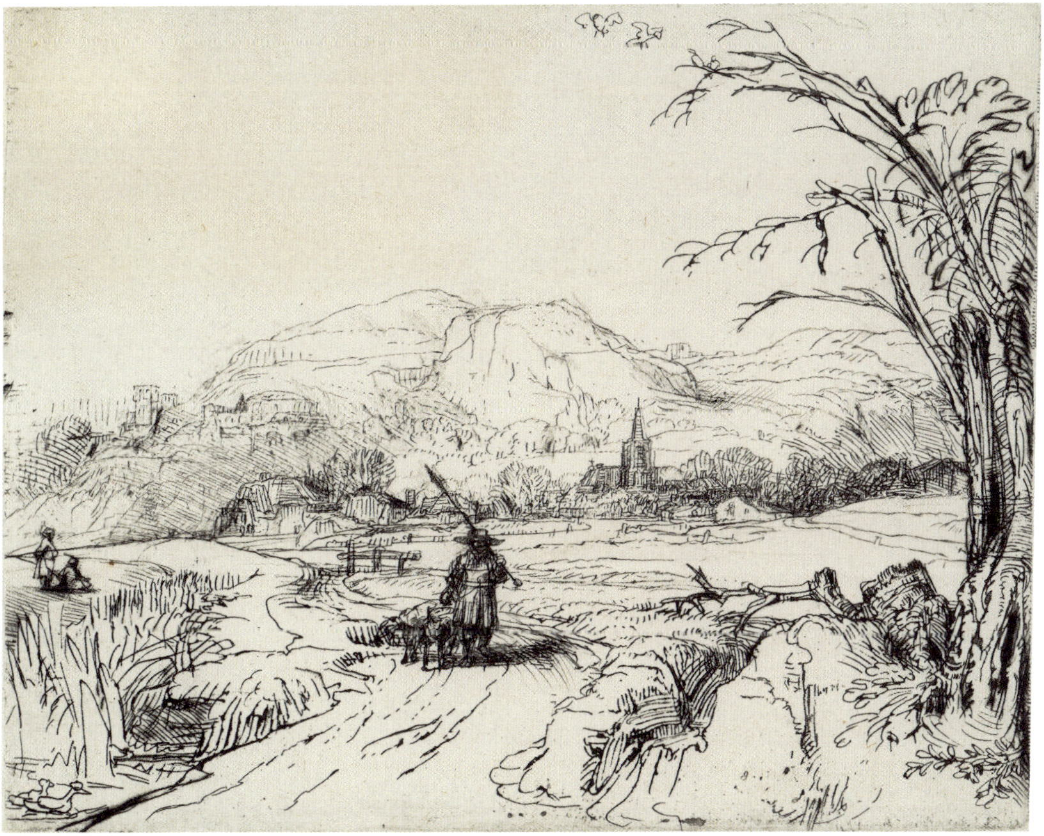

133 — Landschaften

Landschaften: Praktische Übung

Bei Landschaften geht es vor allem um Rhythmus, Muster und Textur. Vielleicht ertappen Sie sich dabei, dass Sie lange auf das Blatt schauen und nur gelegentlich auf das Motiv. Die Beobachtung ist natürlich wichtig, aber eher ein vorbereitender Schritt als ein wesentlicher Teil des Zeichnens. Sobald Sie den Eindruck von der Szene mit allem Drum und Dran verinnerlicht haben, geht es darum, wie Sie diesen Eindruck zusammenfassen können.

Beim Zeichnen von Landschaften übt man sich in der Kunst des Weglassens. Tasten Sie sich daher langsam an die Komposition heran und halten Sie häufig inne, um Ihr Werk zu beurteilen, damit Sie es nicht übertreiben. Eine erfolgreiche Landschaftsskizze ist aussagekräftig ohne alles zu sagen. Bei meinen Landschaftszeichnungen mit Bleistift bearbeite ich die Szene stets so, dass ich die Proportionen verändere oder bestimmte Elemente verschiebe, um eine harmonischere Komposition zu erhalten. Manchmal lasse ich auch etwas weg, weil ich es langweilig oder hässlich finde. Warum sollte ich unbedingt alles zeichnen, was ich sehe? Nur um ein genaues Abbild zu erschaffen? Abgesehen davon ist so etwas manchmal genau das Richtige, um künstlerisch voranzukommen. Versuchen Sie, ein Gleichgewicht zwischen der Herausforderung, die Sie an sich selbst stellen, und den Pausen, die Sie sich gönnen, zu finden. Wenn Sie den Spaß am Zeichnen verlieren, werden Sie es irgendwann aufgeben, und dann können Sie sich auch nicht mehr verbessern.

I — Überlegen Sie zunächst, welche szenischen Elemente Sie in Ihrer Skizze übernehmen wollen. In meiner Skizze habe ich den Hintergrund vereinfacht, um für mehr Klarheit zu sorgen. Außerdem habe ich einen großen Baum weggelassen, der das zarte Blattwerk auf der rechten Seite der Komposition erdrückt hat. Meine Skizze ist fast meine eigene imaginäre Landschaft. Die echte Szene ist nur ein Ausgangspunkt, eine Anregung für meine Kreativität und ein Bezugspunkt für die Formen der Natur, die ich in meiner Zeichnung abbilde.

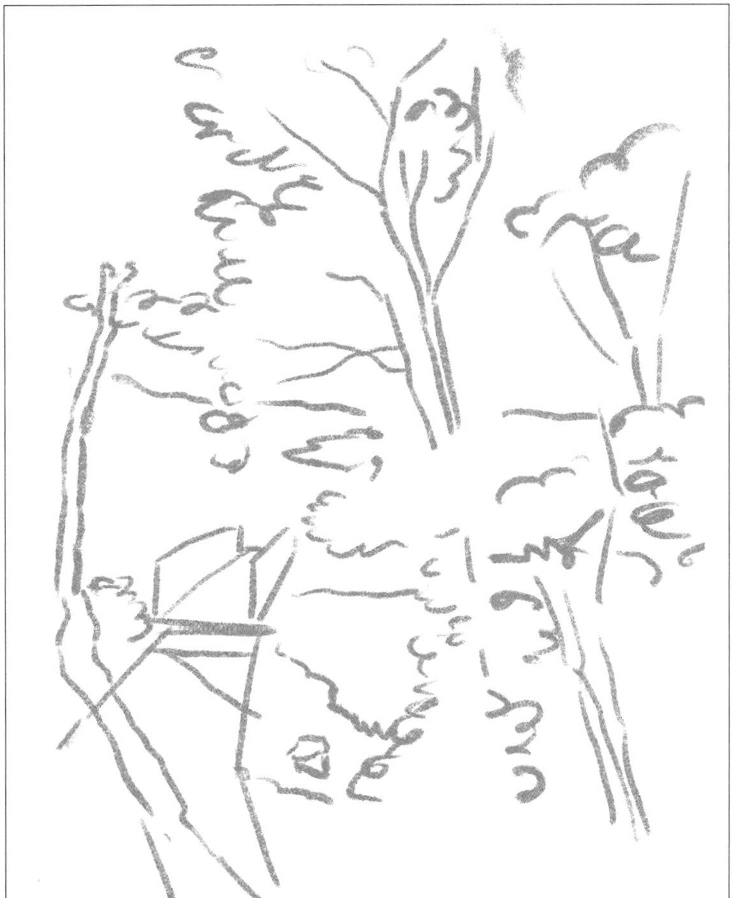

I

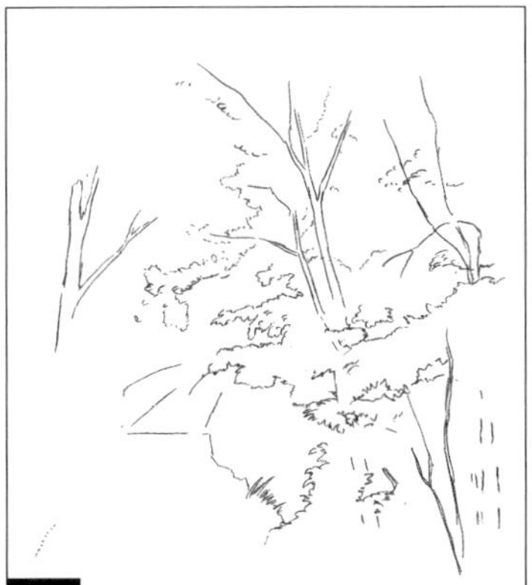

2

2 — Da es uns nicht allzu sehr um Genauigkeit geht, können wir schnell mit dem Tuscheauftrag beginnen. Statt einer Schicht mit einem bestimmten Tonwert legen Sie zunächst einen leichten, zarten Umriss fest. Nachdem Sie die Komposition mit Tusche konturiert haben, können Sie die Bleistiftskizze ausradieren. Dadurch wird Ihr Blatt übersichtlicher und Sie erhalten einen klareren Eindruck von Ihrer sich entwickelnden Zeichnung.

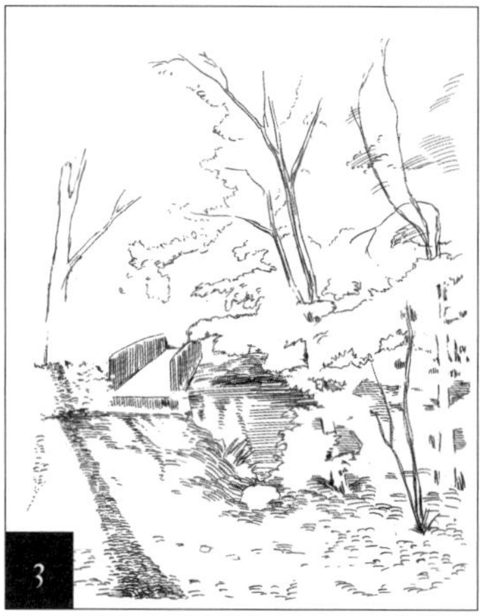

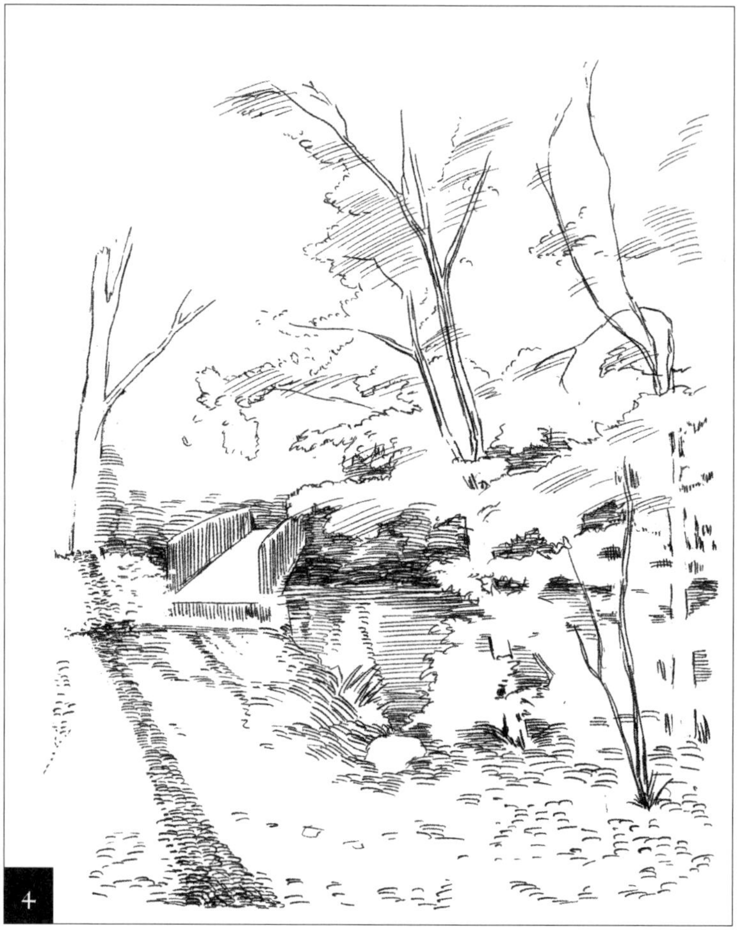

3 — Für die ersten Schattierungen würde ich das Laub und die übrige Vegetation außer Acht lassen und stattdessen einen Grund für die Zeichnung anlegen. Überlegen Sie gut, welche grafischen Elemente in jedem Bereich erforderlich sind. Im Vordergrund habe ich ein paar lockere Halbkreise eingezeichnet, die an den weichen Mulch eines Waldbodens erinnern sollen. Den Fluss habe ich mit geraden Linien wiedergegeben, um die spiegelglatte Oberfläche des Wassers zu veranschaulichen. Die Brücke habe ich ebenfalls mit geraden Linien gezeichnet, um den Kontrast zwischen der vom Menschen geschaffenen Geometrie und den unregelmäßigen Formen der Natur hervorzuheben.

4 — Ihr Blattwerk kann allmählich als Negativraum Gestalt annehmen. Ich habe einige diagonale Schraffuren eingefügt, allerdings sehr vorsichtig, um die Bäume nicht mit Tusche zu überladen – denn im wirklichen Leben haben diese Bäume schüttere Blätter, die schon bei der leichtesten Brise zittern. Das andere Ufer habe ich ebenfalls mit horizontalen Schraffuren schattiert. Ich möchte, dass die Textur so unbestimmt erscheint, dass sie den Blick nicht vom Vordergrund ablenkt. Der wichtigste kompositorische Zweck dieses Bereichs ist, dass er als dunkler Hintergrund für das hellere Laub dient.

5 — Zuletzt sollten Sie gerade so viele Details hinzufügen, dass die Zeichnung auf den ersten Blick klar zu erkennen ist, aber nicht mit Tusche überfrachtet wirkt. Für mein Bild bedeutete dies: eine schraffierte Umrandung beiderseits des Fußweges, etwas Blattstruktur mit wenigen Strichen, einige vertikale Schraffuren, um das Gras im Vordergrund anzudeuten, Abgrenzungen zwischen den Steinen und Brettern der Brücke sowie schwarze Tupfen auf dem Felsen in der Mitte der Zeichnung. Den Hintergrund habe ich ebenfalls abgedunkelt, um das Spektrum des Tonwertbereichs zu komplettieren.

Ich könnte mir unzählige Möglichkeiten vorstellen, meine Zeichnung noch mehr auszugestalten, indem ich weitere Details, mehr von der Umgebung sowie Textur und Schatten hinzufüge. Aber aus Erfahrung weiß ich, dass mir dadurch die gestische Spontaneität des jetzigen Zustands verloren ginge. Es ist immer ein Kompromiss. Obwohl es viel bringt, weiter an einer Zeichnung zu arbeiten, sowohl was die Lernerfahrung als auch das Endergebnis angeht, habe ich immer noch eine Vorliebe für skizzenhafte Landschaften. Wenn dies eine Ihrer ersten Landschaften ist, schlage ich vor, dass Sie auch an dieser Stelle aufhören. Durch eine Reihe von lockeren Landschaften wie dieser lernen Sie mehr als durch die Fertigstellung einer einzelnen, äußerst detaillierten Komposition.

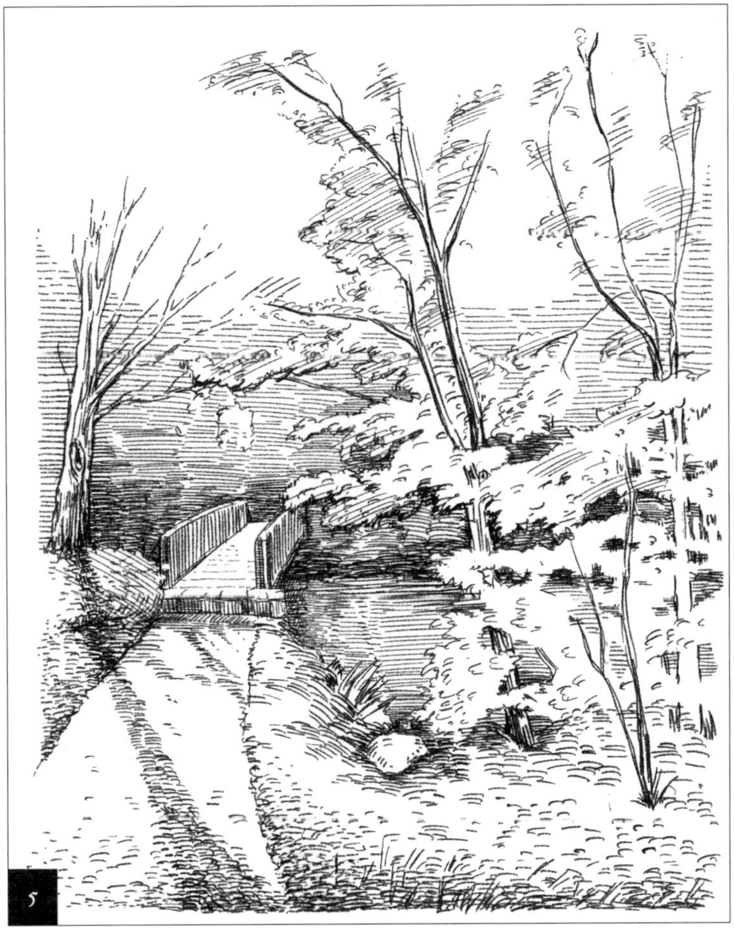

Stadtansichten

Der Fokus meiner Arbeit liegt hauptsächlich auf Porträts und Nahstudien. Gleichwohl halte ich es für wichtig, mich regelmäßig mit einem ganz anderen Thema zu beschäftigen.

Das Zeichnen von Stadtansichten hat in den vergangenen Jahren an Beliebtheit gewonnen. Die meisten Gebäude bestehen aus glatten Flächen und lassen sich mit geraden Schraffuren schattieren. Die Schwierigkeit besteht darin, den Winkel dieser geraden Linien zu bestimmen, die gemäß den Regeln der Perspektive in den Raum fluchten müssen. Ich habe bislang bewusst darauf verzichtet, ausführlich über Perspektive zu sprechen. Denn ich meine, Perspektive sollte man instinktiv entwickeln, das heißt intuitiv erkennen können, wann ein Winkel richtig oder falsch ist, ohne unbedingt zu verstehen, warum. Wird das Zeichnen selbst mit Regeln unterfüttert, könnten Sie Ihre eigenen Beobachtungen vernachlässigen oder gar ignorieren. Schließlich liegt alles direkt vor Ihnen, ob Sie nun etwas über Perspektive wissen oder nicht. Dennoch können Architekturzeichnungen eine Übung sein, wenngleich sie eher mathematisch und weniger spannend sind – eine Übung, die zum Glück mithilfe einiger geometrischer Prinzipien beschleunigt werden kann.

PERSPEKTIVE

Mithilfe der Linearperspektive übertragen Sie die Geometrie der sichtbaren Welt in Linien auf dem Papier. Jedes sogenannte Prinzip der perspektivischen Darstellung ist nicht mehr als ein Hilfsmittel beim Zeichnen, das Ihnen die Mühe erspart, jeden einzelnen Winkel einer bestimmten Szene genau zu beobachten. Diese Prinzipien sollten nicht Ihre eigene künstlerische Intuition ersetzen, sondern sie bestätigen.

Die einfachste Form der Perspektive ist die Zentralperspektive, hier führen alle Linien zu einen einzigen Fluchtpunkt. Die Zentralperspektive wird Ihnen bei Ihren Zeichnungen wahrscheinlich nicht viel nützen, denn sie funktioniert nur, wenn die Komposition schon fast zu einfach ist.

Sie werden am häufigsten mit der Zweipunktperspektive arbeiten, da sich Ihr Motiv selten genau parallel, sondern schräg zu Ihren Augen befindet, sodass zwei Fluchtpunkte ins Spiel kommen. Sie müssen nicht die genaue Position der Fluchtpunkte herausfinden – tatsächlich liegen sie oft außerhalb der Komposition. Eine vage Ahnung, wo sich die Punkte befinden, sollte als Richtschnur genügen.

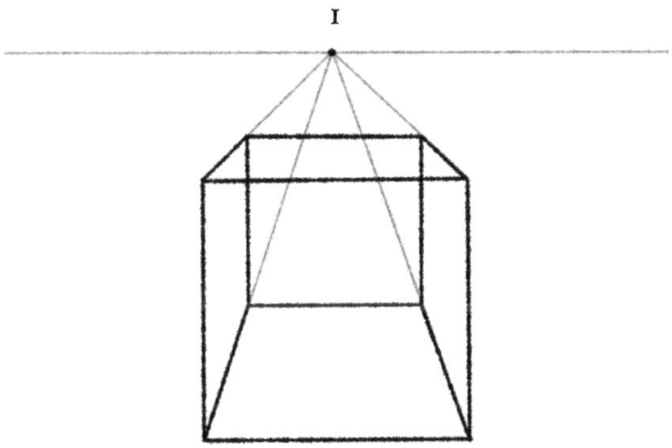

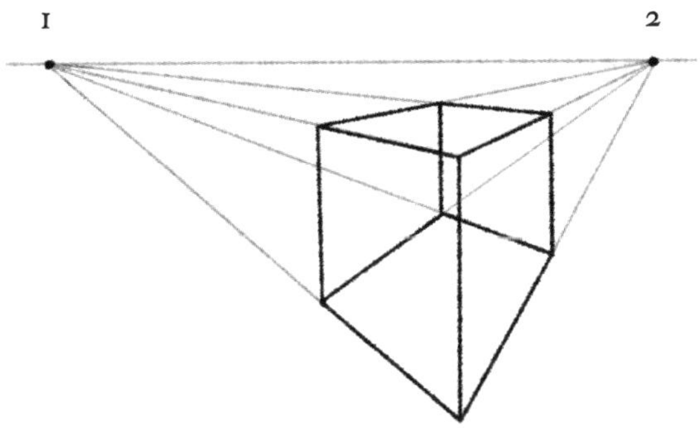

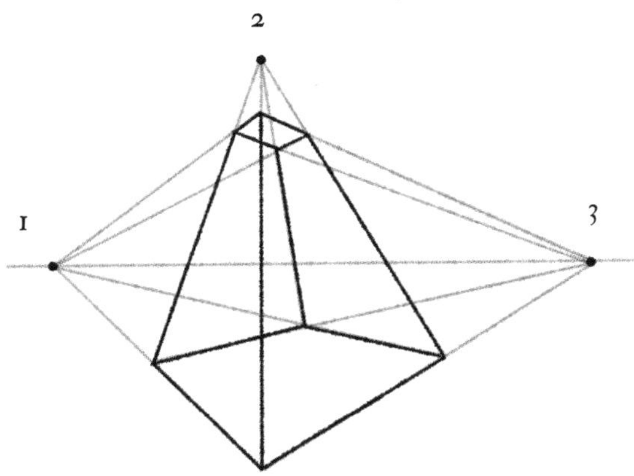

Solange die verschiedenen Winkel nicht im Widerspruch zueinander stehen, sollte die Perspektive genau genug sein. Zudem wird Ihre Zeichnung bei der Betrachtung nicht auf mathematische Fehler geprüft, sondern man nimmt alles auf einmal wahr. Man sieht die Arbeit als ein geschlossenes Werk und nicht als eine Aneinanderreihung einzelner technischer Kniffe, die Ihnen mal mehr, mal weniger gelungen sind.

Die Dreipunktperspektive enthält zusätzlich die vertikale Perspektive, bei der sich die vertikalen Linien einer Szene theoretisch an einem weit oben oder unten entfernten Punkt treffen würden. Obwohl das selbst bei den kleinsten Motiven der Fall ist, ist es am deutlichsten bei großen Dingen zu erkennen – denken Sie an Gebäude und Berge –, aber nur dann, wenn der Blick in einem starken Winkel nach unten oder oben gerichtet ist und nicht geradeaus, wie wir es die meiste Zeit tun. Daher sollten Sie in den meisten Fällen mit der Zweipunktperspektive auskommen.

TIPP: Mit Lineal angefertigte Zeichnungen haben eine ganz besondere Qualität. Sie scheinen in ihrer eigenen starren, sterilen Welt zu existieren und haben nichts von der Unregelmäßigkeit und dem Durcheinander, das das wirkliche Leben kennzeichnet. Eine von Hand gezeichnete Linie wird immer lebendiger sein als eine mit dem Lineal gezogene. Benutzen Sie also statt eines Lineals einfach Ihren Bleistift (oder Ihren Arm oder Finger), um die Winkel zu checken.

Stadtansichten: Praktische Übung

1 — Legen Sie in Ihrer Skizze zunächst die Fluchtlinien fest – die parallelen Linien, zum Beispiel die Bordsteinkanten beiderseits einer Straße oder die Ober- und Unterseiten von Gebäuden, die sich irgendwann an einem Punkt treffen werden.

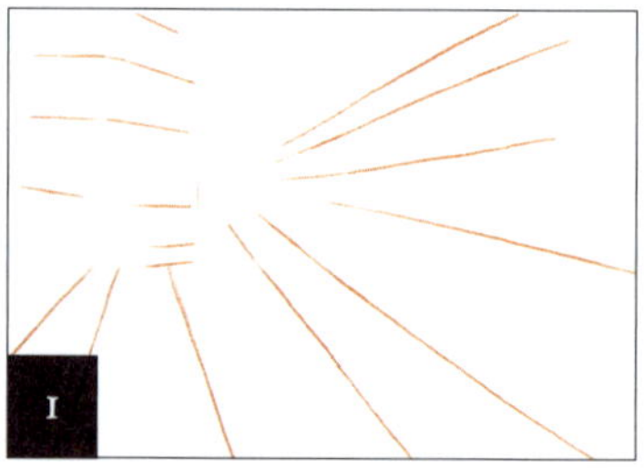

1

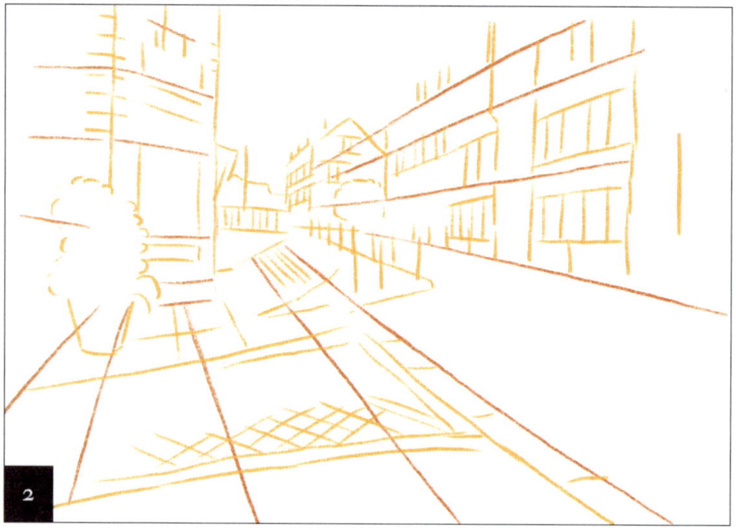

2

Diese Linien bestimmen alles in der Zeichnung, von den Umrissen bis zu den Schatten.

2 — Danach skizzieren Sie die einzelnen Gebäude. Hier habe ich ein lockeres Raster erstellt, das mir hilft, die Fenster und andere Flächen wie Schornsteine, Balkone und Gesimse zu platzieren. Die Pflastersteine habe ich ebenfalls mit einem Gitternetz versehen, um den Eindruck zu verstärken, dass die Perspektive am unteren Rand der Zeichnung vom Vordergrund nach hinten verläuft. Umreißen Sie die Schlaglichter an den Fassaden, damit Sie sie nicht versehentlich schraffieren. Das kann bei Architekturzeichnungen schnell passieren, wenn die Schraffuren so regelmäßig sind, dass man leicht in einen meditativen Rhythmus gelangt und die Vorzeichnung vergisst.

TIPP: Bei einer Stadtansicht können Sie, wie ich hier, die Orientierungslinien weglassen, denn die Skizze sollte Ihnen bereits viele Aufschlüsse liefern, mit denen Sie arbeiten können, wenn es an das Schwärzen mit Tusche geht.

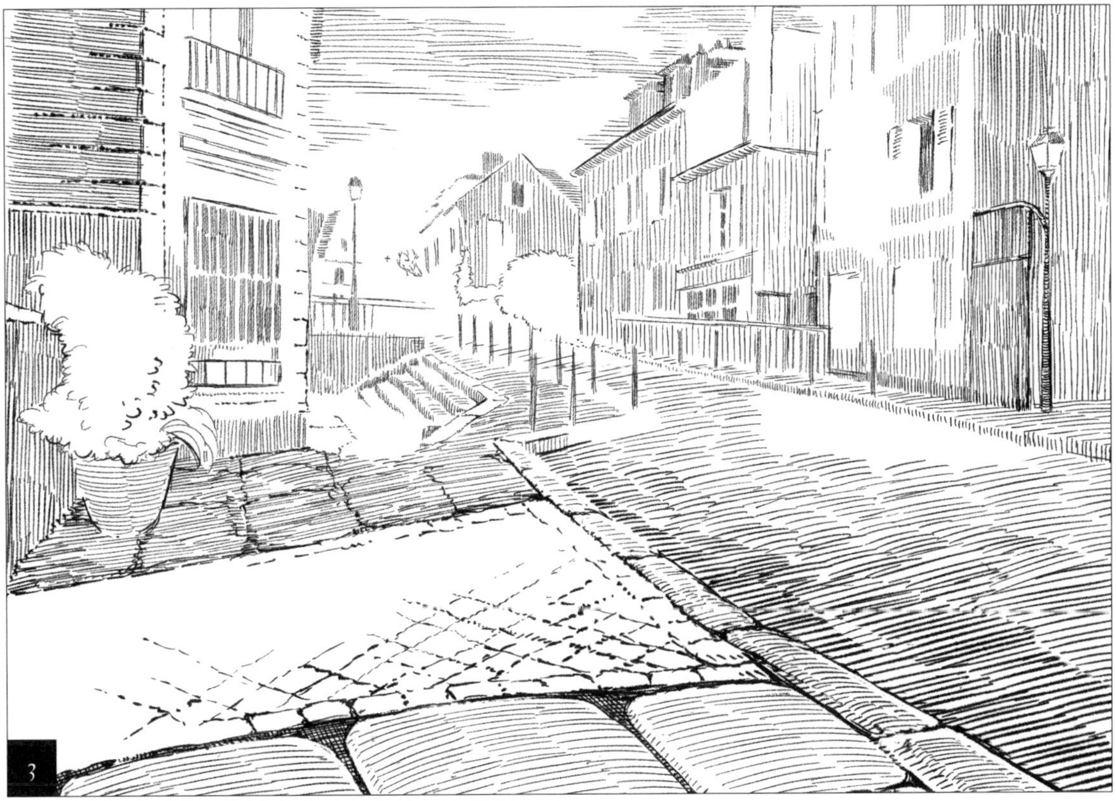

3

3 — Jetzt können Sie mit Tusche schraffieren. Die horizontalen Linien in dieser Szene verlaufen leicht ansteigend von links nach rechts. Meistens verlaufen solche Linien mehr oder weniger parallel zum unteren Rand; wichtig ist jedoch, dass Sie mit wachem Geist beobachten, statt solch schrägen Motiven wie dieser Pariser Straße Regelmäßigkeit aufzuzwingen. Denken Sie beim Schraffieren daran, gelegentlich Umrisse oder Details mit Tusche zu schwärzen, wodurch Ihre Schattierungen betont werden könnten. Ich zerbreche mir nicht den Kopf darüber, die Zeichnung im Vorfeld durch Umrisse einzuschränken, denn Stadt- oder Gebäudeansichten sind so sehr durch die Geometrie vorherbestimmt, dass ihre Umrisse von Anfang an recht vorhersehbar sind. Die genaue Form eines Naturmotivs – wie einer Person oder einer Pflanze – lässt sich hingegen nicht so leicht festlegen. Den Vordergrund habe ich mit dichteren Strichen etwas dunkler schraffiert als den Hintergrund. Das ahmt das Sehen des Menschen nach, bei dem die Augen sich auf das konzentrieren, was ihnen am nächsten ist, sodass der Vordergrund scharf und klar erscheint, wogegen der Hintergrund in verschwommene Mitteltöne übergeht.

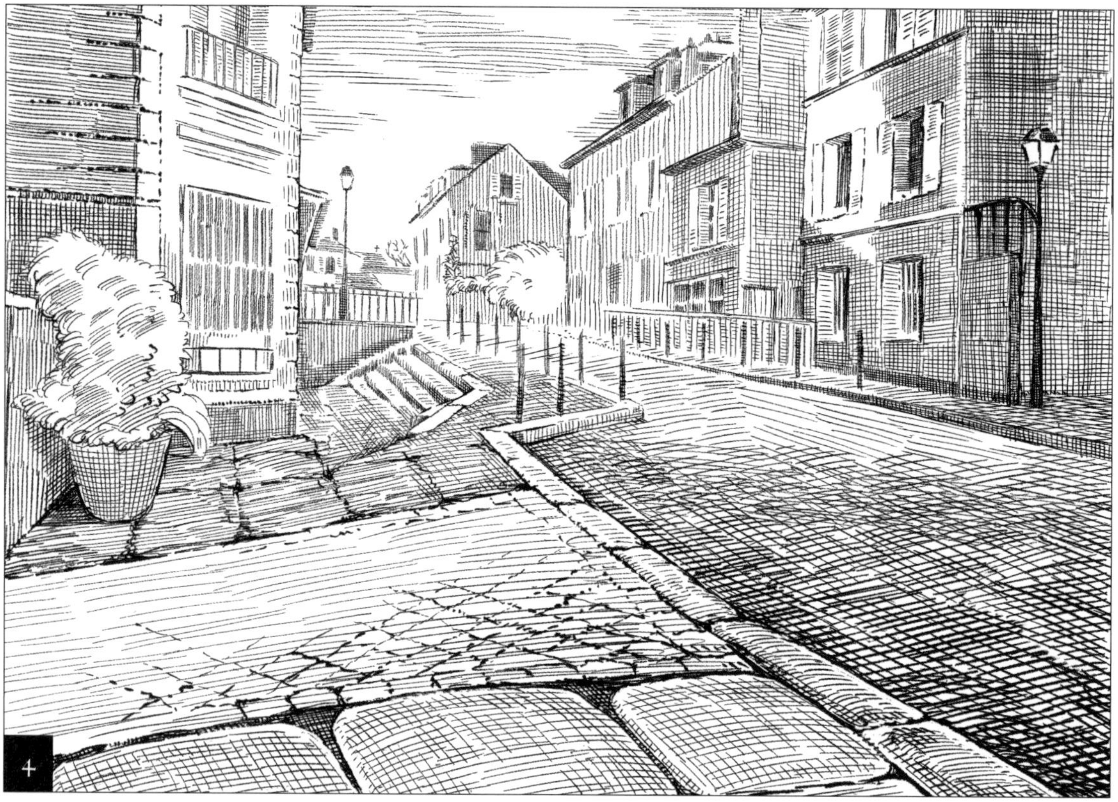

4 — Radieren Sie alle mit Bleistift gezogenen Hilfslinien aus, wo Sie bereits mit Tusche gearbeitet haben, und begutachten Sie dann Ihre Zeichnung, um die nächsten Schritte festzulegen. Oft ist der größte Teil einer Stadtansicht mit der ersten Schraffur fertig. Die Richtungsschraffuren, Umrisse und der tonale Kontrast bilden bereits eine gut lesbare Stadtansicht. Jede weitere Entwicklung lässt die Zeichnung realistischer wirken, ist aber keineswegs notwendig. Für unsere Zwecke habe ich die Zeichnung jedoch verfeinert.

Ich konzentrierte mich in erster Linie auf den Vordergrund und fügte eine zweite Tonwertschicht hinzu, und zwar in entgegengesetzter Richtung der ersten. Sparsam ergänzte ich den Hintergrund um weitere Details, wobei ich darauf achtete, dass ich ihn nicht zu sehr abdunkelte. Ich wollte nicht über einen mittleren Ton im Hintergrund hinausgehen, um zu vermeiden, dass er zu sehr auffällt.

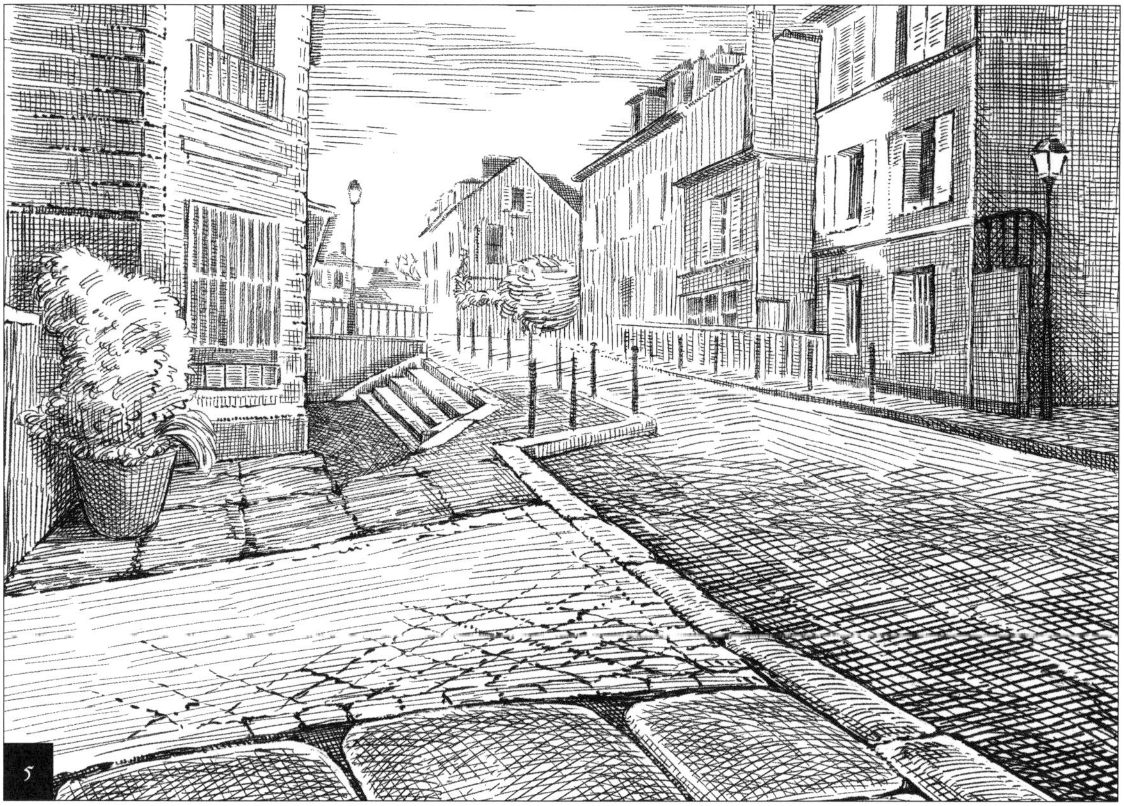

5 — Schließlich füge ich nach Bedarf Details und diagonale Schraffuren hinzu. Dabei bewege ich meine Hand schnell um die Komposition herum, indem ich einen Bereich ausbessere, bevor ich zum nächsten übergehe. Ich zeichne nicht jede kleine Fensterscheibe und jeden Pflasterstein ein. Und ich lasse große Negativräume frei, denn so wird das Sonnenlicht betont. Zudem wirkt die ganze Zeichnung dadurch frisch und lebendig, so wie jede Stadtlandschaft aussehen sollte.

Fehlerbehebung

Wie mit anderen Dingen, die man erlernt, erfordert auch das Kreuzschraffieren Zeit und Geduld. Während meiner jahrelangen Lehrtätigkeit, in der ich das Kreuzschraffieren unterrichte, sehe ich, wie meine Schüler und Schülerinnen alle möglichen Stile entwickeln, und jeder interpretiert meine anfangs gegebenen Ratschläge auf eigene Weise. Doch bei aller individuellen Vorgehensweise ist mir aufgefallen, dass ein paar Fehler bei fast allen, die sich zum ersten Mal mit dem Kreuzschraffieren beschäftigen, auftreten. Mit der Erlaubnis meiner Schülerinnen und Schüler habe ich einige Fehler aus Zeichnungen, die mir eingereicht wurden, hervorgehoben und, wo es hilfreich ist, auch einige Schraffuren korrigiert und zum Vergleich beigefügt.

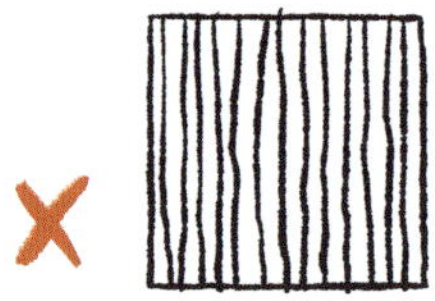

1 — Diese Linien sind krumm und ungleichmäßig – ein Zeichen dafür, dass zu zögerlich schraffiert wurde. Ein gleichmäßigerer Strich erfordert eine sichere Bewegung, und es kann etwas dauern, bis Sie diesen Punkt erreicht haben. Versuchen Sie in der Zwischenzeit, zuerst Hilfslinien mit dem Bleistift zu zeichnen oder den Stift gelegentlich abzusetzen, um Ihr Handgelenk neu auszurichten.

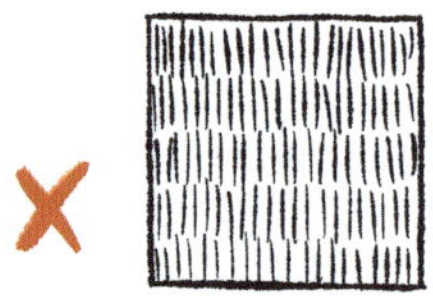

2 — Diese Schraffuren sind so kurz, dass sie einen falschen Eindruck von der Oberflächenbeschaffenheit des Motivs vermitteln. Auch wenn Sie bestimmte Dinge gerne mit kurzen Strichen schattieren wollen, ist Ihre Zeichnung mit längeren Linien kompakter und lesbarer.

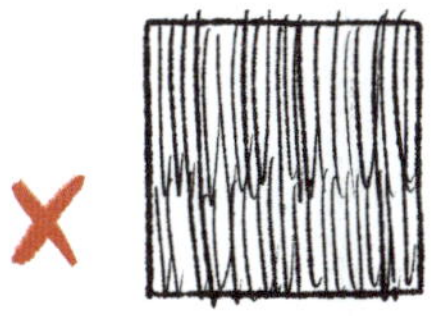

3 — Diese Schraffur wurde so schnell ausgeführt, dass die Feder am Ende eines jeden Strichs kleine Häkchen hinterlassen hat. Während Künstler, die viel Erfahrung im Schraffieren haben, bisweilen große Wirkung damit erzielen, sollten Anfänger zunächst präziser schraffieren.

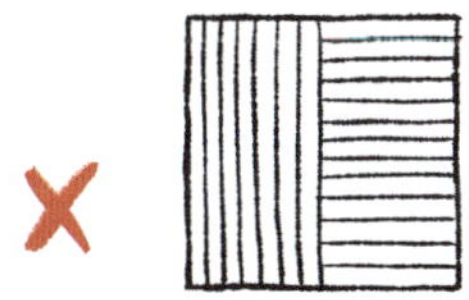

4 — Der Richtungswechsel der Linien geschieht ohne erkennbaren Grund, obwohl das Motiv durchweg glatt und flach ist. Dieser Wechsel ist verwirrend und bringt außerdem einen falschen Rand zwischen den beiden Schraffuren hervor.

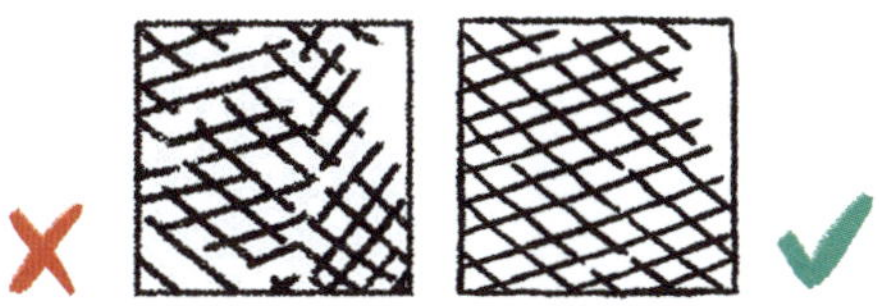

5 — Die Linien ändern hier unerwartet ihre Richtung, was auf eine Falte oder Kante im Motiv hindeuten könnte. In Wirklichkeit sollte es eine glatte, durchgehende Oberfläche haben. Der Künstler nutzt die Schraffuren irrtümlicherweise nur, um den Tonwert darzustellen und übersieht dabei, wie sie sich auf die gesamte Form der Zeichnung auswirken.

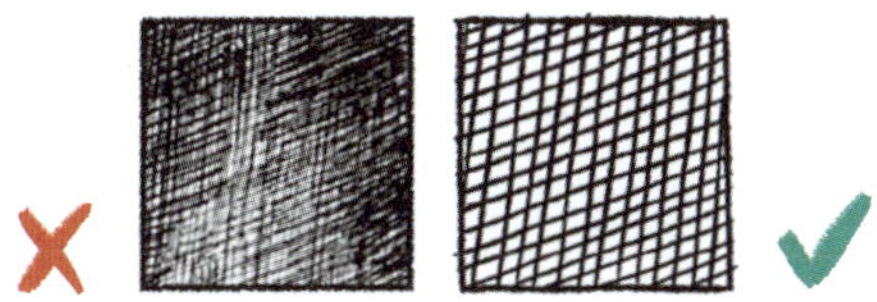

6 — Diese Schraffur ist so dicht und skizzenhaft, dass die einzelnen Linien nicht mehr zu unterscheiden sind und der Effekt der Kreuzschraffur verloren geht. Hier wurde vermutlich versucht, schnell einen großen Bereich auszufüllen und nicht daran gedacht, dass man dabei schrittweise vorgehen muss.

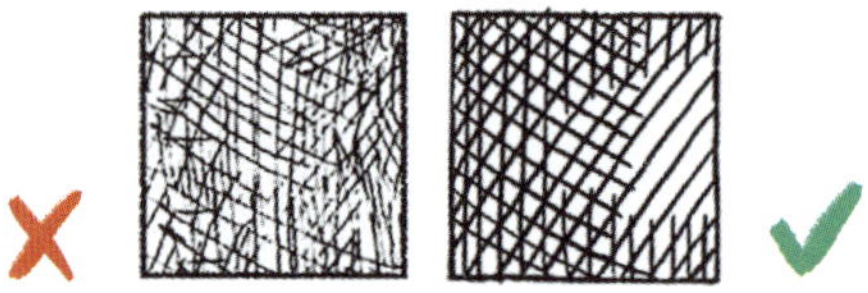

7 — Viele unterschiedliche Richtungen und Abstände, die optisch verwirrend sind. Die Konturen sind undeutlich. Sollte es vorher eine Bleistiftskizze gegeben haben, scheint sie irgendwann vernachlässigt worden zu sein. Dem Ergebnis mangelt es an Klarheit.

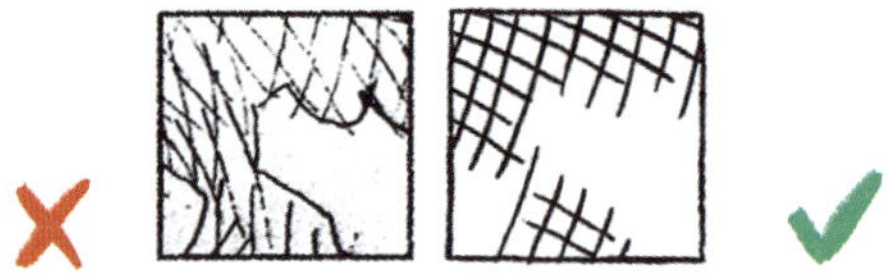

8 — Es ist zwar wichtig, dass die Schlaglichter während des Tuscheauftrags erhalten bleiben. Hier aber ist man einen Schritt weiter gegangen und hat die Lichter mit Tusche umrissen, wodurch ein krasser und irreführender Schattenring entsteht, wo nur eine leichte Schattierung sein sollte.

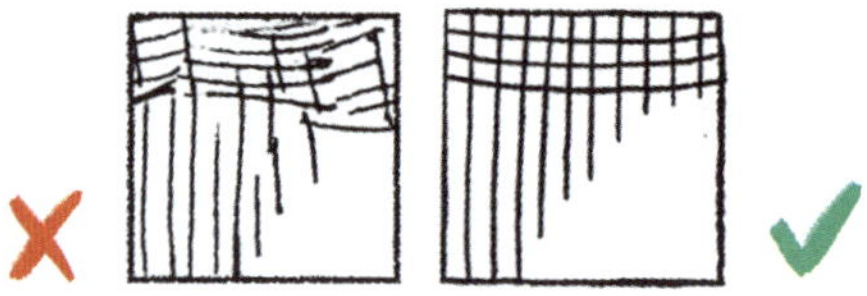

9 — Ein verworrener Übergang von einer Schicht zu einer zweiten. Die Zahl der Vertikalen nimmt ab, und sie liegen weiter auseinander, sobald sie sich mit den Horizontalen kreuzen. Der Tonwert wird gleichzeitig dunkler (durch die Überlagerung) und heller (durch den größeren Abstand der Striche), wodurch der Übergang von einem Ton zum anderen zunichtegemacht wird.

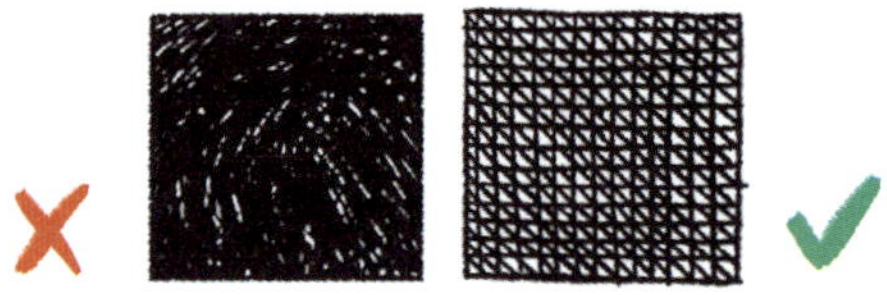

10 — Hier wurde die Fläche nicht mit Linien, sondern unsystematisch mit Spiralen ausgefüllt. Bei der Schraffur ist es wichtig, dass die einzelnen Schichten mit verschiedenen Tönen eine gemeinsame Sprache hinsichtlich der Textur sprechen. Diese Vorgehensweise mit ihren hektisch wirkenden Elementen ist mit umgebenden Schraffuren unvereinbar.

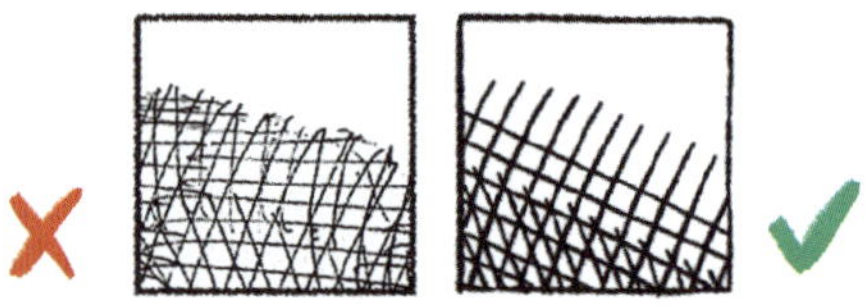

11 — Der Übergang zwischen Schattierung und Schlaglicht ist zu abrupt. Es müsste einen Zwischenton geben. Ohne einen solchen wird der Rand der Schraffur irrtümlicherweise als der Rand des Motivs gelesen.

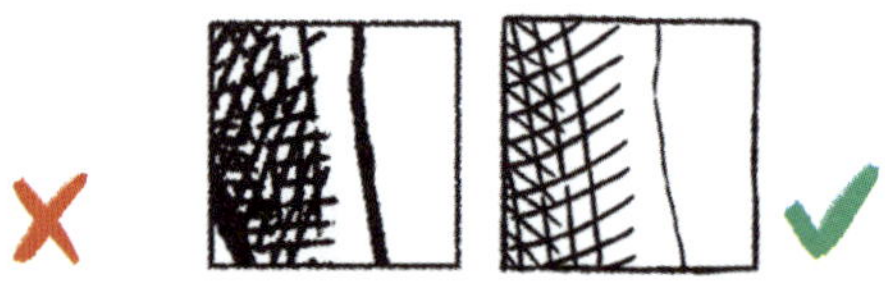

12 — Da der Rand dieses Motivs ein Schlaglicht ist, sollte die Kontur dünner und heller sein als die Schraffur. Eine so kräftige Umrisslinie, insbesondere in einem Bereich ohne Schatten, lässt das Motiv flacher erscheinen.

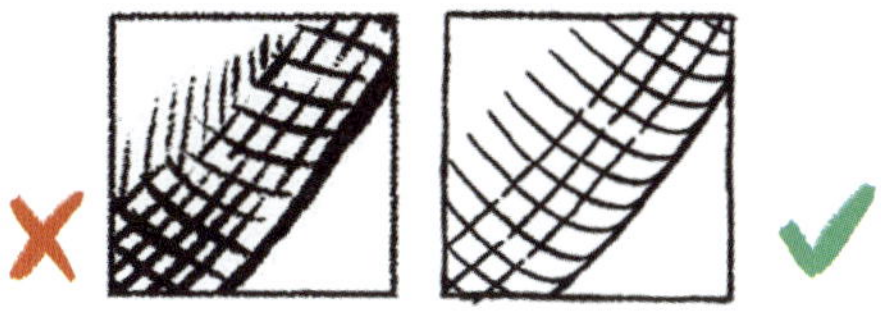

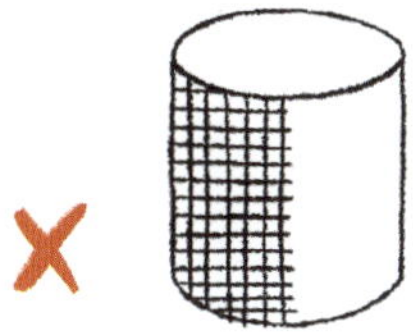

13 — Der Übergang zwischen Schattierung und Schlaglicht wird hier durch einen Zwischenton abgemildert, aber die Linienführung widerspricht der Schraffur. Um einen zusammenhängenden Übergang zu erzeugen, sollte der helle Ton von der horizontalen Schicht ausgehen.

14 — Diese Kreuzschraffur ist zwar ordentlich und gleichmäßig, aber hinsichtlich der Konturen nicht auf die Rundung abgestimmt. Bestenfalls wurde mit dieser Schraffur versucht, Tiefe zu erzeugen, im schlimmsten Fall lässt sie die Umrisse vollends außer Acht und stiftet optische Verwirrung.

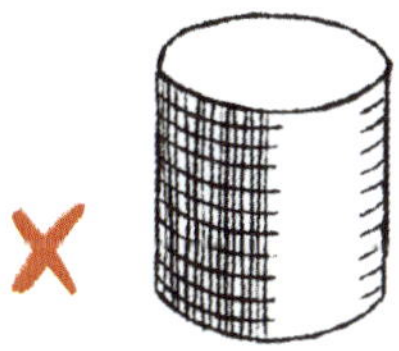

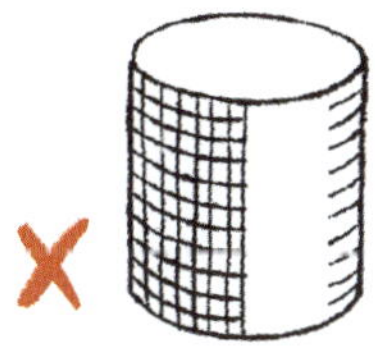

15 — Die Abstände zwischen den Linien sind in allen Schraffurschichten unterschiedlich, wodurch längliche Rechtecke mit Negativraum entstehen. Idealerweise wäre das Liniengeflecht stimmiger, sodass es ein gleichmäßiges Raster aus papierweißen Quadraten ergibt.

16 — Korrekt geschwungene Linien, aber kein Übergang zwischen dem linken Abschnitt mit zwei Tonwertschichten und dem rechten Schlaglicht ohne jeglichen Tonwert. Die Schattierung eines runden Gegenstandes erfolgt normalerweise nach und nach, hier zeigt die Schattierung eine harte Kante.

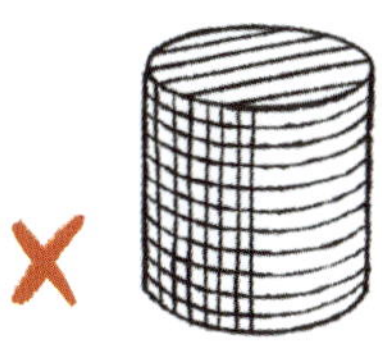

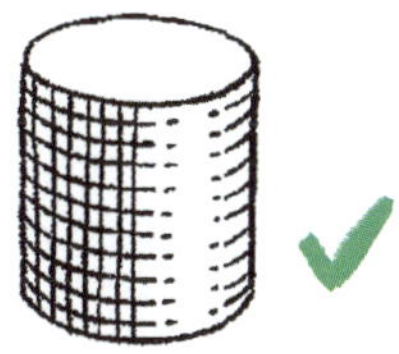

17 — Hier ist der Übergang fließender, aber die Schlaglichter fehlen ganz, wodurch der gesamte Tonwertbereich der Zeichnung sehr reduziert ist.

18 — Geschwungene Linien, ein gleichmäßiges Raster und die Tonwerte gehen auf der gerundeten Fläche allmählich ineinander über.

Schüler*innenzeichnungen kritisch betrachtet

Um einige häufige Fehler beim Schraffieren zu veranschaulichen, zeige ich hier einige Zeichnungen, die von Schüler*innen eingereicht wurden. Mit ihrer Erlaubnis habe ich jede dieser Arbeiten mit meinen Verbesserungsvorschlägen kommentiert. Das ist natürlich nur meine persönliche Meinung. Ich habe mich auf die technischen Details konzentriert und nicht auf künstlerische oder konzeptionelle Entscheidungen. Und der Fairness halber stelle ich einige meiner frühen Arbeiten vor, die in meinem ersten Jahr entstanden, als ich das Zeichnen lernte.

I — In diesem Porträt ist das schraffierte Haar recht ordentlich – mit nahezu perfekt geraden Vertikalen –, aber es sagt nicht viel über die Person aus. Auf der rechten Seite scheint es eine Schattierung in eine bestimmte Richtung zu geben, aber sie ist noch zu dunkel, um sie klar zu erkennen.

Die kräftigen Konturen (auf der Wange, der Kieferpartie und dem Ohr) verflachen das Bild. Im echten Leben gibt es keinen schwarzen Schatten am Rand eines hell erleuchteten Objekts. Dieser Rand sollte durch eine helle Linie oder einfach durch den ihn umgebenden Hintergrund angedeutet werden.

Unterschiedlich dunkle Flächen sind abrupt nebeneinandergesetzt, es fehlt ein dazwischen liegender, schraffierter Übergang. Das sorgt für falsche Unterteilungen im Porträt. Achten Sie zum Beispiel auf die schräg verlaufenden Partien auf der Stirn oder den starken Hell-Dunkel-Kontrast am Hals.

An einigen Stellen liegen die Striche zu dicht beieinander. Es gibt nicht genug Spielraum, und die Schraffuren spiegeln nicht ausreichend die Formen wider, die sie schildern. Insbesondere die vertikalen Schraffuren wirken mechanisch und eher wie mit dem Lineal gezogen. Sie sagen nichts über die Form des Kopfes oder des Halses aus, sondern schneiden geradewegs durch das Motiv, ohne Rücksicht auf die Räumlichkeit. Und auch hier gibt es keine geschwungenen Linien, um die Ränder zu umschließen. Sie enden abrupt, sodass das Gesicht so flach wirkt wie ein Blatt Papier.

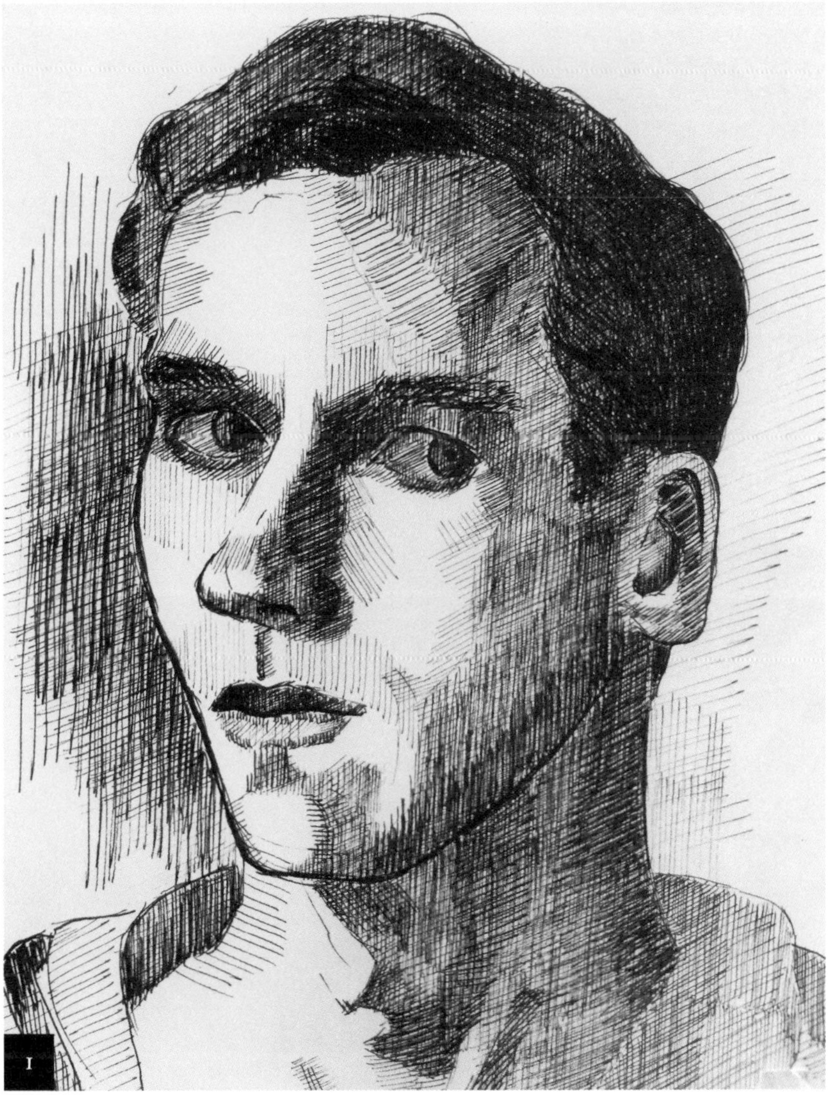

Shannon Kelly

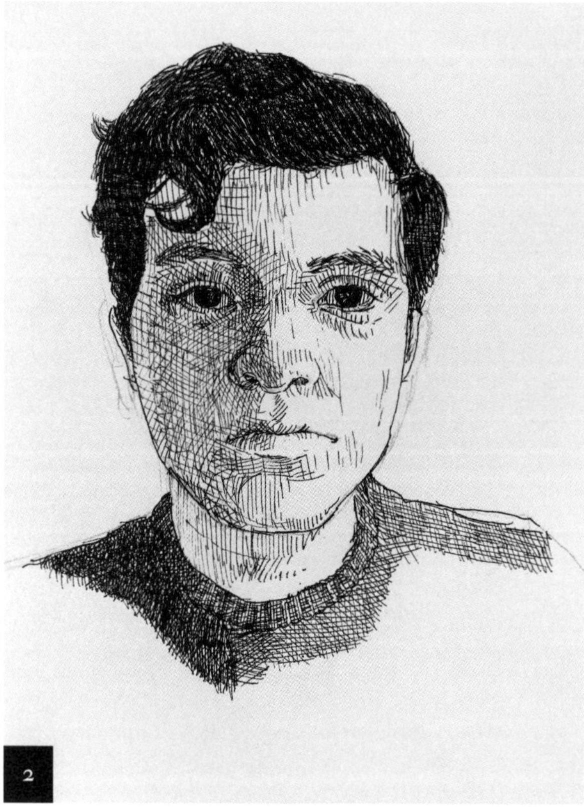

Cesar Zavala

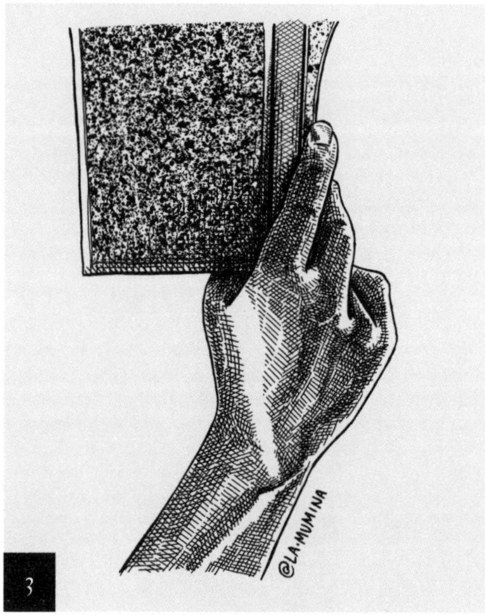

Laura Albertazzi

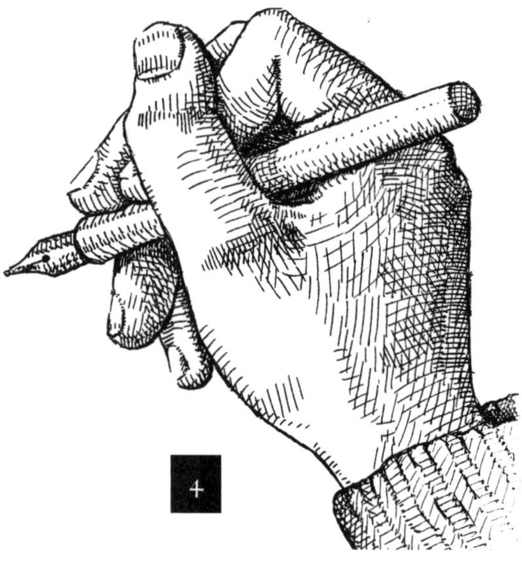

2 — Ganz gleich, welche Haarfarbe – auf dem Kopf gibt es immer Schlaglichter. In diesem Fall auf der rechten Seite, wenn man bedenkt, dass die linke Gesichtshälfte schattiert ist, aber hier ist das Haar komplett ausgefüllt. So wird leider nicht gezeigt, wie sich das Haar der Person bewegt und wie es fällt. Stattdessen ist die Schattierung hier wohl dem Zufall geschuldet und eher irreführend.

Die Schraffur erscheint unzusammenhängend, dadurch entstehen Unterteilungen, die es in Wirklichkeit so nicht gibt. Beachten Sie, wie horizontale Striche auf der Stirn abrupt in diagonale übergehen. Die Augen sind zu dunkel, und es fehlt der funkelnde Lichtpunkt, der sie lebendig macht. Auch wenn dieser weiße Punkt auf dem Vorlagenfoto winzig ist, kann er in der Zeichnung akzentuiert werden, um dem Porträt Leben einzuhauchen.

An den Rändern des Gesichts sollten die Linien geschwungen sein, um zu zeigen, dass die Fläche sich fortsetzt, auch wenn man sie nicht sehen kann.

3 — Insgesamt ist die Schattierung zu dunkel: Die Linien sind fett, liegen dicht an- und dick übereinander, wodurch die Schlaglichter übertrieben wirken. Der weiße Abschnitt auf der Hand wirkt eher wie ein greller Lichtstrahl als wie ein normales Glanzlicht.

Die Umrisslinie ist zu dick und steht in keinem Verhältnis zur Schattierung des Motivs. Eine Linie wie diese sollte nur einen dunklen Rand zieren – zum Beispiel unten am Buch. Bei helleren Rändern, etwa der rechten Seite der Hand, sollte der Umriss zarter sein und an einigen Stellen ganz weggelassen werden, sodass der Betrachter ihn im Geiste vervollständigen kann.

Die Proportionen der Hand stimmen nicht: Der Abstand zwischen den Fingern und dem Handgelenk ist zu kurz, die Knochenpartie unterhalb des Daumens ist vereinfacht und der Fingernagel zu detailliert gezeichnet. Letzterer sollte mit einer leichten Schraffur angedeutet und nicht als eigenständiger Körperteil behandelt werden. Die Schraffur auf dem Unterarm ist flach, wo sie kurvig sein sollte, um eine abgerundete Form darzustellen.

4 — Dies ist meine eigene Zeichnung, die ich etwa ein Jahr, nachdem ich mit dem Zeichnen begonnen hatte, anfertigte. Sie gibt die Konturen richtig wieder – sehen Sie, wie die Linien den Stift umkreisen –, aber die Schraffuren sind etwas unbeholfen. Statt den Tonwert mit Schichten einzelner Schraffuren in verschiedenen Richtungen aufzubauen, habe ich versucht, diese Wechsel zwischen Hell und Dunkel mit nur einer Linienrichtung zu erreichen. So sehen wir auf dem Daumenknöchel zwei verschiedene Abstände zwischen den Strichen direkt nebeneinander. Eleganter wäre es gewesen, den gesamten Knöchel in einer Richtung zu schattieren und dann eine zweite Schraffur in einer anderen Richtung lediglich über den dunkleren Teil zu legen.

Das obere Ende des Stifts ist perspektivisch nicht ganz eindeutig – blicken wir von unten auf die elliptische Fläche oder eher von oben durch ein durchsichtiges Stiftgehäuse auf die Unterseite? Das ließe sich mit einer genaueren Bleistiftskizze beheben oder mit einer präziseren Konturierung.

Fortgeschrittene Techniken

Wenn Sie erst einmal den Bogen mit der Kreuzschraffur heraus haben, möchten Sie vielleicht Ihr Handwerkszeug – in buchstäblichem und übertragenem Sinn – erweitern, indem Sie einige neue Techniken ausprobieren. Es gibt unendlich viele Anwendungsmöglichkeiten für Kreuzschraffuren, von Stickereien bis hin zu Tattoos, aber ich werde mich auf das beschränken, was man mit Tusche auf Papier erreichen kann.

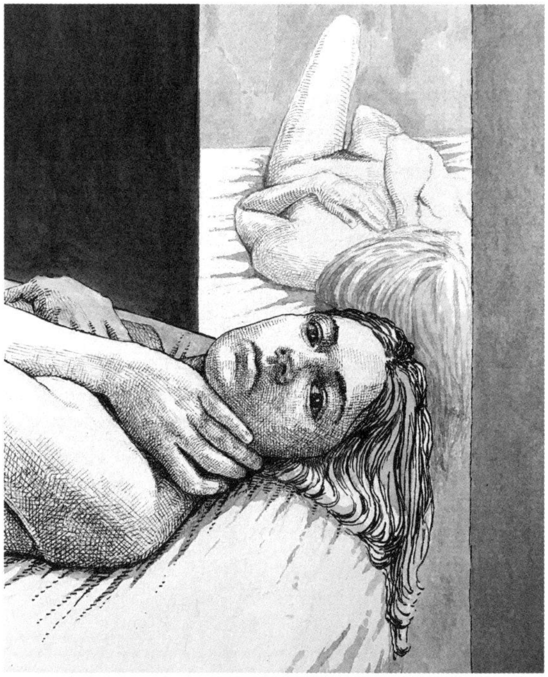

DECKKRAFT:

In diesem Buch habe ich mich fast ausschließlich auf deckende Tusche konzentriert, denn das Schöne der Kreuzschraffur besteht darin, mit nur einer einzigen Tuschefarbe eine komplette Palette von Tonwerten zu simulieren. Wenn Ihnen dieser Effekt gelungen ist, können Sie nun mit unterschiedlicher Deckkraft experimentieren. Vielleicht dient Ihnen hellere Tusche als Übergang zwischen Schatten und Lichtern; oder sie zeigt eine eher diffuse Form an, wie eine Spiegelung oder ein Gespenst; vielleicht erzeugt sie eine atmosphärische Perspektive, wobei der Hintergrund sich in einem Dunstschleier verliert. Sie können auch helle und dunkle Töne übereinander legen oder getrennt voneinander halten. Oder Sie verwenden nur einen einzigen Grauton oder stellen eine ganze Palette zusammen. Die Möglichkeiten sind mitunter überwältigend, wenn Sie nur mit einer Farbe arbeiten. Nehmen Sie sich also genügend Zeit, um sich daran zu gewöhnen und herauszufinden wie Sie dies, wenn überhaupt, in Ihren Stil mit einfließen lassen können.

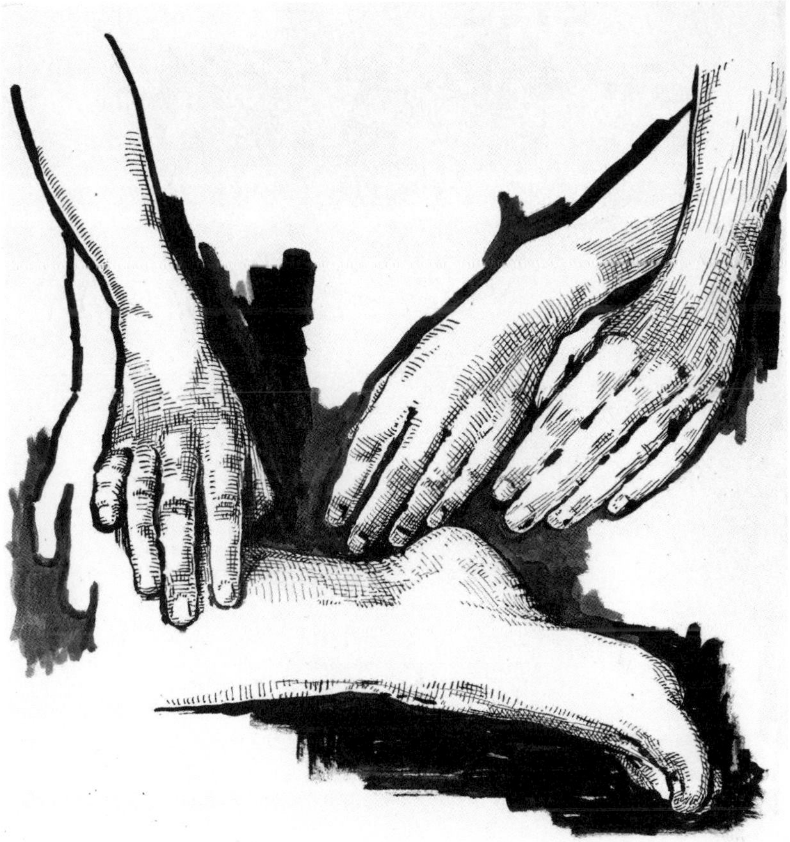

LAVIEREN VON TUSCHEZEICHNUNGEN

Eine große Fläche lässt sich wirkungsvoll ausfüllen, indem man einen in Tusche getauchten Pinsel verwendet. Statt mühsam Schicht für Schicht zu schraffieren, malen Sie den Bereich einfach aus, um ihm einen einheitlichen Tonwert zu verleihen. Die einzige Gefahr besteht darin, dass Sie Tusche an Stellen verschütten, wo sie nicht hingehört. Das lässt sich vermeiden, indem Sie die zu schützenden Bereiche mit Maskierflüssigkeit (Rubbelkrepp) abdecken. Sobald die Lavierung getrocknet ist, können Sie die schützende Flüssigkeit abziehen. Sie können auch zu Beginn des Zeichnens mit Tusche lavieren, um große Abschnitte im Voraus auszufüllen. Probieren Sie das Lavieren zuerst auf einem Stück Papier aus. Einige Papiere sind saugfähiger; bestimmte Tuschen trocknen langsamer als andere, was bedeutet, dass sie länger bearbeitet werden können; und bestimmte Pinsel sind kratziger als andere. Mit diesen und anderen Dingen machen Sie sich durch das Ausprobieren vertraut.

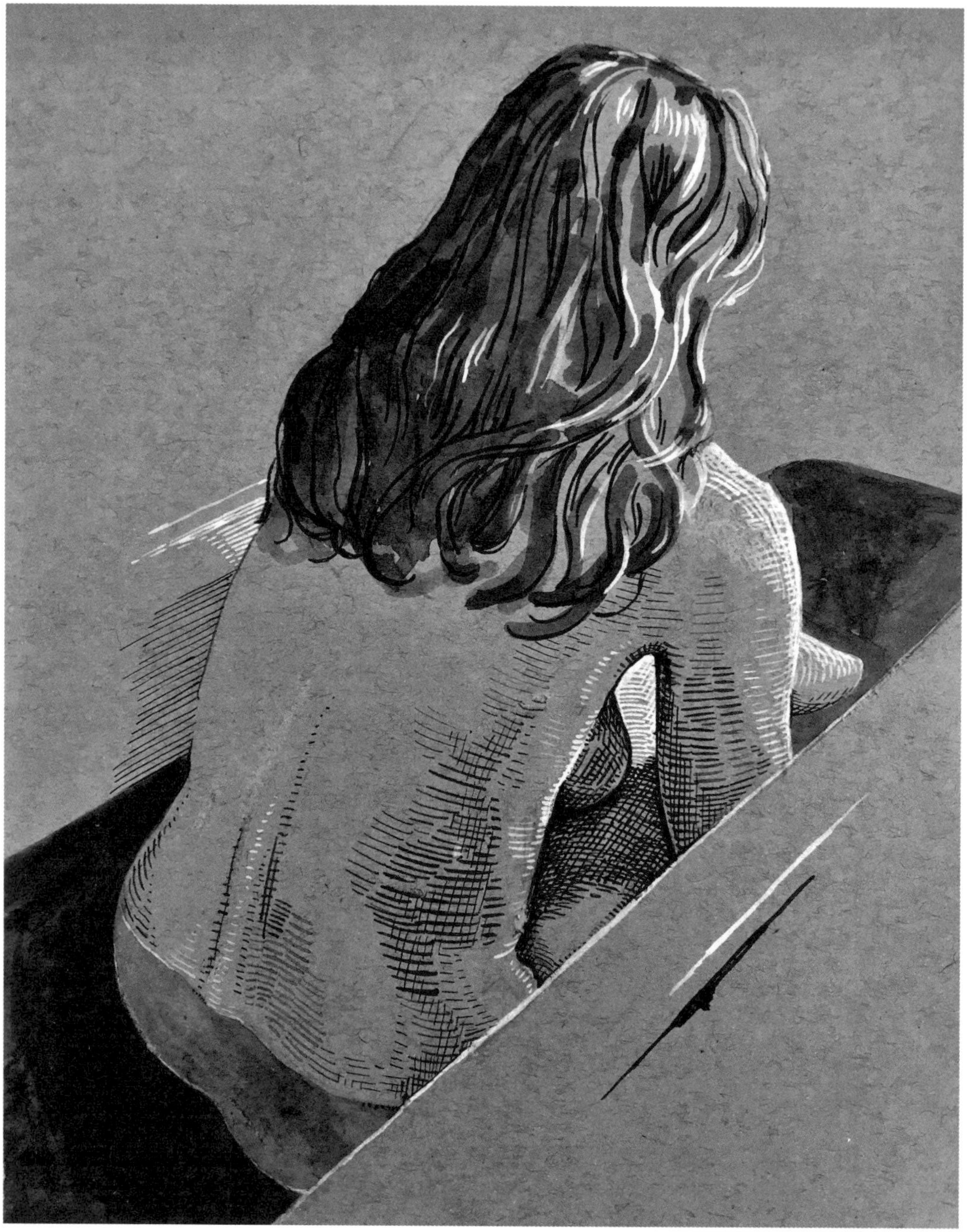

WEISSE TUSCHE:

Das vielleicht Anspruchsvollste beim Tuschezeichnen ist, mit weißer Tusche auf getöntem Papier zu zeichnen und Lichter statt Schatten aufzubauen. Das ist eine völlige Umkehrung all dessen, was Sie über Schattierungen gelernt haben, und deshalb werden Sie anfangs wahrscheinlich etwas irritiert sein. In der Kunst ist es allgemein üblich, dunkle Töne auf einem hellen Hintergrund aufzutragen. Allein das Wort „Schattierung" impliziert Dunkelheit. Und angesichts dessen scheint das für Sie eher „unlogisch" zu sein. Wenn Sie es jedoch erst einmal beherrschen, kommt Ihnen dieser Hauch von Weiß wie etwas Magisches vor und verleiht Ihrem Werk eine Intensität und Leuchtkraft, die mit keiner anderen Technik zu erreichen ist.

FARBTUSCHE:

Wie die Kunstgeschichte zeigt, waren Kreuzschraffuren hauptsächlich einfarbig. Diese Einschränkung macht die schöne Herausforderung dieser Technik aus. Dennoch möchten Sie vielleicht irgendwann einmal mit Farbe experimentieren, um zu sehen, wohin Sie das künstlerisch führt. Beispiele für farbige Ausmalungen finden Sie in mittelalterlichen Holzschnitten. Die Drucktechnik war damals kaum entwickelt, sodass es schwierig war, eine Arbeit in großem Stil einheitlich zu gestalten. Heutzutage gibt es viele Möglichkeiten, diese Hürde zu überwinden.

Alle Ergänzungen zu einer kreuzschraffierten Zeichnung sollten so einfach wie möglich sein, mit minimaler Textur oder wenigen anderen Abweichungen, um nicht mit der Linienführung zu

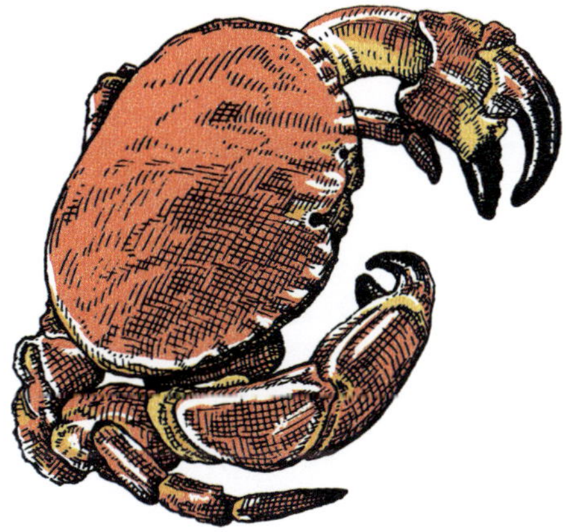

konkurrieren. Wenn ich meiner eigenen Arbeit Farbe hinzufüge, beschränke ich mich auf eine kleine Palette festgelegter Töne. Das lässt meine Zeichnungen etwas antik aussehen und erinnert an die historische Buchherstellung, bei der die Verwendung von Farbe komplizierter (und teurer) war als in unserem heutigen Zeitalter der digitalen Kunst und des On-Demand-Drucks. Meine begrenzte Farbpalette vereinfacht nicht nur meinen künstlerischen Prozess, sondern auch das Endergebnis, sodass eine ordentliche Komposition dabei herauskommt, bei der die Kreuzschraffur immer noch im Mittelpunkt steht.

Es gibt verschiedene Möglichkeiten, Farbe auf eine monochrome Zeichnung wie diese hier aufzutragen. Die ursprüngliche Zeichnung lässt sich mit Aquarellfarben, Filzstiften oder Tuschelavierungen verändern. Sie können auch ein Foto oder einen Scan der Zeichnung machen und dann mit einer Bildbearbeitungssoftware Farbe hinzufügen. Ich persönlich entscheide mich für die digitale Methode, um sowohl meine Originalzeichnung zu erhalten als auch mehrere mögliche Farbschemata zu vergleichen, bevor ich mich für eines entscheide.

Studien nach Meisterdrucken

Studien nach Meisterdrucken sind eine uralte Praxis. Es geht darum, den Prozess des Originalkünstlers nachzuvollziehen, sich in seinen Geist und seine Hand hineinzuversetzen und sich an seinen besonderen Zeichenrhythmus anzupassen. Dabei werden Sie sich unweigerlich im Spannungsfeld zwischen Ihrer eigenen Vorgehensweise und der des ursprünglichen Künstlers befinden. Am Ende der Übung sollten Sie sich notieren, was Sie herausgefordert oder inspiriert hat, und den Rest außer Acht lassen. Dabei geht es keineswegs um das Endergebnis, sondern vielmehr um das Kopieren selbst. Achten Sie also auf Ihren inneren Monolog, während Sie arbeiten.

Es gibt keinen richtigen oder falschen Weg, das Kreuzschraffieren zu lernen; die Linien können in beliebiger Reihenfolge gezeichnet werden, sodass genau derselbe Effekt erzielt wird. Allerdings ist diese Übung am ergiebigsten, wenn Sie sich vorstellen, wie der Originalkünstler dabei vorgegangen ist, mit anderen Worten – wie Sie selbst in Zukunft vorgehen könnten. Wenn Sie zum Beispiel eine Reihe paralleler Linien nebeneinander haben wollen, dann zeichnen Sie diese alle auf einmal, bevor Sie eine weitere Schraffur darüber legen.

Während diese Lektionen noch frisch in Ihrem Gedächtnis sind, wenden Sie sie auf Ihre eigene Arbeit an. Fertigen Sie eine Zeichnung im Stil des Künstlers an, den Sie soeben kopiert haben. Wie lässt sich ein Selbstporträt mithilfe von Rembrandts schnellen, hauchdünnen Strichen zeichnen? Wie könnten Sie Ihren Garten darstellen, indem Sie sich Dürers glatter und wohldurchdachter Linien bedienen? Durch das Nacheifern anderer verbessern Sie Ihr Geschick und bilden allmählich Ihren eigenen Stil aus.

Gegenüber: *Lesende Sibylle*, Ugo da Carpi, nach Raffael, 1517/18

TIPP: Wo finden Sie Quellenmaterial für Meisterzeichnungen? Beginnen Sie mit den alten Meistern: Albrecht Dürer, Rembrandt van Rijn, Francisco Goya und so weiter. Bei diesen Künstlern finden Sie eine Fülle von außergewöhnlichen Kreuzschraffuren. Sie können Museumskataloge durchblättern, aber beschränken Sie sich bei der Suche auf Radierungen und Stiche.

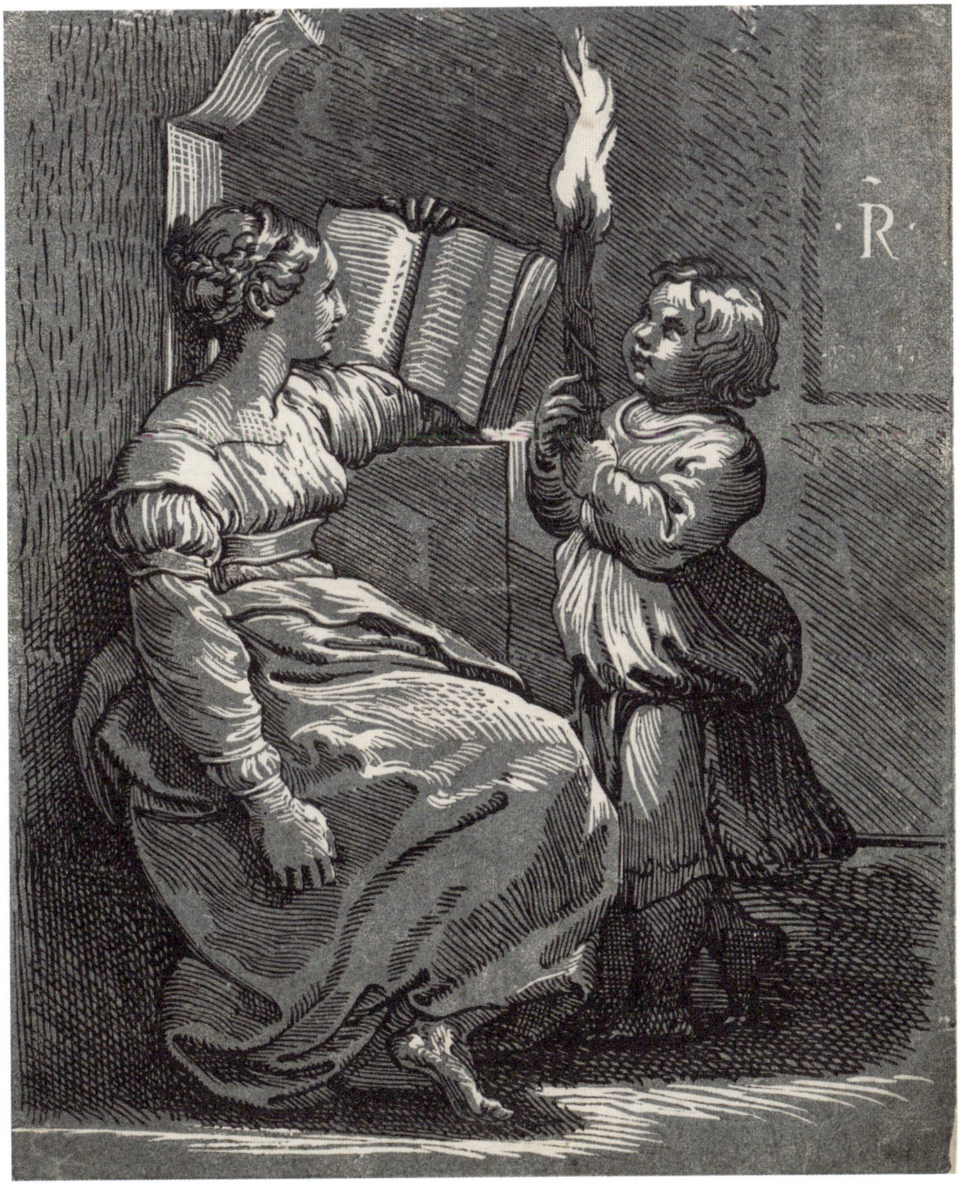

157 — Studien nach Meisterdrucken

DAS KOPIEREN EINES MEISTERDRUCKS: BEISPIELE

Dürers Name fällt oft im Zusammenhang mit Tuschezeichnungen. Zwar sind nur sehr wenige seiner Originalzeichnungen erhalten, aber seine Technik ist durch Holzschnitte, Stiche und einige Radierungen verewigt worden. Der Kupferstich aus dem Jahr 1503, den ich für diese Zwecke ausgewählt habe, ist Dürers Interpretation des Memento mori. Darunter versteht man einen künstlerischen Tropus, der in der Regel durch Knochen, Sanduhren, Blumen und andere Dinge gekennzeichnet ist, die an den Tod erinnern. Dürers Blatt ist sehr unkonventionell und bezieht nordeuropäische Trachten und Folklore mit ein, zum Beispiel den Wilden, der hinter einer vermeintlich unbeirrten Frau steht. Auch die Perspektive ist außergewöhnlich: Der Schädel im Vordergrund ist in genau dem gleichen Winkel dargestellt wie der Kopf der Frau. Und auf diesen Totenkopf werde ich mich konzentrieren.

Bevor Sie sich an einen Meisterdruck heranwagen, sollten Sie beachten, in welcher Technik er angefertigt wurde. Ihre eigenen Werkzeuge und Ihre Arbeitsweise werden sich wahrscheinlich stark von denen des Originalkünstlers unterscheiden, insbesondere wenn dieser das Werk Jahrhunderte zuvor geschaffen hat. Bestimmte grafische Elemente, die durch ein Medium leicht darzustellen sind, können durch ein anderes schwierig sein. In einem Kupferstich zum Beispiel werden die geschwungenen Linien im Vergleich zu Ihrer eigenen Arbeit mit der Feder unglaublich glatt erscheinen. Das liegt nicht daran, dass bei den Künstlern im Mittelalter die Hand und das Auge besser aufeinander abgestimmt waren – obwohl sie in dieser Hinsicht sicherlich eine gründliche Ausbildung erfuhren –, sondern dass der Prozess des Kupferstechens eine ganz andere körperliche Bewegung erfordert als das Zeichnen.

Sie werden diese langen, fließenden Striche in Ihrer Skizze eines Stichs vermutlich nicht nachahmen können. Wenn ich Stiche mit Feder und Tusche kopiere, ziehe ich meistens kürzere Linien, um sie dann nachträglich zu verlängern. Denken Sie daran, dass diese Übung nur Ihrem eigenen Vorteil dient. Das Resultat sollte daher eher als Erinnerung an Ihre Übung und nicht als Beweis für Ihr Können und Ihre künstlerische Kreativität betrachtet werden. Wenn Sie durch die Arbeiten anderer etwas lernen, dann ist es nicht von Bedeutung, ob das fertige Bild besonders ansprechend oder genau ist. Mit diesem Gedanken im Hinterkopf geraten Sie nicht unter Druck und können Ihren kreativen Instinkt vorübergehend beiseiteschieben, um in die Ideenwelt eines anderen Künstlers einzutauchen.

Das Skizzieren ist im Rahmen einer Übungsstudie nicht so wichtig, vor allem nicht bei einer, die sich auf einen so kleinen Ausschnitt einer Arbeit konzentriert. Die Skizze kann schnell und locker angefertigt werden, um das allernötigste Gerüst zu schaffen, damit Sie schnell zur Tusche übergehen können. Es geht nicht darum, die exakten Proportionen des Werks nachzuahmen, sondern vielmehr seine grafischen Elemente. Sie sollten ersteren nur insofern Aufmerksamkeit widmen, als sie Ihnen beim Zeichnen helfen.

Rechts:
Das Wappen mit dem Totenkopf,
Albrecht Dürer, 1503

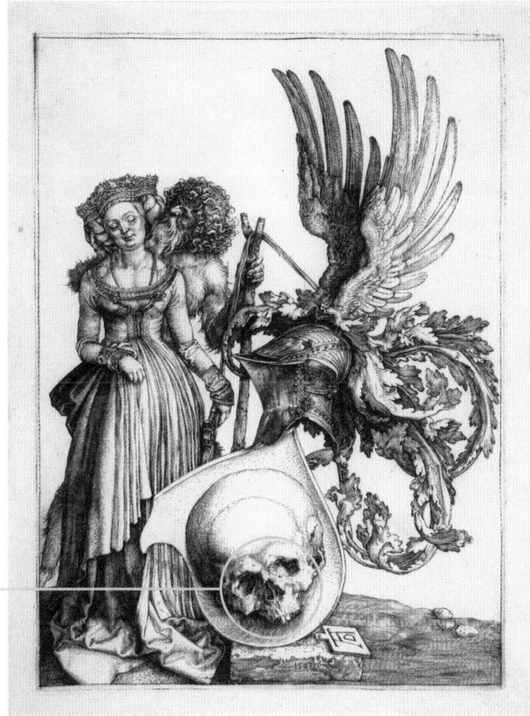

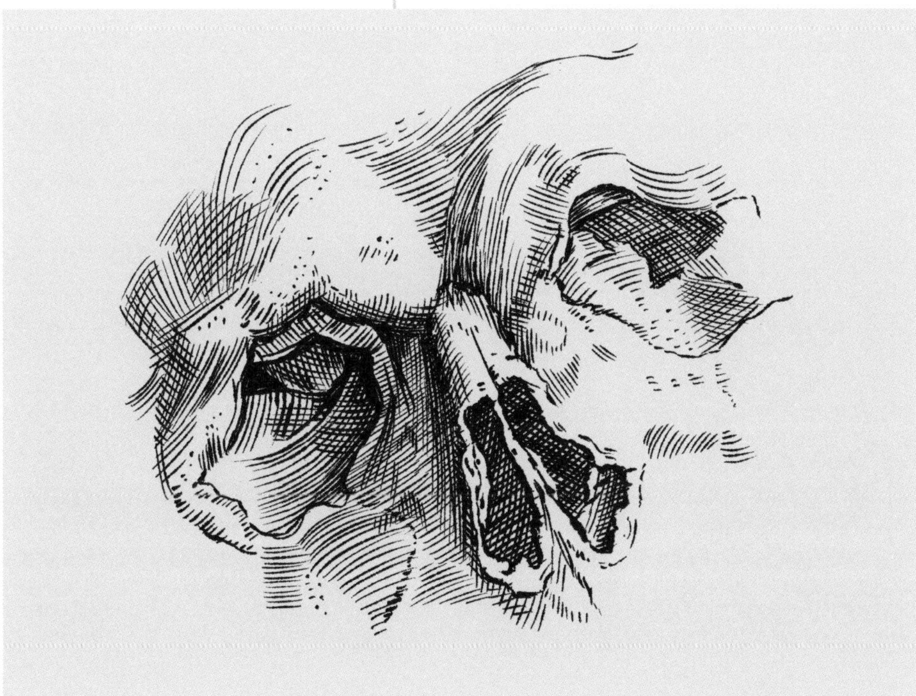

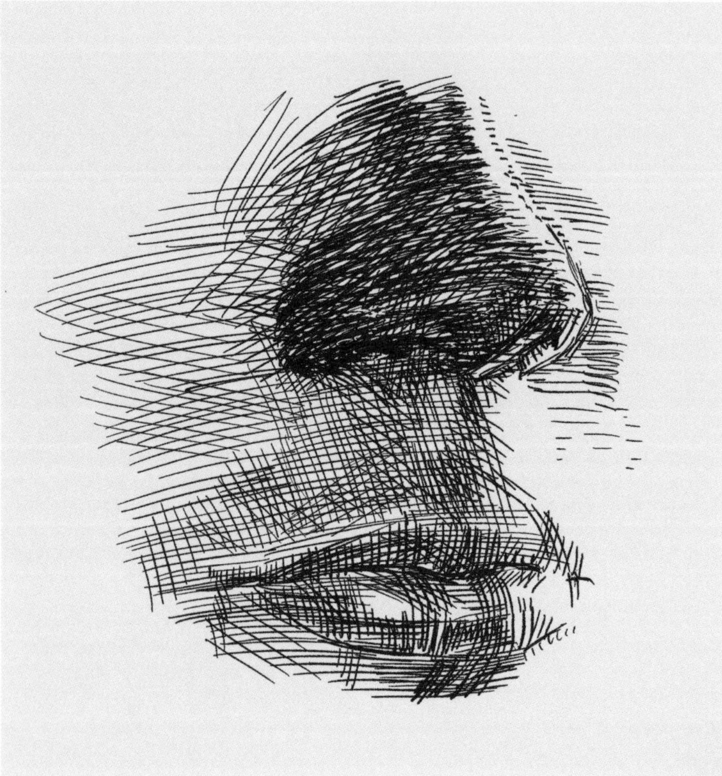

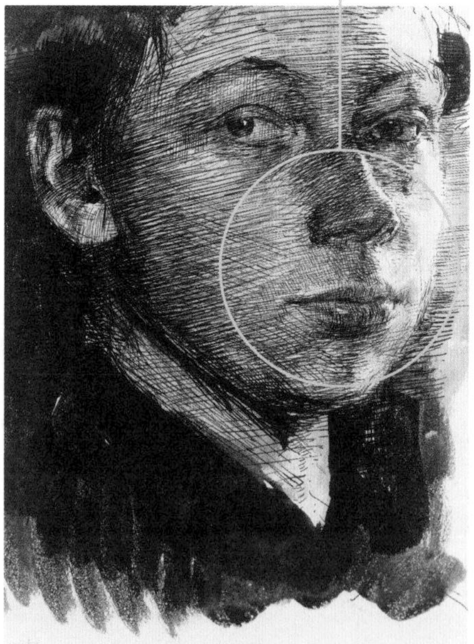

Rechts:
Selbstbildnis nach halbrechts,
Käthe Kollwitz, 1890

Da wir über Dürers endgültige Arbeit verfügen, nicht aber die früheren Stadien des Werks kennen, ist es schwierig, genau zu bestimmen, wie der Künstler gearbeitet hat. Begann Dürer mit einem einzigen Tonwert, indem er alles Dargestellte in einer Richtung schraffierte, bevor er dunklere Schatten darüber legte? Oder ging er abschnittsweise vor, indem er den Totenkopf kreuzschraffierte und konturierte, bevor er zu anderen Teilen der Komposition überging? Diese Fragen lassen sich nicht auf den ersten Blick beantworten und sind auch für Ihre eigene Schulung nicht besonders relevant. Statt das Vorgehen des Künstlers zu analysieren, sollten Sie Ihre eigene Methode finden, die zu einem ähnlichen Ergebnis führt und für Sie dennoch Sinn ergibt.

Das nächste Werk ist Käthe Kollwitz' Selbstporträt in Tusche aus dem Jahr 1890. Es zeigt einen weitaus lockereren und weniger methodischen Ansatz als Dürers Kupferstich. Kollwitz zeichnet mit Tusche auf Papier (anstatt in eine Metallplatte zu ritzen), sodass sie schnell und dynamisch arbeiten kann. Ihre dünnen Linien legen sich in schnell gezeichneten Linien schwungvoll über die Wangen; sie bilden ein Dickicht von Kreuzschraffuren auf der Nase und dem Mund und verblassen dann zu einem halbmondförmigen Schlaglicht am rechten Gesichtsrand. Kollwitz verstärkt den Kontrast, indem sie den dunkleren Bereich mit verdünnter Tusche und einem Pinsel laviert. (In meiner Studie habe ich mich jedoch nur auf die Schraffuren konzentriert).

Bei dieser Art von Studie, mehr noch als bei der Skizze eines Stichs, kann ich die Arbeit nicht Strich für Strich wiedergeben. Es sind einfach zu viele Linien, die ausgearbeitet werden müssten, und täte ich dies, würde sich mein Prozess nur verlangsamen, während ich eigentlich in schnellem Tempo zeichnen sollte, wie Kollwitz es zweifellos tat.

Nachdem ich einen kleinen Teil des Porträts skizziert habe, verwende ich eine sehr feine Feder, um eine horizontale Schraffur über Wange und Nase zu legen. Die meisten von Kollwitz' Schraffuren sind hier eher horizontal ausgerichtet. Insbesondere auf der Nase sieht man, dass sie die Linienführung dezent variiert und nicht mit Kreuzschraffuren arbeitet, die auf der Oberlippe zu erkennen sind.

Kollwitz' Vorgehensweise ist von meiner noch weiter entfernt als Dürers. Während ich mich auf wenige Tonwertschichten beschränke, sodass der Negativraum darunter noch sichtbar ist, arbeitet Kollwitz mit mehreren Schichten und deckt den Papierton zum Teil fast vollends ab. Ihre Ränder sind weich und verschwommen, sie werden eher durch veränderte Tonwerte als durch klare Umrisse angedeutet. Ihre Schraffuren wirken, als wären sie schnell und impulsiv gezeichnet worden, während meine eher den Eindruck vermitteln, als wären sie langsam und mühsam aufgetragen. Indem ich mich mit einer künstlerischen Vorgehensweise beschäftige, die so sehr von meiner eigenen abweicht, kann ich mein kreatives Vokabular erweitern und das Gelernte in zukünftige Kompositionen einfließen lassen.

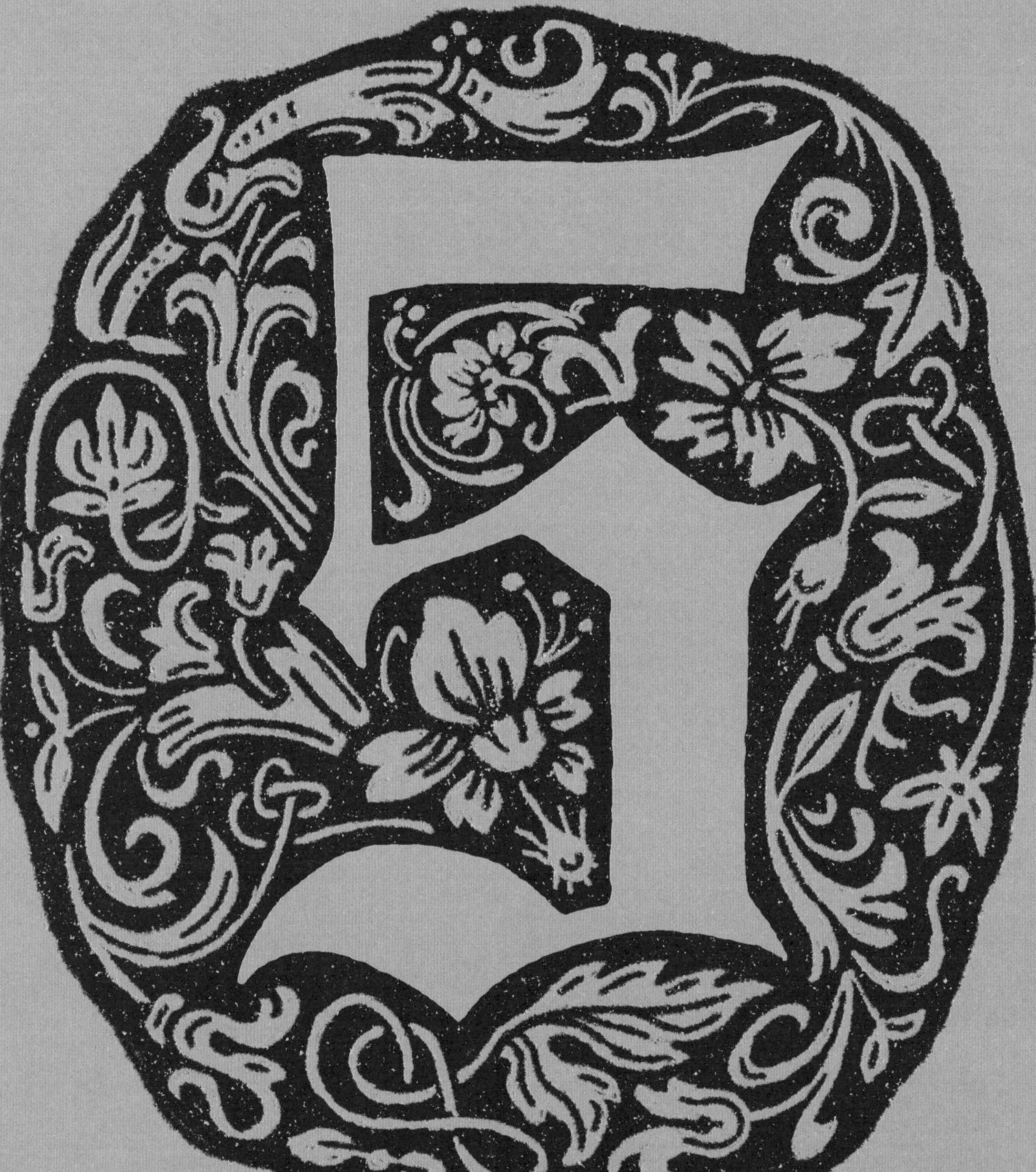

TEIL V:
WAS SONST NOCH?

Übungen fürs Skizzenbuch

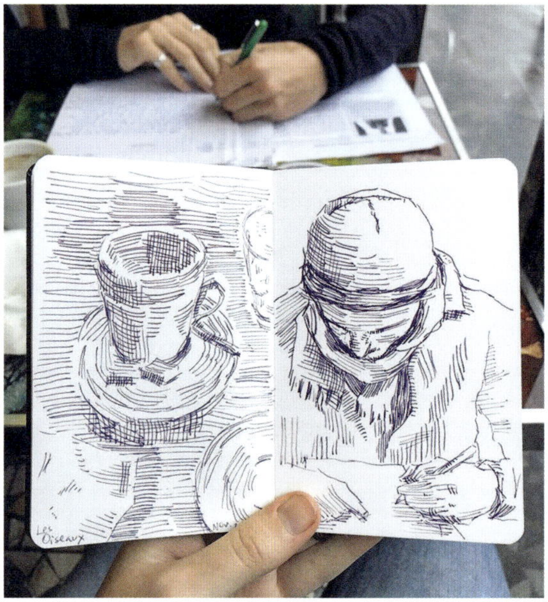

Ein Skizzenbuch ist nicht nur praktisch, um Ihr Zeichenpapier mit sich herumzutragen und aufzubewahren. Es sollte auch einem anderen Zweck dienen als Ihre fertigen Arbeiten. Ein Skizzenbuch ist eine nie endende Auseinandersetzung, ein Brainstorming ohne klaren Plan oder Ziel. Je mehr Sie versuchen zu steuern, was in Ihr Skizzenbuch kommt, desto weniger werden Sie davon haben. Lösen Sie sich von der Vorstellung, dass jede Doppelseite eine in sich geschlossene und ästhetisch ansprechende Serie von Zeichnungen zeigt, die jeden beeindruckt, der sie zufällig sieht. Akzeptieren Sie, dass es überall Fehler gibt und vieles planlos wirkt – und dass einige Ihrer besten Ideen auf Ihren schlechtesten Seiten entstehen.

Ein Skizzenbuch sollte etwas sein, mit dem Sie befreit von jeglichem Druck arbeiten können. Es geht um Quantität, nicht um Qualität, und letzteres ergibt sich zwangsläufig daraus, dass man stets zeichnet. Statt also zu erwarten, dass Ihnen künstlerisch alles gelingt, sollten Sie ständig zeichnen, sodass Sie regelmäßig viele Skizzen hervorbringen.

Der ideale Zeitplan fürs Zeichnen sieht bei jedem anders aus. Um Ihren eigenen festzulegen, müssen Sie sowohl realistisch als auch optimistisch sein, sich selbst treu bleiben und offen für Veränderungen sein. Checken Sie als Erstes Ihren derzeitigen Tagesablauf. Seien Sie ehrlich zu sich selbst, wie Sie Ihre Zeit verbringen, auch wenn Sie nicht gerade stolz darauf sind – selbst wenn Sie bestrebt sind, Ihr Leben zu ändern. Zu wissen, wie Sie Ihre Zeit verbringen, hilft Ihnen dabei, Möglichkeiten zu finden, Kunst in Ihren Alltag zu integrieren. Vielleicht gibt es bereits einige freie Momente, die Sie sich nehmen können, wenn Sie zum Beispiel auf einen Zug warten oder morgens Ihren Kaffee trinken.

Wahrscheinlicher ist, dass es Beschäftigungen gibt, die Sie – ganz oder teilweise – durch Zeichnen ersetzen möchten, etwa Fernsehen oder das Scrollen durch die sozialen Medien. Streichen Sie aber keinesfalls etwas aus Ihrem Alltagsleben, das für Ihr psychisches und physisches Wohlbefinden wichtig ist, beispielsweise Sport, Essen, Tagebuch führen oder Zeit mit anderen Menschen zu verbringen. Solche „Opfer" beeinträchtigen nur Ihr Verhältnis zur Kunst, indem sie es in ein negatives Licht rücken. Veränderungen Ihrer Alltagsroutine sollten ein Ersatz sein, keine Entbehrung.

Vielleicht können Sie eine Stunde am Tag für das Zeichnen erübrigen, vielleicht aber auch nur zehn Minuten. Setzen Sie sich ein Ziel für Ihren Output und behalten Sie jede Woche im Auge, ob Sie es erreichen können. Wenn nicht, fragen Sie sich, ob dieses Ergebnis auf einen Zeitmangel in Ihrem Terminkalender zurückzuführen ist oder eher auf fehlende Motivation Ihrerseits. Mit der Zeit sollten Sie die Diskrepanz zwischen dem, was Sie sich vorgenommen haben, und dem, was Sie tatsächlich erreichen, beheben, bis Sie Ihre eigenen Erwartungen erfüllen.

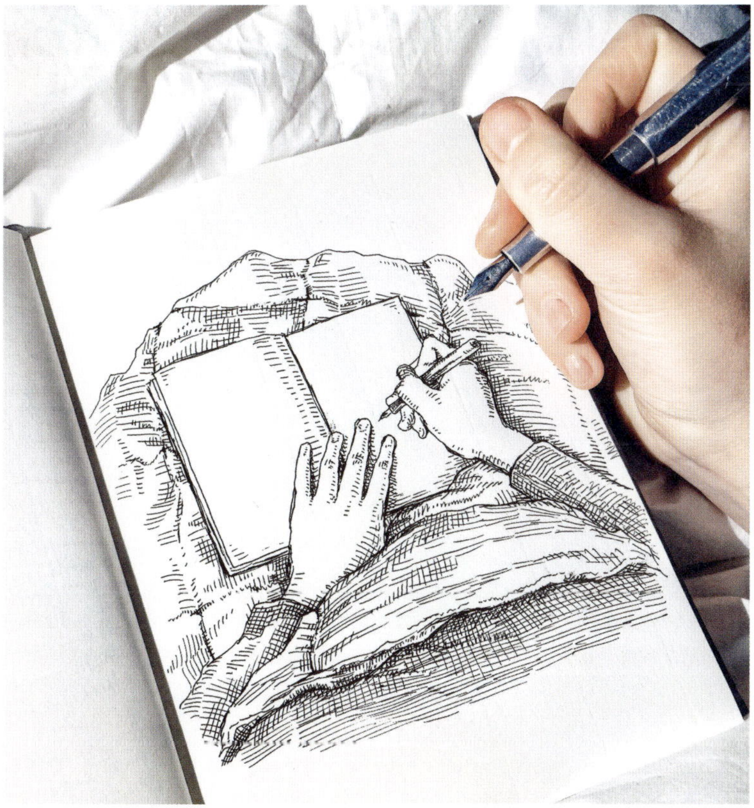

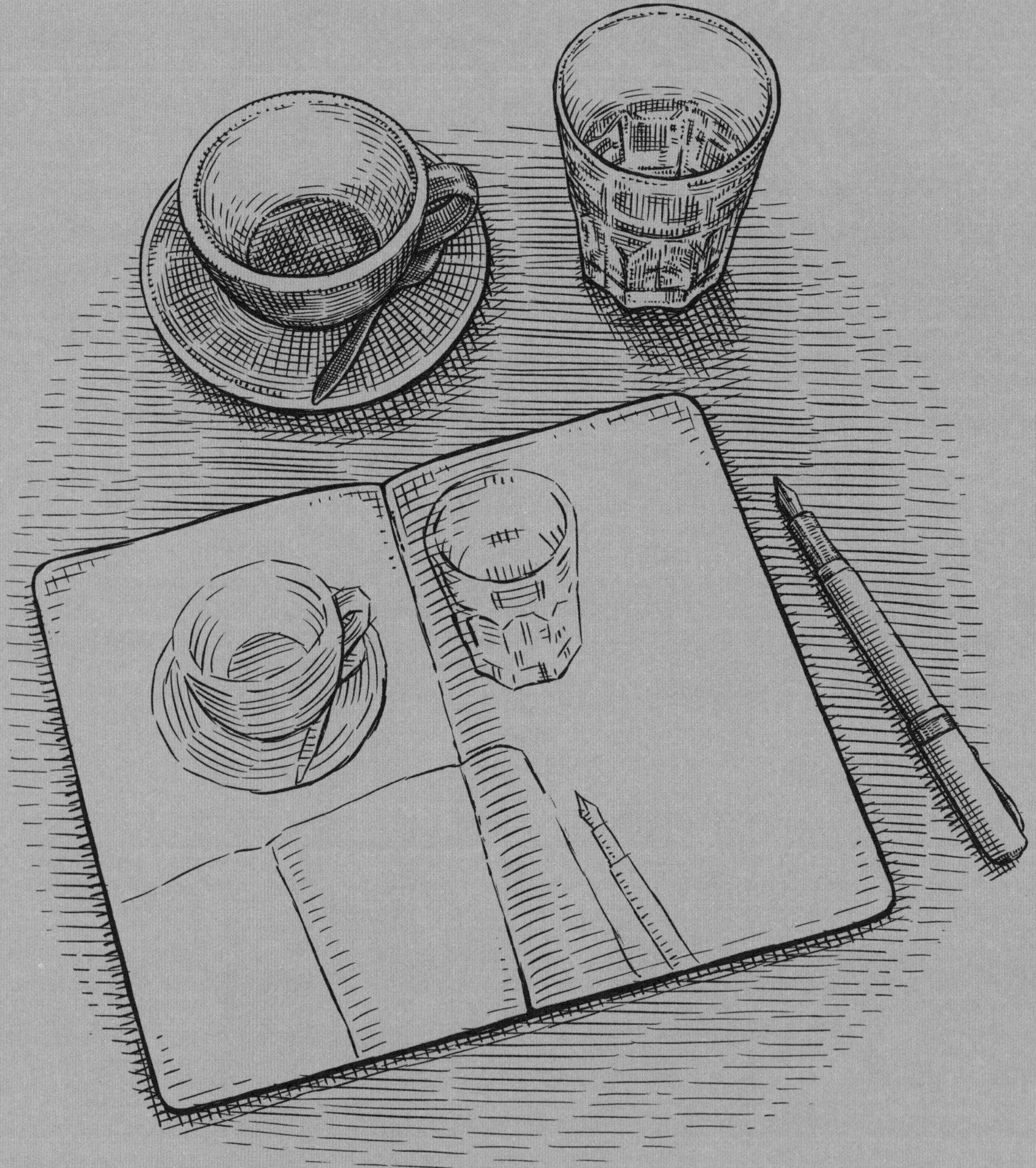

Was aber machen Sie eigentlich mit der Zeit, die Sie zum Zeichnen eingeplant haben? Hier sind einige Vorschläge:

- Zeichnen Sie alles, was sich vor Ihnen befindet, auch wenn es Ihnen nicht besonders interessant erscheint. Das kann ein Möbelstück sein, eine Stuhlreihe, ein an einen Pfosten gekettetes Fahrrad, ein Stapel Bücher ... einfach alles.

- Zeichnen Sie Ihren eigenen Körper. Sie können Ihre freie Hand in Pose setzen oder sogar versuchen, Ihre zeichnende Hand in Bewegung festzuhalten. Schauen Sie an Ihren Beinen und Füßen hinunter und achten Sie darauf, wie sie den Raum einnehmen und wie sich ihre Größe mit der Perspektive verkleinert.

- Suchen Sie im Internet, in Büchern oder Zeitschriften nach Bildern und verwenden Sie diese als Vorlage. Interpretieren Sie das Bild – indem Sie es bearbeiten, den Ausschnitt ändern oder verzeichnen –, statt es genau zu kopieren. So ist die Übung nicht nur technischer Art, sondern auch etwas Kreatives und hilft Ihnen, Ihren persönlichen Stil zu entfalten.

- - Bitten Sie Freunde oder Fremde, für Sie Modell zu stehen. Die meisten Menschen freuen sich, wenn sie gefragt werden, und es macht ihnen nichts aus, wenn die Zeichnung nicht besonders überzeugend oder genau ist.

- Fertigen Sie Kopien von Kunstwerken an. Ich gehe gerne mit Skizzenbuch und Bleistift durch ein Museum und fertige schnelle Skizzen von meinen Lieblingsgemälden an. Sie können auch nach Fotos arbeiten, aber notieren Sie sich unbedingt den Künstler oder die Kunstlerin und den Titel des Werks – sonst könnten Sie eines Tages meinen, das Werk sei Ihrer eigenen Idee entsprungen.

- Probieren Sie verschiedene grafische Elemente aus. Diese Experimente können rein abstrakt sein, das heißt ohne jegliche Beobachtung. Sie dienen nur dazu, verschiedene Texturen, Striche und Möglichkeiten, wie man mehrere Schichten überlagert, auszuprobieren.

- Kombinieren Sie vermeintlich unvereinbare Elemente, zum Beispiel eine Textzeile mit einem Stillleben oder mit einer abstrakten Farblavierung. Das Ergebnis einer solchen Collage lässt sich nicht vorhersagen, also lassen Sie sich freien Lauf und bringen Sie einfach alles zu Papier. Bei dieser Übung verschmilzt Ihr zeichnerisches Können mit spontanem Ausdruck und Zufall. Ist eines der Werke gelungen, können Sie den Effekt – dann etwas kontrollierter –wiederholen.

- Verwenden Sie gefundene Dinge – Tickets, Quittungen, Aufkleber – als Ausgangspunkt für Ihre Skizze. Zeichnen Sie darüber und reagieren Sie entweder auf den Inhalt oder ignorieren Sie ihn, um ein vielschichtiges Bild zu schaffen, das sowohl als Zeichnung als auch als Collage funktioniert.

Fertigstellung einer Zeichnung

Zu wissen, wie man eine Zeichnung fertigstellt, ist fast so wichtig, wie zu wissen, wie man sie beginnt. Als erfahrene Zeichenlehrerin sehe ich viel mehr Werke, die zu viel überarbeitet wurden, als solche, denen etwas zu fehlen scheint. Wenn ich „überarbeitet" sage, meine ich damit Zeichnungen, die mit Tusche überladen sind, die nichts der Fantasie überlassen, keine Fragen offenlassen und jedes Detail erfassen. Andererseits hat eine „unvollständige" Zeichnung – eine, bei der bestimmte Bereiche skizzenhaft oder leer gelassen wurden – eine gewisse Eleganz. In Whistlers Radierung einer sitzenden Frau (Seite 169) sind Gesicht, Haar und Busen der Dargestellten ausgearbeitet, wohingegen der übrige Körper mit nur wenigen gestischen Linien wiedergegeben ist. Hätte er den Rest der Komposition ausgefüllt und jede einzelne Falte des Rocks eingezeichnet, hätte dies die Aufmerksamkeit vom Hauptmotiv, nämlich dem Gesichtsausdruck der Frau, abgelenkt.

Es gibt selten einen eindeutigen Punkt, an dem man mit dem Zeichnen aufhören sollte. Alles hängt von der beabsichtigten künstlerischen Wirkung ab. Es gibt keine richtigen oder falschen Antworten, aber Sie sollten mehrere Möglichkeiten ausprobieren, statt sich jedes Mal auf eine einzige zu versteifen. Machen Sie sich keine Sorgen, wenn Sie das Gefühl haben, immer wieder die falsche Entscheidung getroffen zu haben; solange Sie neue Dinge ausprobieren, werden Sie auch ein Gespür dafür entwickeln.

Gegenüber: *Müde („Weary")*,
James Abbot McNeill Whistler, 1863

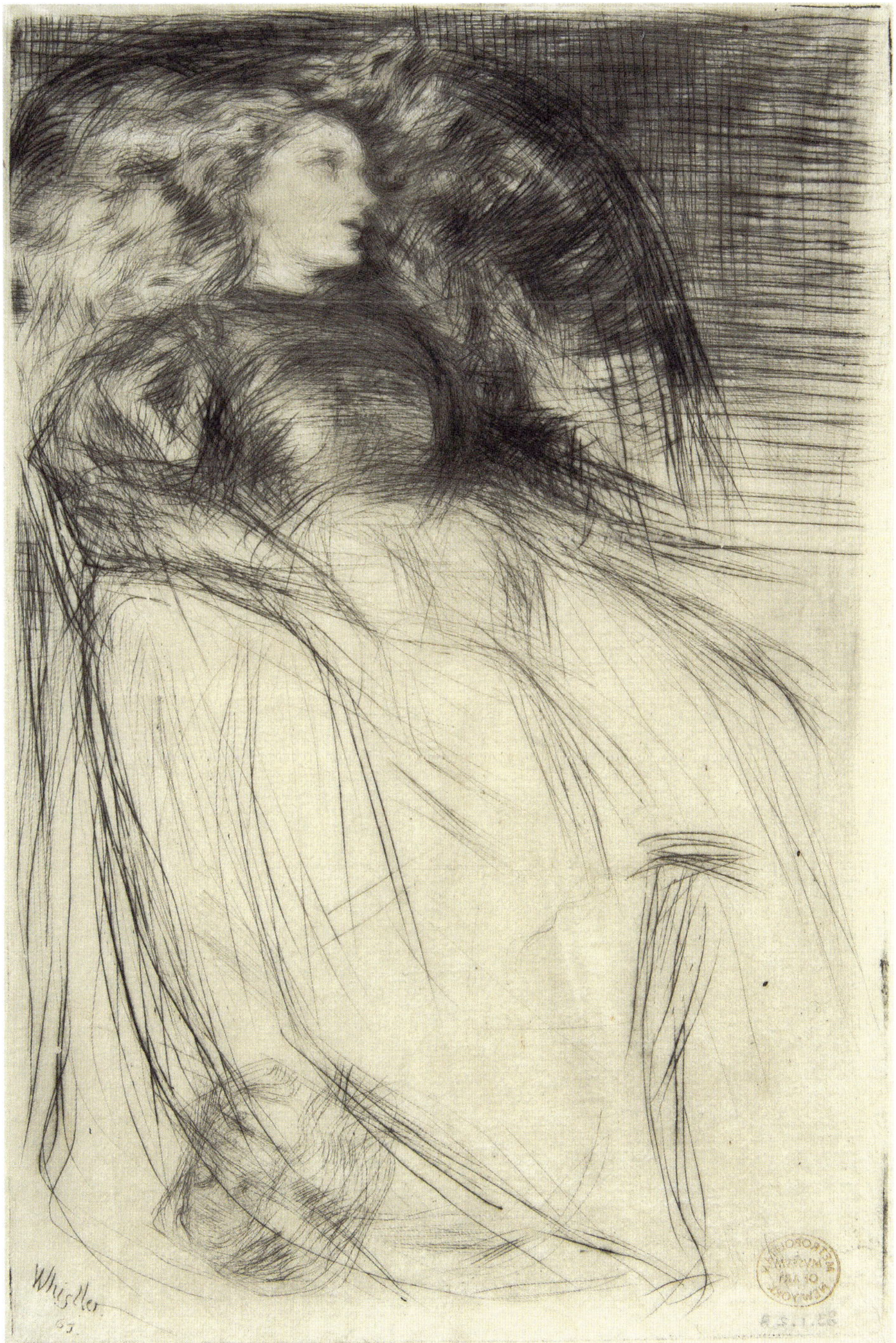

169 — Fertigstellung einer Zeichnung

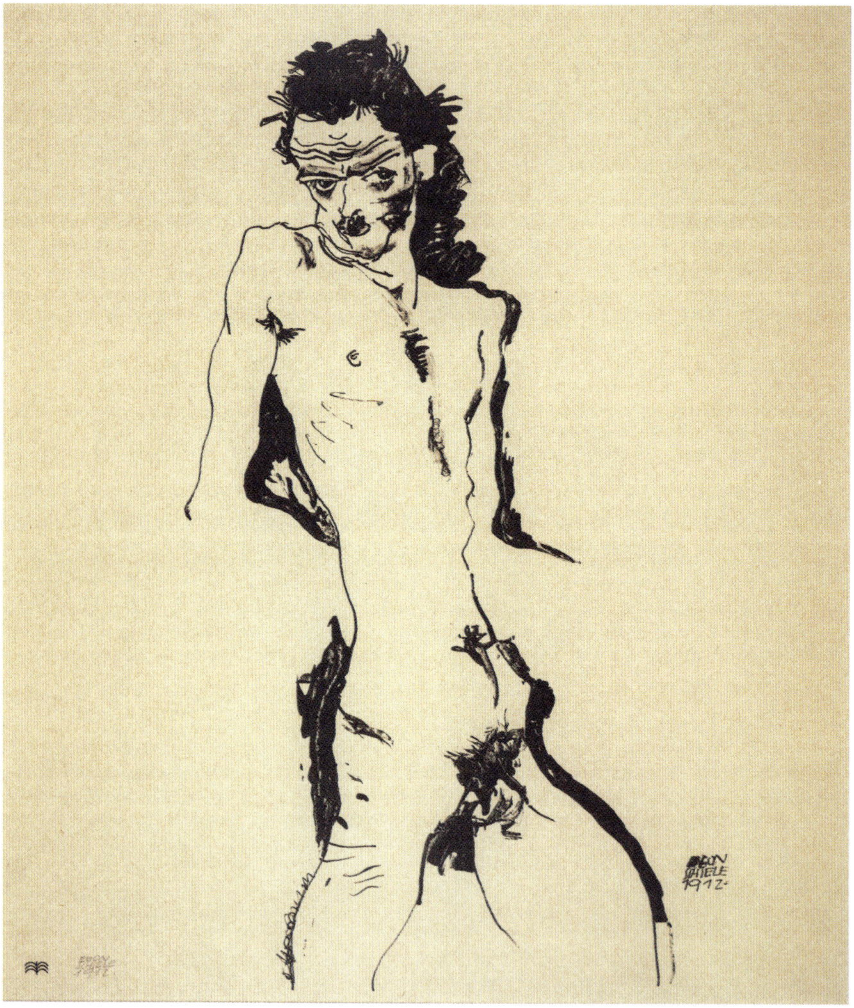

Das bedeutet nicht, dass solche fertigen Zeichnungen schlechter sind als Skizzen. Aber wenn Sie meinen, mit einer bestimmten Arbeit an einem gewissen Punkt fertig zu sein, stellen Sie vielleicht fest, dass es besser ist, Ihr ursprüngliches Ziel nicht zu erreichen. Hier sind einige Gedanken, die Sie während des Zeichnens im Hinterkopf behalten sollten, um zu merken, wann eine Zeichnung fertig ist:

- Treten Sie von der Zeichnung zurück und betrachten Sie sie aus einem neuen Blickwinkel. Ist die Komposition auch aus der Ferne klar ersichtlich? Wirkt sie auf abstrakter Ebene, also als eine Reihe von Formen und Gestalten, gelungen?

- Drehen Sie die Zeichnung auf die Seite oder auf den Kopf. Machen Sie aus einem Hoch- ein Querformat, indem Sie das Bild entsprechend fotografieren oder einen Spiegel benutzen. Dadurch wird Ihr optisches Erlebnis dem des ersten Eindrucks näher kommen. Achten Sie auf Ihre unmittelbare Reaktion, bevor Sie sich an die neue Ausrichtung gewöhnt haben.

- Machen Sie eine Pause. Lesen Sie ein Buch, essen Sie etwas oder gehen Sie spazieren – irgendetwas, das Sie von der Zeichnung ablenkt. Versuchen Sie währenddessen nicht, sich Ihre Zeichnung vorzustellen. Die Pause ist am nützlichsten, wenn Sie Ihren Fokus auf etwas anderes richten.

- Zeigen Sie die Zeichnung einer anderen Person. Verraten Sie nicht, was Sie mit der Arbeit erreichen wollten oder ob Sie glauben, dass Sie Ihr Ziel erreicht haben oder nicht. Bitten Sie sie einfach um eine ehrliche Meinung und seien Sie darauf vorbereitet.

- Stellen Sie sich die folgenden Fragen: Enthält meine Zeichnung eine breite Palette von Tonwerten? Ist die Arbeit zu hell oder zu dunkel? Gibt es Bereiche mit dunklen Schatten und hellen Lichtern? Sind die Teile klar umgrenzt und differenziert? Oder verschmelzen sie miteinander? Ist alles in der Zeichnung gleichmäßig detailliert dargestellt? Oder sind einige Bereiche unvollendet?

Gegenüber:
Männlicher Akt (Selbstbildnis),
Egon Schiele, 1912

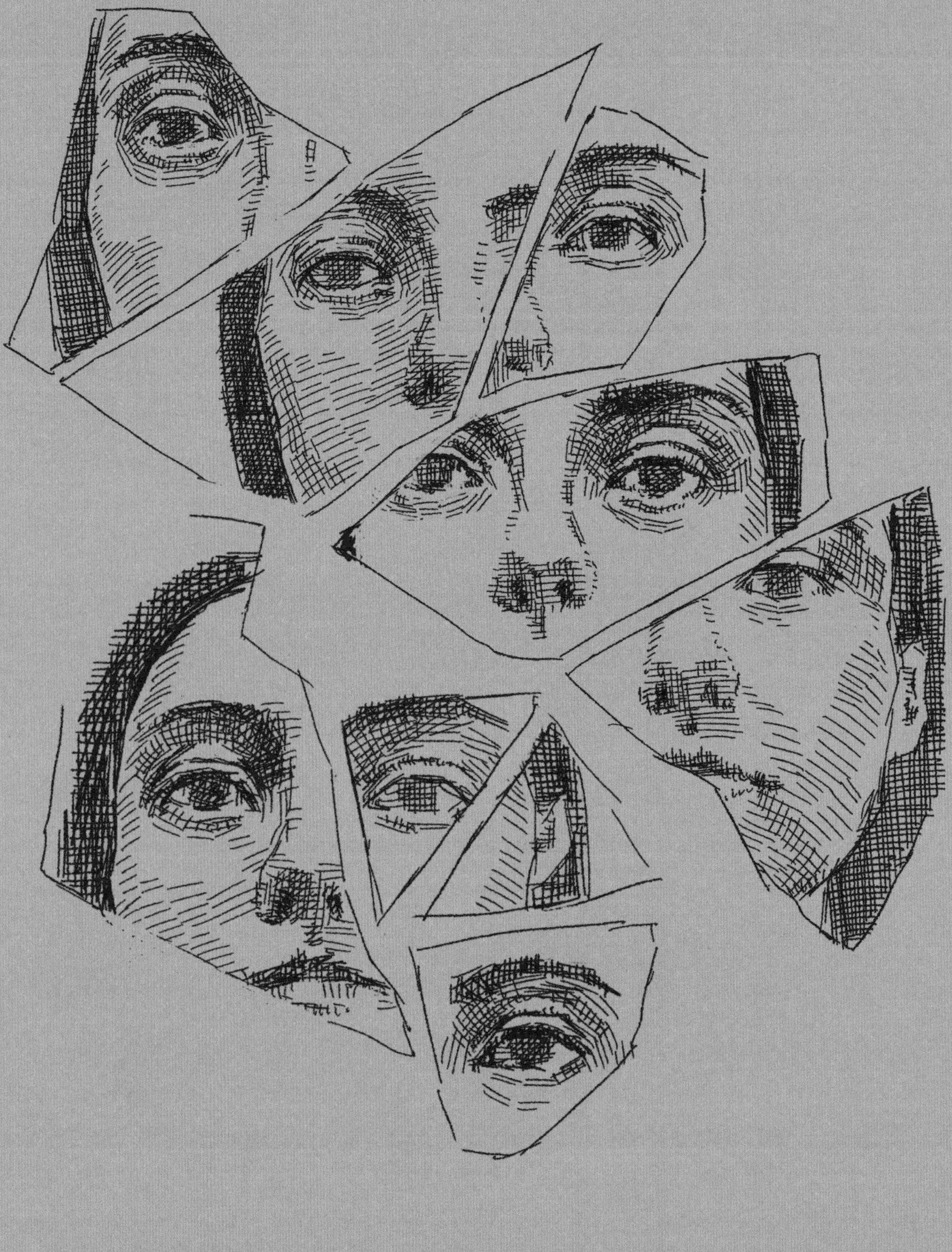

Bildnachweis

akg-images © Succession Picasso/DACS, London 2022, 49; Rabatti & Domingie, 42 oben

Alamy Stock Photo Art World, 17; Hazel McAllister, 9; Heritage Image Partnership, 90

© *Antony Williams*, alle Rechte vorbehalten, DACS 2022, 19 oben

The Art Institute of Chicago, Schenkung der Marjorie Blum Kovler Foundation Collection und der Harry and Maribel G. Blum Foundation Collection, 13

Bridgeman Images Photo © Christie's Images © Succession Picasso/DACS, London 2022, 19; Royal Collection Trust © Her Majesty Queen Elizabeth II 2022, 92

British Museum London © Trustees of the British Museum, 81 unten

Dreamstime.com Udomkiat/Thawiburut, 45

The J Paul Getty Museum Los Angeles. Digitales Bild mit freundlicher Genehmigung des Getty's Open Content Program, 18

Kröller-Müller Museum, Otterlo. Foto: Rik Klein Gotink, 39

Library of Congress, Prints and Photographs Division 44, 157

Metropolitan Museum of Art, New York. Fletcher Fund, 1919, 159; Schenkung aus der Karen B. Cohen Collection von Eugene Delacroix, zu Ehren von Marjorie Shelley, 2013, 81 oben; Schenkung von William Loring Andrews, 1883, übermittelt von der Bibliothek, 129 oben links, 169; H. O. Havemeyer Collection, Nachlass von Mrs. H. O. Havemeyer, 1929, 131, 133; Harris Brisbane Dick Fund, 1926, 129 unten; Harris Brisbane Dick Fund, 1937, 48; Harris Brisbane Dick Fund, 1948, 14; Rogers Fund, 1918, 11 unten; Rogers Fund, 1919, 129 oben rechts; Rogers Fund, 1922, 15; Rogers Fund, 1996, 82

The Morgan Library and Museum, New York. Nachlass von Gordon N. Ray, 1987, 93

National Gallery of Art, Washington. Rosenwald Collection, 11 oben, 16, 42 unten

Rijksmuseum, Amsterdam, 13 unten

San Francisco Museum of Modern Art, Nachlass von Dr. Gertrude Ticho. Foto mit freundlicher Genehmigung des SFMOMA, 170

Staatliche Kunstsammlungen Dresden © Kupferstich-Kabinett, Foto: Herbert Boswank, 160

Register

Kursive Seitenzahlen beziehen sich auf Abbildungen mit Beschriftungen.

Danksagung

Danke an meine Lektorin Ellie Corbett, die daran geglaubt hat, dass ich dieses Buch trotz allem, was dagegen sprach, zu Ende schreiben würde; an Jake Spicer, der mich in die Welt des Verlagswesens eingeführt und darauf bestanden hat, dass ich dazu gehöre; an Sophie Rae McHugh, die die Anfänge miterlebt hat; an Ben Hera, der Nachsicht mit mir zeigte; an meine Mutter, Craig Schiavone, dafür, dass sie mir beigestanden hat, als ich kein einziges Wort schreiben konnte; meinen Vater, Joel Schiavone, dafür, dass er mich ermutigt hat, in einem größeren Rahmen zu denken; Kurt Handschumacher, dafür, dass er meine Kinderzeichnungen vor dem Müll gerettet hat; Emly McDiarmid, dafür, dass sie zur Familie wurde.

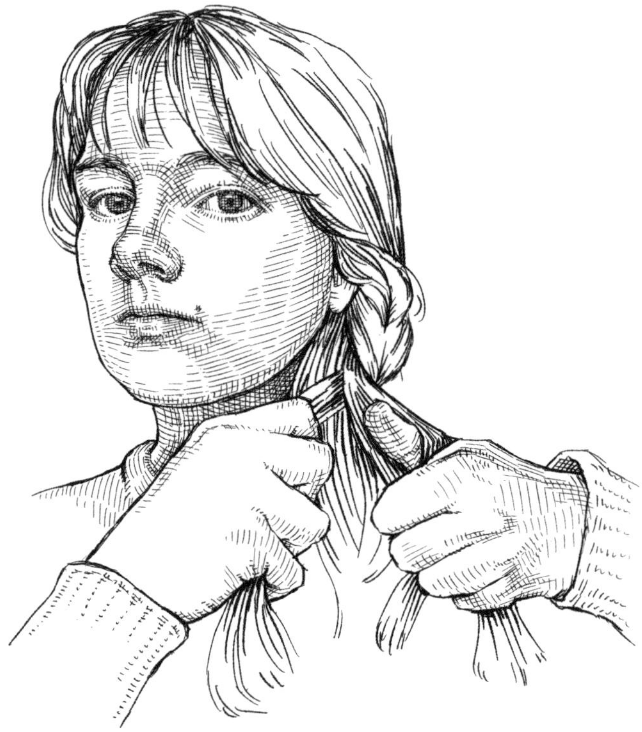

Und vielen Dank an alle, die meine Bilder gekauft, geteilt oder auch nur angesehen haben. Ich kann mir nicht vorstellen, wo ich ohne eure Unterstützung wäre, aber ich wäre jetzt sicher nicht hier und würde die letzte Seite meines ersten Buches schreiben.